rororo computer
Herausgegeben von Ludwig Moos

Wörter sind plötzlich in aller Munde, die bisher nur wenige von uns kannten: Cyberspace, Cyberarbeit, Cybersex und andere Verbindungen mit «Cyber». Sie verweisen auf eine neuartige Lebensform, in der sich fortgeschrittenste Technik und extreme Utopien verbinden. Ihren Hauptschauplatz hat diese Cyberwelt in Amerikas Westen: Eine neue Frontier-Mentalität ist dort entstanden, deren hemmungsloser Optimismus die Menschheit auf dem Sprung zu einer neuen Stufe der Evolution sieht. Gundolf S. Freyermuth nimmt uns als kundiger Führer mit auf eine Reise durch das Cyberland, bei der sich Staunen und Verwunderung heftig mischen.

Gundolf S. Freyermuth, Journalist und Buchautor, lebt auf einer Ranch in den White Mountains (USA). Weitere Veröffentlichungen: Der Ausweg (1989), Reise in die Verlorengegangenheit (1990), Endspieler (1993), Spion unter Sternen (1994).

Gundolf S. Freyermuth

Cyberland

Eine Führung durch den High-Tech-Underground

rororo

Rowohlt

Veröffentlicht im
Rowohlt Taschenbuch Verlag GmbH,
Reinbek bei Hamburg, März 1998

Umschlaggestaltung Walter Werner
Gesamtherstellung Clausen & Bosse, Leck
Printed in Germany
ISBN 3 499 19882 7

Inhalt

I Vor dem evolutionären Sprung

Ein Überblick

«Ich bin ein Zukunftshacker.
Ich habe Heimweh nach der Zukunft.»
St. Jude

1 Vom Versuch, die Gegenwart zu überwinden

Der Mann, einer der führenden Journalisten Ägyptens, gestikulierte mit der einen Hand hinauf zu dem gegenüberliegenden Dach, wo komplizierte elektronische Gerätschaft installiert war, und mit der anderen wies er hinunter in Richtung der Kairoer Slums, wo die islamischen Fundamentalisten den Ton angeben.

«Hier stehen wir!» rief er aus: «Ein Bein auf dem Mond! Das andere klemmt in der Gosse!»

Längst jedoch ist die Zerrissenheit zwischen den Epochen, dieses Dilemma der Ungleichzeitigkeit, kein isoliertes Leiden der Dritten oder Vierten Welt mehr. Auch in den industrialisierten Ländern, in Paris und New York, Berlin und Los Angeles, verbreitert sich die Kluft zwischen den digitalen Avantgardisten und dem analogen Rest der Menschheit. Während Millionen überfordert und hilflos dem technischen Fortschritt hinterherstolpern oder gar widerstrebend zurückbleiben, experimentieren Subkulturen mit atemberaubendem Elan an der neuen High-Tech-*frontier* und stürmen unbesorgt voraus in die Zukunft.

Meine eigenen Erfahrungen mit dem heraufziehenden digitalen Zeitalter begannen 1984 damit, daß ich mir inmitten des medialen Trommelfeuers um das sogenannte Orwell-Jahr meinen ersten Computer kaufte. Er war kaum größer als der aufziehbare, Mozart-bimmelnde Spielzeugfernseher, den ich als Kind besessen hatte. Die totalitäre Bedrohung, vor der allenthalben gewarnt wurde, schien mir das neue elektronische Gerät daher nicht gerade zu sein, vielmehr wirkte der Computer angesichts seiner beschränkten Möglichkeiten eher rührend. Schon nach ein paar Stunden begann er, gehorsamer als der Durchschnittshund, das zu tun, was ich von ihm wollte. Konnte es sein, fragte ich mich damals, daß die technischen Schrecken, die in unzähligen zukunftsängstlichen Leitartikeln und Jeremiaden so farbenprächtig ausgemalt wurden, von Männern und Frauen erzittert wurden, die wie Orwell selbst nie mit einem Computer umgegangen waren?

Ein bescheidenes Heimgerät verschaffte mir freilich kein tieferes Verständnis der sich rasant entwickelnden digitalen Techniken. Wie einst Don Quijote sah ich mich mit den Folgen eines Fortschritts konfrontiert, dessen Funktionieren mir ein Rätsel war. Von Informatik, dem Internet oder Nanotechnologie verstand ich soviel wie – oder noch weniger als – der Ritter aus der rückständigen Mancha seinerzeit von der Windmühlentechnik. Ich beschloß, auszuziehen und das Neue zu erkunden.

Cyberland berichtet von meinem langen, seltsamen Trip durch den High-Tech-Underground. Das Buch erzählt von den Protagonisten der interessantesten Cyberbewegungen, denen ich teils in der Realität, teils im Cyberspace begegnete, es schildert die Abenteuer und befremdlichen Träume dieses zukunftshungrigen und zukunftsträchtigen Menschenschlags, der sich unablässig an den Grenzen unserer gegenwärtigen Existenz stößt – nicht nur an der relativen Primitivität von Maschinen und Computern, sondern auch an der Rückständigkeit der Gehirne und Körper, die der Menschheit bislang zur Verfügung stehen.

Mit den herkömmlichen Beschränkungen individueller Fähigkeiten und kollektiver Entwicklungsmöglichkeiten dürfte es jedoch bald vorbei sein, meinen die Männer und (wenigen) Frauen der diversen Cyberstämme. Der sich unablässig beschleunigende technische Fortschritt, der den Verlauf des 20. Jahrhunderts bestimmte, nähere sich einem epochalen Umschlagspunkt, an dem die Leistungsfähigkeit von elektronischen und biologischen Computern die menschlichen Möglichkeiten erreichen und überschreiten werde. Die logische Konsequenz daraus sei die gezielt betriebene Selbstverbesserung des Homo sapiens, aus der schon sehr bald eine symbiotische Lebensform von höherer Intelligenz und längerer Lebensdauer hervorgehen werde.

Was sich anbahnt, vergleichen einige – etwa John Perry Barlow von der Electronic Frontier Foundation (EFF) – mit der Entdeckung des Feuers, die am Anfang der Zivilisation stand. Andere gehen einen Schritt weiter und sprechen von der Möglichkeit eines Evolutionssprungs: gen- und nanotechnisch von Menschenhand gesteuert und vergleichbar mit jenem, der einst auf diesem Planeten intelligentes Leben entstehen ließ. «Werden Roboter die Erde erben?» fragt etwa Marvin Minsky, der bereits 1951 zusammen mit einem Kollegen die erste neuronal vernetzte «learning machine» baute und heute als «Vater» der Künstliche-Intelligenz-Forschung gilt. Seine Antwort: «Ja, aber sie werden unsere Kinder sein. Wir schulden unsere Gehirne dem Sterben und Leben aller Kreaturen, die je in den Kampf namens Evolution verwickelt waren. Unsere Aufgabe ist es, dafür zu sorgen, daß all diese Mühen nicht in sinnloser Vergeudung enden.»

Zu dem Cybervolk, das eine solche Evolution im Zeitalter ihrer technischen Produzierbarkeit propagiert, zählen neben Minsky, der heute am Massachusetts Institute of Technology lehrt, Dutzende von «Maverick»-Wissenschaftlern – Nonkonformisten und erfolgreiche Außenseiter wie der Robotiker Hans Moravec (Carnegie-Mellon University), der die Heraufkunft intelligenter Maschinen zuerst als Fortsetzung der Evolution mit anderen Mitteln beschrieb, der Kosmologe Stephen Hawking, der Mathematiker und preisgekrönte Science-fiction-Autor Vernor Vinge (San Diego State University), der Begründer der Nanotechnologie Eric Drexler (Stanford) oder der Oxforder Evolutionsbiologe Richard Dawkins –, aber auch hemmungslose Heimwerker, phantasierende Künstler und gutgläubige Science-fiction-Fans.

In ihrer Mehrheit allerdings rekrutieren die utopischen Gruppen und Grüppchen ihre Anhänger aus der breiten Schicht der «knowledge workers» (Peter F. Drucker) und «symbolic analysts» (Robert Reich), aus der Schar hochqualifizierter Wissenstechniker und Symbolverarbeiter also, die sich um die boomenden High-Tech-Industrien und Spitzenforschungseinrichtungen herum versammelt hat. Dieser intellektuelle Mittelstand stellt das Fußvolk der Cyberbewegung, er bildet das faszinierte Publikum, das einer

Vielzahl komplizierter Bücher und anspruchsvollen Cyberkultur-Zeitschriften wie *Mondo 2000* und *Wired* hohe Auflagen beschert und das für den immer dichter werdenden Verkehr im Internet und in kommerziellen Netzen wie CompuServe oder America Online sorgt.

Die unbändige Energie des High-Tech-Undergrounds und die glühende Bewunderung, die er bei seinen konventionelleren Mitläufern weckt, speisen sich aus dem professionellen Erfahrungswissen, daß Technik mehr als ein Mittel zu mundanen Zwecken ist. Wissenschaftlicher Fortschritt und technologische Erkenntnisse gehen nicht im Zuwachs an Rationalität und schieren Produktivitätsgewinnen auf, in ihnen wirkt vielmehr eine utopische Sehnsucht: der Wunsch, die planetarische Not und die Gewalt, die unsere Zivilisation allen Lebewesen antut, in Richtung zukünftiger Paradiese zu überwinden.

Sie sollen weder Armut und Unterdrückung noch Tod kennen, postulieren die Cyberutopisten, und Freiheit soll dann auch «morphologische Freiheit» meinen, das neue Menschenrecht, selbstbestimmt die eigene Existenz durch medizinische und genetische Interventionen verbessern zu können und zu dürfen.

Von dem Teil der Zukunft, der schon begonnen hat, von den gegenwärtig gewagtesten Versuchen, die Grenzen der Gegenwart zu überschreiten und mit dem Cyberzauber heute schon Ernst zu machen, handeln die folgenden Kapitel.

- *Cyberdenken:* Alles ist Computer. *Mondo-2000*-Begründer und Cyberpropagandist R. U. Sirius spielt in San Francisco den Fremdenführer und versorgt Neulinge in Cyberland mit dem notwendigen Basiswissen. Er erklärt die wichtigsten Begriffe und einflußreichsten Praktiken, er verrät, wer und was wichtig ist, und er fordert *en passant* die Erneuerung unseres Denkens und den Umbau unseres Körpers (Kapitel 2);
- *Cyberwirtschaft:* Geld und Sex. Avantgardisten der Cybernautik führen vor, wie sich die Restriktionen der rückständigen, weil analogen Mono-Realität aufheben lassen. Die radikalsten unter ihnen, von erfolgreichen Cyberarbeitern in den abgelegensten Gebieten des amerikanischen Westens bis zu sich weltweit voll-

befriedigenden Cybersexlern, leben und lieben bereits heute soweit als möglich in multiplen virtuellen Welten (Kapitel 3);

- *Cyberzeitreisen:* Winterschlafend in die Zukunft. Alcors Kryoniker öffnen in der Wüstenmetropole Phoenix ihr Lager der lebenden Leichen. Mit tiefgekühlten Kraftakten wollen diese Zukunftsbastler dem «größten Feind der Menschheit» ein provisorisches Schnippchen schlagen – erster Schritt zu einer Überwindung der Endlichkeit unserer Existenz zugunsten eines zukünftigen «Lebens ohne Verfallsdatum» (Kapitel 4);
- *Cybertopia:* Was nach dem Menschen kommt. Extropianer-Häuptling Doktor Max More, ein Marx-Nietzsche-Zwitter des digitalen Zeitalters, zieht im südkalifornischen Extropy-Institute die geschichtsphilosophischen Konsequenzen aus der zunehmenden technischen Machbarkeit einer selbstgesteuerten physiologischen und morphologischen Umprogrammierung des Homo sapiens. Er konzipiert Trans- und Posthumanität als die nächsten Evolutionsstufen intelligenten Lebens auf diesem Planeten. Extropianismus, diese Mischung aus utopischer Bewegung und philosophischer Schule, erscheint so als ideologisches Komplement einer globalen Wissenschaftspraxis, die längst mit dem Frankenstein-Projekt begonnen hat: Cybertechniker aller Arten und Sparten, Mediziner, Biologen und Genetiker, Informatiker und Nanologen, betreiben die Katalogisierung und Modifikation unseres Genmaterials sowie die Cyborgisierung des Körpers, das heißt die Integration von menschlicher Wetware mit maschineller Soft- und Hardware, und damit den Umbau unserer biologischen Existenz zugunsten einer leistungs- und widerstandsfähigeren, tendenziell unsterblichen, eben post-biologischen Lebensform. «Die Humanität, das Menschsein, ist nur eine Durchgangsphase auf dem Pfad der Evolution. Wir sind nicht der endgültige Höhepunkt in der Entwicklung der Natur», sagt Max More: «Es wird Zeit, daß wir unser Schicksal in die eigene Hand nehmen und unser Fortschreiten in die Transhumanität beschleunigen.» (Kapitel 5)

Begonnen hat diese Zukunft, deren Prophezeiung vor anderthalb Jahrzehnten noch jeden in die Klapsmühle gebracht hätte, im amerikanischen Westen, an jener utopischen Ecke in der nordkalifornischen Bay Area, wo Haight-Ashbury und Silicon Valley sich kreuzen.

Wollte die Revolte der Hippies und Yippies, die sich in den sechziger Jahren von hier aus über die Welt ausbreitete, das Bewußtsein der Menschheit befreien – politisches Handeln, sexuelles Verhalten, psychisches und psychedelisches Erleben –, so betrieb die elektronische Revolution, mit der die jugendlichen Garagenbastler von Silicon Valley in den siebziger Jahren das digitale Zeitalter eröffneten, eine demokratische High-Tech-Befreiung: Sie verlangten erschwinglichen und unkontrollierten Zugang zu jenen Apparaturen, über die bis dahin nur wenige Privilegierte in Konzernen, Universitäten und in den Regierungen verfügten, und sie konstruierten folgerichtig die ersten Personal Computer.

Die geographische Nähe beider Zukunftsszenen in der Bay Area brachte sie in den frühen achtziger Jahren zusammen. Und dort, wo sich Hippies und Hacker, Freaks und Nerds, Punks und Programmierer mischten und aus dieser Mischung die ersten Cybersubkulturen entstanden, soll auch diese skeptisch-staunende Erkundung von Cyberland beginnen.

II Der Fremdenführer

Mit R. U. Sirius an die Grenze der Gegenwart

«Wir streben nicht nach Glaubwürdigkeit,
wir streben nach Unglaublichkeit.»
Timothy Leary

2 Neue Territorien der Freiheit. Große Versprechen

Kalt, grell und schwarz, so gut wie lebensleer. Am Straßenrand sammelt sich der Dreck, peinlichen Tagesresten gleich: zerrissene Kartons, gebrochene Spritzen, alpträumende Maskengesichter, deren stiere Blicke einen Punkt jenseits jedes Bewußtseins fixieren. Zurück und willkommen in der Realität.

Aktuelle Position: nordamerikanischer Kontinent, Westküste, Straßen in der Bay Area. Zeit: 26:30 h nach dem ersten Kontakt.

«Wer über den Rand der Welt hinaussegelt», sagt R. U. Sirius, «stürzt in einen Abgrund. Dachten die Leute zu Columbus' Zeiten jedenfalls, und in gewisser Hinsicht haben sie recht behalten. Er fiel aus der Alten Welt raus und in die Neue rein.»

Wir stolpern stocknüchtern. Nach Stunden in vollklimatisierten Innenräumen beißt die Wintersamstagnacht. Gegrilltes, Gebratenes, Fritiertes – eine Suada verbrauchter Genüsse, im San-Francisco-Sauerstoff gespeichert wie auf dem ROM-Chip eines Riechzellen-Implantats.

«Ich kann die Bahn nehmen.» R. U. Sirius lächelt.

Der Cyberexperte ist zu Fuß unterwegs. Im automobilen Kalifornien des ausgehenden 20. Jahrhunderts erscheint das exzentrischer, als per Anhalter durch die Galaxis zu reisen.

Sirius bleibt stehen und sieht mir in die Augen. «Wie kommst du nach Hause?»

Ich ziehe die Schultern hoch und schaue gleichgültig in dic westliche Richtung, in der ich Downtown vermute.

«Laufen wir noch ein bißchen», meint mein Fremdenführer und saugt die Luft so tief wie den Rauch eines Joints ein.

Allmählich gewöhnen sich unsere Rezeptoren an die irritierende Datensuppe aus Brems- und Abblendlichtern, gegarten Organen und Abgasen, und die Gedanken kehren zurück zur Matrix, dem dichten elektronischen Netz, das den verpuzzelten Planeten umspannt und um das unser Gespräch seit Stunden kreist.

«Das Konzept einer monolithischen Wirklichkeit, auf die sich verschiedene Leute einigen können, hält nicht mehr», sagt R. U. Sirius. «Alle Erfahrungen werden digitalisiert. Das erlaubt uns, die Wirklichkeit nach unseren eigenen Bedürfnissen zu verstärken, zu ändern oder umzumodeln. Wir nehmen Abschied von der Vergangenheit mit ihrer Mono-Realität.»

Der utopische Weltenraum, in dem das geschieht, liegt in der Matrix und heißt Cyberspace.

«Er ist die neue *frontier*, die Grenze, an die das Bewußtsein heute stößt», sagt R. U. Sirius. Er trägt eine Wildlederjacke. Über den hochgestellten Fellkragen hängen einen halben Meter tief die dunkelblonden Haare wie Rapunzels Rettungsstrick. «Was auf uns wartet, wissen wir nicht genau. Aber wir wissen, daß wir von nun an nicht mehr nur in unseren Körpern und unter unseren Mitmenschen leben werden.»

Die Matrix ist allgegenwärtig und Cyberspace überall. Das Alltagsleben wird längst vom kristallinen Datendickicht auf Billiarden von Kabelkilometern und unzähligen Frequenzen umfangen, vom digitalen 0-1-Dauergetrommel, von tuckernden Analogimpulsen und fiebernden Lichtlinien, kybernetisch gesteuert von intelligenten Routern, Modulatoren und Servern.

Natur- und Geisteswissenschaftler präsentieren ihre neuesten Erkenntnisse *online*, die Geheimnisse der Militärs kursieren im Cyberspace, ebenso die Memoranden und Bilanzen der mächtigsten Konzerne und vor allem das Geld, die Börsenkurse von New York und Tokio und Frankfurt, Milliarden-Transaktionen zwischen Hongkong und Helsinki, Daueraufträge von Berlin nach Pinneberg.

Rund um die Uhr wird in den globalen Salons jede Sorte von technischem Fortschritt und philosophischer Spekulation diskutiert. Politische Gruppen, von Anarchisten diverser Spielarten bis zu den Rechtsradikalen aller Nationen, bearbeiten ihre Anhänger, Kirchen und Sekten senden ihre Heilsbotschaften, einige hunderttausend Studenten vergnügen sich elektronisch bei naiven, phantastischen und perversen Rollenspielen, und eine erkleckliche Zahl von Cybernauten besorgt sich in den Netzen regelmäßig ihre Orgasmen.

Nur fern unseren Computern, als entstöpselte Köpfe, Interfaceloses Fleisch und Blut, leben wir noch im analogen Exil – taub und blind für das berauschende globale Chaos aus Bits und Bytes, das allzeit schwirrend um uns ist, vergraben im Boden unter unseren Füßen, weit über unseren Köpfen, wo die Satelliten stehen, und, ein Stück tiefer, in den schwarzweißen Waben der vollverkabelten Wolkenkratzer von Downtown San Francisco.

Hinter ihnen versteckt sich der Stille Ozean. Seine Wellen markieren die vorletzte Grenze. Fünf Jahrhunderte wanderte die europäische Freiheitssehnsucht westwärts. An den pazifischen Klippen kam der Halt. Ozean der Tränen, der verlorenen Hoffnungen haben ihn deshalb verzweifelte Kalifornier wie Raymond Chandler getauft. Überwunden war die gute alte *frontier*, der Wilde Westen, ein transatlantischer Freiraum aus unendlich weiten Prärien, den die Flüchtlinge aus Armut und Enge per Planwagen eroberten. Das Ziel dieser Wanderung, die eine ganze Kultur bewegt hatte, war am Pazifik erreicht. An seiner Küste wartete die fürchterliche Erkenntnis, daß die Erde zu Ende war. Vermessen, eingezäunt, dicht.

«Wir erobern uns jetzt neue Territorien der Freiheit», sagt R. U. Sirius. «Wir dringen in Bilder- und Datenwelten vor, die quer über den Planeten und im Orbit über uns rasen. Wie Prometheus erfahren wir Geheimnisse, die nicht für Menschen geschaffen wurden. Wie Faust schließen wir Pakte, die unseren Horizont überschreiten. Wie Frankenstein spielen wir mit der Biologie, mit unseren Körpern, mit dem Leben selbst.»

Gefangen am Pazifik, in der Wendeschleife der Westwanderung, blieb der undomestizierten Sehnsucht, die sich der Gewalt des Realen nicht beugen wollte, nur die Suche nach anderen Auswegen: die psychedelische Flucht in verborgene Partien unseres Gehirns; die Science- und Science-fiction-Suche nach einem Weg ins All. Ernstzunehmende Expeditionen in beiderlei Richtungen begannen hier bereits in der ersten Hälfte des 20. Jahrhunderts. Sie eskalierten in den sechziger und siebziger Jahren, und dabei eröffnete sich – vorerst und solange der Weg zu den Sternen zu steinig ist – eine neue *frontier*: die grenzenlose Weite und unkontrollierte Freiheit des Cyberspace.

«Anfang der achtziger Jahre saß ich an der Ostküste, studierte Literatur und schrieb an einem Roman mit dem Titel ‹Dr. Fick oder Die humorvollen Permutationen menschlichen Fleisches im DNA-Zeitalter›», sagt R. U. Sirius. «Aber ich spürte, daß der wahre Wettlauf hier in Kalifornien startete. In Berkeley und Silicon Valley. Timothy Leary hat damals gesagt, wer östlich der Rocky Mountains wohnt, lebt in der Vergangenheit. Denn wo die technische Führung liegt, entwickeln sich auch die fortgeschrittensten menschlichen Verhältnisse. Das war in der Renaissance so, das ist jetzt wieder so. Cyberspace entsteht, wo das Geld und wo die Macht ist. Also packte ich meine Siebensachen und zog ins Zentrum aller Bewegung.»

R. U. Sirius tritt mit schnellen tänzelnden Schritten durch die dünne Kette von Abblend- und Schlußlichtern hindurch. Seine farblosen Cordjeans hängen tief, so tief, wie die Helden der alten *frontier* ihren Revolvergurt trugen. 1992 hat er – zusammen mit *Mondo-2000*-Mitbegründerin Queen Mu und Hegels Ur-ur-ur-Enkel, dem Mathematiker und SF-Autor Rudy Rucker – den hochglänzenden *User's Guide to the New Edge* publiziert, ein Verbraucherhandbuch, das im Untertitel eine Gebrauchsanweisung für «Cyberpunk, virtuelle Realität, Wetware, Designer-Aphrodisiaka, künstliches Leben, technoerotischen Paganismus und anderes mehr» verspricht. Seitdem ist er der prominenteste aller Cyberpropagandisten, einer der wenigen «authentisch-gefälschten Medien-Cyberpunks unserer Zeit», wie *Wired* schrieb. Oder in den Worten, die Bruce Sterling im Vorwort zum *Cyberpunk Handbook* wählte: «R. U. Sirius ähnelt Gomez Adams mit einer purpurnen Fedora, an die er ein Andy-Warhol-Abzeichen gesteckt hat.»

Das künstliche Lichtgewitter der Stadt verbirgt das Universum über uns, doch Sirius steht dort als der hellste Fixstern am Abendfirmament. Sein heliakischer Aufgang bestimmte die Zeitrechnung im Reich der Pharaonen. R. U. spricht sich im Englischen «Are you» aus: «Are you serious?» Meinst du das ernst?

Das habe ich meinen Fremdenführer in den vergangenen Stunden oft gefragt. Und R. U. Sirius, der den Großteil seines erwachsenen Lebens Ken Goffman hieß, hat stets genickt und sanft und leicht zahnlückig zurückgelächelt.

«Ich nehme nie etwas zu ernst», sagt er jetzt, auf der weißen Mittellinie wandernd, als gäbe es keinen Verkehr, und die Wagen heulen hupend vorbei: «Ich neige zu einer kritischen Verteidigung der Cyberkultur. Aber sie ist im Augenblick so *in*, daß Spott nicht schadet. Eins meiner neuen Bücher endet damit, daß die Helden die Welt zerstören. Sehr komisch.»

«Machst du nicht den zweiten Schritt vor dem ersten?» frage ich zweifelnd: «Du ironisierst etwas, von dem Milliarden Menschen noch nie gehört haben. Geschweige denn, daß sie den Cyberspace erforscht und erfahren hätten.»

«Sie werden in ihm leben. Früher oder später», sagt R. U. «Die Masse ist nicht entscheidend. Wichtig ist, daß man selbst ganz vorne läuft und die anderen hinter sich läßt.»

R. U. reißt unvermittelt beide Arme hoch, als wolle er sich einem Gott ergeben. Und der scheint ihn zu erhören. Bremsen quietschen. In dem steten Fluß der roten und weißen Datenteilchen blenden zwei Lichter kurz auf, ziehen mit einer programmwidrigen Schleife über alle vier Spuren zu uns herüber, stoppen vor unseren großen Zehen.

«Die Masse muß ratlos im Staub stehen, den der Sturmlauf der Avantgarde erzeugt, und sagen: Was zum Teufel treiben die Verrückten?» R. U. streckt die rechte Hand zum Abschied aus und greift mit seiner Linken nach der Klinke, die an der Hintertür des Taxis mehr hängt als klebt: «Und wir, die Verrückten, haben dann wieder eine Weile Ruhe vor der Masse ...»

«Warte!» sage ich. «Eine letzte Frage noch ...»

3 Wo die Zukunft wächst. Rückblicke, aus wildwestlicher Sicht

Wer die Zukunft schon in der Gegenwart aufstöbern will, wird den archimedischen Punkt auf der Landkarte entdecken müssen, an dem sich die meisten Menschen mit Talent versammeln, wo ungewöhnliche Gedanken gedacht, nie Gesehenes gemalt, Unerhörtes erzählt und bizarre Verhaltensweisen ausprobiert werden – wo nichts gesichert scheint und das ganze Leben ein Experiment.

Zu Zeiten fällt diese Suche nicht schwer. Ludwig B. etwa hegte keinen Zweifel, wo der utopische Ort seiner Epoche zu finden war. «Ich fange an, den guten Reisegeist zu spüren, und einige von der Legion Teufel, die ich im Leibe habe, sind schon ausgezogen», notierte er in Karlsruhe. Man schrieb den 5. September 1830, und der vierundvierzigjährige Journalist und Schriftsteller war im Begriff, die Grenze nach Frankreich zu überschreiten. Was Ludwig B. nach Paris zog, war nichts weniger als die Sehnsucht nach Freiheit, nach radikalem Denken und Handeln, nach einer vollständigen Veränderung des Lebens, die in den Kleinstaaten seiner schlafmützigen deutschen Heimat mehr Menschen schreckte als lockte.

In Paris hingegen schickte man sich an, die Anfänge jener zeitbeschleunigten urbanen Melange aus Technik und Kultur zu entwikkeln, die spätere Generationen Moderne nannten. Die französische Hauptstadt, meinte Ludwig B., sei «der Telegraph der Vergangenheit, das Mikroskop der Gegenwart und das Fernrohr der Zukunft» – das bedeutendste zeitgenössische Laboratorium also, in dem die Menschheit, von der Geschichte gewarnt und durch genaue Beobachtung der Gegenwart angeleitet, mit Visionen vom zukünftigen Leben experimentierte.

Diese Rolle als «Register der Weltgeschichte» sollte Paris für anderthalb Jahrhunderte spielen, von der 1789er Revolution bis zum Überfall durch die großdeutsche Wehrmacht. Wenige Quadratkilometer entlang der Seine bildeten das wildeste Piniergebiet der Moderne, die äußerste Grenze der Gegenwart. An ihr erprobte sich eine kosmopolitische Versammlung von Talenten und rang, vom Rest der Welt ebenso mißtrauisch wie neugierig und neidisch beobachtet, den vielfältigen Traditionen Coup für Coup eine neue großstädtische Lebensform ab.

Die unablässigen Experimente am eigenen Leib und Leben kreisten um Konsum und Kultur, um die neuartige Erfahrung eines warenzentrierten Alltags und um die Erfindung der städtischen Nacht, um utopische Politik und gewagte Kunstproduktion. Die Branche, von der das Leben der Boheme und die Kunstveranstaltungen der Avantgarde sich finanzierten, war jedoch ein die Sinne verwirrendes Unterhaltungsgewerbe.

Um Vergnügungssüchtige aus der ganzen Welt nach Paris zu lokken, bot man neben dem bewährten alten Bio-Sex das komplette multimediale Arsenal der Epoche auf: Oper, Operette, Theater, Ballett und Varieté, Literatur, Malerei, Fotografie und am Ende auch den Film. In immer neuen revolutionären Wellen, von Murgers Boheme bis zu den Avantgarden des frühen 20. Jahrhunderts, wurde die Wahrnehmung des Wirklichen attackiert und moduliert, bis sich im darwinistischen Kampf der zahllosen Neuigkeiten das jeweils Neue durchgesetzt hatte. Heftig wogte dabei der Streit um die modischen und sexuellen Sitten, die Kunst des Anziehens und des Ausziehens, diese vorgeschobensten Positionen im Kampf konkurrierender Weltbilder.

Paris war die «Hauptstadt des 19. Jahrhunderts». Im 20. konnte sie nicht lange bestehen. «Die Dinge fallen auseinander, das Zentrum kann nicht standhalten», dichtete W. B. Yeats zwei Jahre nach dem Ende des Ersten Weltkrieges, der der Lebensform des alten Jahrhunderts endgültig den Garaus machte. Jener Verfall, den Yeats auf dem Höhepunkt der Moderne prophezeite, war der der modernen Lebensform selbst. Zusammen mit dem Zentrum, den politischen, moralischen und intellektuellen Gewißheiten moderner bürgerlich-urbaner Existenz, ging Europas jahrhundertealter Anspruch verloren, den Weg der Menschheit zu bestimmen.

Bräche Ludwig B. heute auf, jenen Ort zu suchen, an dem die Talentiertesten und Mutigsten mit der Zukunft Ernst machen, er fände ihn in keiner der klassischen Hauptstädte mehr, wo von Paris über Berlin bis London die Bürokratisierung des Alltags jeden kühnen Versuch vereitelt, vom Pfad des gegenwärtigen Trotts allzu weit abzuweichen, wo man, wie Hans Magnus Enzensberger schreibt, «die Blockade seiner eigenen Möglichkeiten als Lebensversicherung betrachtet» und wo emsiger Stillstand, lautstarke Lähmung und lukrative Selbstbescheidung vorherrschen. Die utopische Energie, der Wille, sich selbst und das eigene Leben neu zu erfinden, hat sich dort erschöpft. Das 20. Jahrhundert mag daher 1989 in den Metropolen Zentraleuropas geendet haben, das 21. hat ganz woanders begonnen.

Ein Stück der Freiheit, der Befreiung von den Zwängen der Gegenwart, fände Ludwig B. allenfalls an den Rändern der Zivilisation und an den Rändern der Gesellschaft, die der dröhnenden Propaganda des Durchschnittlichen widerstehen. Der tiefste Einblick in die Zukunft gelänge ihm jedoch im amerikanischen Westen.

Über Jahrhunderte zog die Neue Welt die Menschen an, weil sie dem einzelnen die Chance für einen klaren Neuanfang offerierte, weil sie unterdrückten Minderheiten, politischen Utopisten und religiösen Sekten den Freiraum bot, nach ihren eigenen Regeln zu leben. Mehr als anderswo hat sich in der zerstreuten Siedlungslandschaft zwischen den Rocky Mountains und dem Pazifik etwas von diesem Pioniergeist erhalten. Hier ist die Sehnsucht nach Veränderung und Abenteuer noch stärker als der ängstliche Wunsch nach Erhalt des Erreichten, und hier bereiten in unzähligen Nischen und Subkulturen avantgardistische High-Tech-Pioniere die Eroberung des letzten Freiraums vor, der auf diesem Planeten verblieben ist: des Cyberspace.

Wie alle Lifestyle-Umwälzungen in den vergangenen zweihundert Jahren wurde auch diese durch eine technische Neuerung ausgelöst, nur daß es diesmal nicht der Telegraph, das Gaslicht, die Elektrizität, das Automobil, das Radio oder der Film war, sondern der Computer.

Während die Mehrheit der Menschen das elektronische Gerät als eine banale Mischung aus klobiger Rechenmaschine und besserem Tippgerät mit Löschvorrichtung mißverstand, ging es Computer-Pionieren wie Douglas Engelbart von Anfang an darum, eine «augmentation machine» («Verbesserungsmaschine») zu schaffen, die den Menschen neue Wissens- und Existenzformen eröffnen sollte. Hacker und Technik-Nerds folgten dieser Grundidee. Sie erprobten das Potential des Computers als universelles Ermächtigungsmittel, das Realität kontrollierbar macht und zugleich erlaubt, neue Realitäten zu erzeugen, und so den einzelnen in den bisher nie gekannten Stand versetzt, seine eigenen Erfahrungen sowie Teile der Wirklichkeit, die einst materiell fixiert waren – Datensammlungen, Texte, Zeichnungen, Fotos, Tonaufzeichnungen, Filmsequenzen, komplette Erlebniswelten –, nunmehr in Nullen und Einsen zu repräsentieren, sie sodann nach seinem Willen und zu seinen Gunsten zu modifizieren und das Ergebnis schließlich vom Heimcomputer via Cyberspace Gott und der Welt zuzuspielen.

Zwangsläufig avancierte ein solches Gerät binnen kurzem zur Traummaschine, die viel vom besten und rücksichtslosesten Talent einer Generation anzog, wie es einst die Künste oder die Politik und zuletzt die Popkultur getan hatten.

Der archimedische Punkt auf der Landkarte, an den die zukünftigen Helden und Herren der High-Tech-Industrien strömten – jedenfalls bevor der Cyberspace eröffnet wurde und die Notwendigkeit zu geographischer Nähe weitgehend entfiel –, lag im amerikanischen Westen, mit den wuchernden Vorstadtlandschaften der Bay Area und rund um Los Angeles als mittelpunktslosen Zentren und mit Seattle, Salt Lake City, Las Vegas, Phoenix, Santa Fe und Los Alamos als vornehmsten Satelliten.

Schon seit den zwanziger Jahren, als das gute Wetter die Film- wie die Flugzeugindustrie anzog, birgt dieser Teil der Welt eine ungewöhnliche Dichte von innovativen Technik- und Unterhaltungsproduzenten. In den vierziger Jahren führte die Atomforschung, in den Fünfzigern die Weltraumfahrt zu einer weiteren Zuwanderung von Spitzenforschungseinrichtungen und Hochtechnologiefirmen. Im Gefolge der Mikroprozessor-Revolution wandelte sich der Westen dann vollends zum imaginären Zentrum der Gegenwartskultur, dessen Basiserfindungen und Produkte global dominieren.

Aus diesem immer noch recht dünn besiedelten Stückchen Erde kommt die Mehrheit dessen, was um die Erde und in den Weltraum fliegt. Hier nahmen die beiden mythischen Urbilder des 20. Jahrhunderts ihren Ausgang, der in den Himmel steigende Atompilz und die Außenansicht vom blauen Planeten, wie er im Weltall treibt. Hier wurden im legendären Xerox Parc die graphische Benutzeroberfläche, die Computermaus, der Laserwriter und das Netzwerk herbeigebastelt. Hier entsteht die weltweit erfolgreichste Unterhaltungssoftware – Kinofilme, TV-Serien, Popmusik, Videospiele. Hier werden die Chips entworfen, ohne die nirgendwo etwas mehr liefe, und hier werden die erfolgreichsten Betriebssysteme und Programme geschrieben. US-Firmen zeichnen für 70 Prozent aller existierenden Computersoftware verantwortlich, Microsoft allein produziert pro Jahr mehr Code als jede andere Nation der Welt.

«Auf dem Gebiet von Hardware und Software für Computer reicht niemand an Amerika heran», räumt Hiroshi Tanaka, Senior Managing Director der japanischen High-Tech-Firma Canon, klagend ein. Weshalb seine Firma auch nur mit US-Partnern zusammenarbeiten könne: «Das [Silicon] Valley ist dem Rest der Welt zehn, vielleicht sogar zwanzig Jahre voraus.»

Es war also nur logisch, daß der Cyberspace als vorderste *frontier* der Gegenwart ebenfalls von hier aus erschlossen wurde – als ein Stück Amerika und als ein Stück amerikanischer Vorherrschaft. Die Sprache und Kultur der Nation, die diesen utopischen Raum jenseits der Geographie entdeckt hat, formen ihn. Längst verdienen in den USA mehr Menschen ihr Geld mit Herstellung, Handel und Service von elektronischer Hard- und Software als mit irgendeinem anderen Wirtschaftsprodukt, Schwer- und Autoindustrie eingeschlossen. Von einer militärisch-industriellen Supermacht ist Amerika zu einer Supermacht in den Bereichen von Massenunterhaltung und Informationsverarbeitung geworden. Bis heute befindet sich ein Großteil der Hardware und Infrastruktur der Netze auf US-Boden, und selbst innereuropäische Verbindungen verlaufen oft schneller und billiger über den Umweg des nordamerikanischen Kontinents.

«Dieses Land ist dazu auserwählt», sagt der Ex-Medienagent und Disney-Präsident Michael Ovitz, «weltweit die Standards für Informations- und Unterhaltungsdienste zu setzen.»

Die US-Dominanz zeigt sich besonders deutlich im Internet.

37 Millionen Nordamerikaner hatten Ende 1995 Zugang zu ihm, 24 Millionen benutzten es regelmäßig, im Schnitt um die fünf Stunden pro Woche. Im Weltvergleich sind rund 63 Prozent aller Internauten Amerikaner und lediglich 21 Prozent Europäer – obwohl die Alte Welt über erheblich mehr Einwohner verfügt. Besonders kümmerlich vertreten ist Deutschland mit höchstens 200 000 regelmäßigen Internet-Nutzern. Nicht anders sieht die Situation in den kommerziellen Netzen aus. CompuServe etwa, das seine Mitgliederzahl binnen zweier Jahre vervierfachte – von einer Million im September 1993 auf rund vier Millionen im Dezember 1995 –, zählt nur 100 000 deutsche Kunden. Noch weniger sind Mitglied bei dem derzeit mit 4,5 Millionen Mitgliedern weltweit größten kommerziellen Anbieter America Online.

Doch der Cyberspace gehört sowenig den Amerikanern allein wie einst die Pariser Nacht den Franzosen. Seine Grenzen sind offen, sein Terrain ist unerschlossen. Der multinationale Freiraum stellt das aktuelle «Register der Weltgeschichte» dar, das derzeit beste «Fernrohr der Zukunft». In diesem globalen Laboratorium experimentiert die heutige Menschheit mit neuen Wirklichkeiten und Bewußtseinsformen.

Was dabei unzensiert zutage tritt, erschüttert den rückständigen Alltag als kulturelles Erdbeben und läßt langgehegte Gewißheiten und Gewohnheiten zu Bruch gehen. Wie Paris im 19. Jahrhundert ist der Cyberspace heute Schauplatz der brennendsten Kontroversen und zugleich der gegenwärtig kontroverseste Ort, Sammelpunkt für ein multimediales Mischmasch aus Chaostheorie und Videokunst, Genetik und Kryonik, postmoderner Theorie und Popmusik, Gruppenspielen und Science-fiction, Mythologie und Nanotechnologie, Computergraphik und *Online*-Sex, wobei der Unterhaltungsbranche und insbesondere den Künsten des An- und Ausziehens, Cybermoden, Cyberspielen und Cyberporn, unverändert eine Schlüsselstellung zukommt.

Ein phantastischer Umstand trennt jedoch die Gesellschaft des 21. Jahrhunderts, die sich an diesem explosionsartig expandierenden *utopos* ausformt, von allen historischen Vorgängern: Ihre neuen Kulturräume erschafft sie sich jenseits der widerständigen

Wirklichkeiten der zahllosen ungleichzeitigen Zivilisationen, die gegenwärtig auf der Erde unfriedlich koexistieren, dabei die jeweilige Stufe ihrer Unterentwicklung hartnäckig verteidigend.

Als Ludwig B. damals unterwegs in seine Zukunft war, die Pariser Frühmoderne, traf er bei einem Zwischenaufenthalt in Karlsruhe eine Freundin und deren Sohn.

«Ich sah eine schönere Zeit in rosenroter Knospe. Wenn die einmal aufbricht!» schwärmte er und war zugleich voller Traurigkeit darüber, daß der Junge vorerst in der deutschen Enge aufwachsen sollte, deren Alltag keine Zukunft hatte: «Wie gerne hätte ich ihn der Mutter gestohlen und ihn mit mir über den Rhein geführt, ihn dort zu erziehen mit Schlägen und Küssen, mit Hunger und Rosinen, daß er lernte frei zu sein und dann zurückkehre, frei zu machen.»

Für eine solche Entführung des Jungen aus seinem kulturellen Gefängnis, für die Erweiterung seines Horizonts stünden die Chancen heute besser. Anders als frühere Entdeckungs- und Bildungsreisen erfordern Exkursionen an die vorderste Front unserer Gegenwart, dorthin, wo die Freiheit am größten sein soll, der politische Diskurs am radikalsten und die Kunst verzaubert wie nie, keinerlei strapaziöse Ortsveränderung. Der Cyberspace umspannt den Planeten. In ihn könnten Ludwig B. und sein Schützling ganz einfach via Modem und Computer reisen, was allemal für den Preis zu haben ist, den der Freiheitshungrige damals für die mehrtägige Tortur auf dem Eilpostwagen entrichtete.

4 Cyberenzyklopädie I: Hacker, Cyberpunk, Cyberspace

Blöcke, Ecken, Kanten aus Licht und stählern schimmernden Strukturen. Dazwischen tiefe Schattenschächte. Der Hubschrauberblick rast im Tiefflug durch die flickernde Skyline der Mutterplatine und der umliegenden Silicon-Türme.

Aktuelle Position: nordamerikanischer Kontinent, Westküste,

Suite des Mandarin Hotel in der Bay Area. Zeit: 00:45 h vor dem ersten Kontakt.

Zum x-ten Mal läuft im Fernseher die Reklame für einen neuen Intel-Chip. Das TV-Bild spiegelt sich in der gläsernen Front des 45. Stockwerks. Hinter den Fenstern, draußen in der abendlichen Realität, drohen dieselben Blöcke, Ecken und Kanten aus Licht und stählern schimmernden Strukturen. Dazwischen, in den Schattenschächten, gleiten Glühwürmchen-Trecks, Leuchtreklamen blinken rhythmisch, und aus dem Datendunst am Horizont gleißt wie ein gewaltiger Halbleiter die Golden-Gate-Brücke heraus.

«Das Universum besteht aus einem Haufen digitaler Programme, die laufen, laufen, laufen», hat Timothy Leary sein digitales Credo formuliert. Und Rudy Rucker meint im Rückblick auf seine Vercyberung: «Die mentale Transformation, der ich mich unterziehen mußte, bestand darin, alles als einen Computer anzusehen» – was keinem schwerfallen kann, der auf diese Stadt des 21. Jahrhunderts hinunterblickt.

Den Kontakt zu R. U. Sirius wollen die Scouts in einer halben Stunde herstellen. Mein Körper wartet zusammen mit dem laufenden Fernseher in der Hotelzelle, meine Hände bearbeiten die Tastatur des Powerbook, der neben mir auf dem Bett liegt, doch mein Kopf irrt derweil durch Datenlandschaften, die Tausende von Meilen entfernt sind. Ich stöbere in amerikanischen, britischen und australischen Zeitungen, in Bibliotheken in Bern und Berkeley, in einem Dutzend Newsgroups, deren Zulieferer in zwölf verschiedenen Zeitzonen leben, ich suche im Massachusetts Institute of Technology (MIT) nach Informationen, auf einem Server in Oxford und gleich danach im kalifornischen Xerox Parc. Ich lasse das Modem neu anwählen und wechsle in CompuServe und danach in America Online. Ich könnte mich dabei mit Kochrezepten und Börsentips versehen oder eine Einführung in die Astrologie der Mayas erhalten, ich könnte mich mit jeder Sorte von Konspirationstheorie und mit UFO-Sichtungen, mit Bodyart oder alternativen Energieformen beschäftigen. Doch ich bin diesmal lediglich an Informationen zu drei Stichworten interessiert, die mich auf die Begegnung mit R. U. Sirius vorbereiten sollen.

Die Ausbeute der Recherche, die schließlich über den Schirm des Powerbook läuft, ist mehr als ergiebig. *Hacker, Cyberpunk* und *Cyberspace* – das sind Zauberlehrlingsstichworte, die einen gewaltigen Bit-Tsunami auslösen.

Hacker. «Hack» hieß einst – abgeleitet vom wilden Herumhacken auf der Tastatur – ein Lohnschreiberling, der auf seiner Schreibmaschine Textzeile auf Textzeile herunterhämmerte. Der Begriff Hakker wurde dann in den sechziger Jahren im Umkreis der Spitzenforschungseinrichtungen MIT und Stanford geprägt und bezeichnete besonders genial programmierende Elektronikbastler. Ihr «Hack» war dementsprechend die möglichst elegante Lösung eines schwierigen Problems. Diese frühen Hacker der Hippiegeneration waren berühmt für ihre bedingungslose Liebe zur Technik und berüchtigt für ihre verkehrte Lebensweise, deren hervorstechendstes Merkmal der Mangel an Hygiene und Schlaf war. Letzteres rührte vor allem daher, daß Rechenzeit an den wenigen Mainframe-Computern äußerst limitiert und meist nur nachts zu haben war – jedenfalls für avantgardistische Experimente ohne unmittelbare Nutzanwendung.

Die Erfahrung vom Computer als einer teuren Mangelware, gepaart mit dem Leiden an den vielfältigen Einschränkungen und bürokratischen Restriktionen, die sich daraus ergaben, daß ein einzelner Hacker, so er nicht Millionär war, keinen eigenen (Mainframe-)Computer besitzen konnte, veranlaßte die bastelnde Suche nach billigeren Alternativen.

Hacker bauten in den siebziger Jahren folglich die ersten erschwinglichen Personal Computer. Die wiederum ließen eine neue Sorte von Teenage-Hackern aufkommen, nach dem gleichnamigen Film von 1983 allgemein die «Wargames»-Generation genannt.

Diesem Nachwuchs im Computer-Underground ging es weniger um technisches Wissen und innovative Problemlösungen als um eine radikale Appropriation von Hard- und Software. Ihnen hieß ein Hack alles, was ein Stück Technik dazu bewegte, anderes zu machen, als wofür es entworfen wurde. Gleichgültig gegenüber technischer Kunstfertigkeit und statt dessen auf tollkühne Kunststücke versessen, bedienten diese jüngeren Hacker sich der nunmehr vorhandenen Billig-Gerätschaften, um sich trickreich illegalen Zugang zu geschützten Mainframe-Systemen zu verschaffen.

Insofern sie dabei Daten änderten oder zerstörten, wurden sie von den Hippie-Hackern, gegen deren subkulturellen Ehrenkodex sie verstießen, als Cracker beschimpft. Solcher Datenvandalismus blieb allerdings eine Seltenheit. Die Mehrzahl der Computerkids betrieb das Hacken des schieren Kitzels wegen, als *l'art pour l'art*, und legte gesteigerten Wert darauf, die Systeme so elegant zu knakken, daß keinerlei Spur zurückblieb.

Dies änderte sich mit der dritten Generation von Hackern, die seit den späten achtziger Jahren wie andere Halbwüchsige an der Straßenecke in den Bulletinboard-Systemen (BBS) und MUDs (Multi-User Dungeons, elektronischen Spiel-Kerkern für mehrere Personen) herumlungern, dabei Informationen austauschend und Pläne schmiedend, die Welt aufzuwirbeln. Wie ihre Vorgänger stammen auch diese Hacker überwiegend aus dem weißen Mittelstand. Anders als ihre Vorgänger treibt sie jedoch der Drang, die Informationsgesellschaft von innen auseinanderzunehmen, eine anarchisch-aggressive Datenbankplünderungslust. Sie verstehen sich als «Informationsbefreier». Ihr Schlachtruf «Alle Information will frei sein» läßt sie gegen Zensur oder Geheimhaltung anhacken. Alles und jedes wollen sie jedermann zugänglich machen – die private Kreditwürdigkeit ebenso wie die Umsatzzahlen der Konzerne oder Regierungsgeheimnisse und vor allem all die vielen illegalen Tricks und Rezepte, vom kostenlosen Zugang zum Telefonnetz über den Gratis-Kabelanschluß bis zur Drogenanrühranleitung.

«In ihren Träumen (obwohl höchst selten im wirklichen Leben) hören sie Madonnas Telefongespräche ab und sogar die des Secret Service», schreibt Gary Cartwright. «Doch eigentlich sind die meisten Hacker so harmlos wie Entlein … Zum größten Teil handelt es sich bei ihnen um junge Männer mit ernstzunehmenden antisozialen Tendenzen (wenige Frauen hacken), um junge Kerle, die wie wild den Wettstreit suchen und klüger sind, als es ihnen guttut.»

Sich selbst nennen diese Hacker der dritten Generation Cyberpunks.

Cyberpunk. Der Begriff verschmilzt High-Tech-Kybernetik (engl. «cybernetics») mit Low-life-Punk, also modernste Technik mit revoltierender Gegenkultur. Das Wort *Kyber* leitet sich von dem griechischen Verb «kybernao» ab (ein Schiff steuern) und findet sich außer in Kybernetik – ursprünglich die Wissenschaft von Steuerungsprozessen, heute eher synonym mit Informatik verwendet – auch in modernen Worten wie «Gouverneur» oder dem englischen «government» (Regierung). *Cyber* konnotiert insofern im engeren Sinne souveräne Steuerung bei der schlingernden Fahrt über die elektronischen Wellen. Im erweiterten populären Gebrauch bezeichnet es dann schlicht alles, was mit diesem neuen elektronischen Reich in Verbindung steht.

Geprägt hat die Wortbildung «Cyberpunk» Hans Bethke in der 1983 veröffentlichten Science-fiction-Erzählung gleichen Titels. Ein Jahr später kreierte William Gibson mit seinem Roman *Neuromancer* das neue Genre der Cyberpunk-Science-fiction. Ein zweiter Autor, der erfolgreich am Mythos des Cyberpunk mitschrieb und wie Gibson heute als literarischer Prophet des digitalen Zeitalters gilt, ist Bruce Sterling (*Schismatrix, Islands in the Net*). Beide fanden zahlreiche Weggefährten und Nachahmer.

Die Cyberpunk-Fiction, die sich so in den achtziger Jahren herausbildete, beschwört in einem rasant-ironischen Stil, der an die klassischen Pulp-Detektivromane der dreißiger und vierziger Jahre erinnert und mit existentialistischen Motiven und Elementen der Punk-Ästhetik gespickt ist, eine nicht sehr ferne dystopische Zukunft. In ihr prallen grelles Licht und finsterste Dunkelheit, High-Tech und Aberglauben aufeinander, in ihr bewegt, schreibt *Wired*-Chefredakteur Kevin Kelly, «Voodoo genausoviel wie Supraleiter».

Bruce Sterling nennt zwei zentrale Motivkomplexe, zum einen «das Thema der Körperinvasion: künstliche Gliedmaßen, implantierte Elektronik, plastische Chirurgie, genetische Eingriffe»; zum zweiten «das noch stärkere Thema der Verstandesinvasion: Gehirn-Computer-Interfaces, künstliche Intelligenz, neurochemische Techniken, die die menschliche Natur, die Natur des Selbst radikal redefinieren».

Das Standardszenario der Cyberpunk-Erzählungen spielt irgendwann im 21. Jahrhundert. Gewaltige Konzerne haben die Welt in Geschäftszonen aufgeteilt. Die gleichzeitig wuchernden und zerfallenden Stadtlandschaften bevölkern Massen kleinbürgerlicher Datensklaven und eine gewalttätige Unterschicht drogenabhängiger Zombies. Ihre Slums aus Beton und nackten Stahlträgern kontrastieren mit den Palästen aus Marmor und Messing, in denen die Konzerne residieren. Das Individuum – heute schon in den Worten Jean Baudrillards «ein Terminal multipler Netzwerke» – ist in der Cyberpunk-Zukunft vollends zur Datendurchgangsstation geworden, zum Anhängsel der Maschinen. Wobei letzteres recht wörtlich zu verstehen ist: Die Helden dieser Romane, Datenguerilleros und Konsolen-Cowboys, gewiefte Einzelgänger und Einzelkämpfer, können sich dank Gehirnimplantat und Schädelstöpsel direkt in die Matrix einklinken.

«Wie viele andere prophetische Avantgarden in der Vergangenheit», schreibt Wark McKenzie über die Cyberpunk-Autoren der achtziger Jahre, «sahen sie die Zukunft zugleich klarer und verrückter als ihre Zeitgenossen. Wie die romantischen Dichter und die dekadenten Künstler des 19. Jahrhunderts, wie die Surrealisten und Futuristen und Konstruktivisten des frühen 20. Jahrhunderts wollten sie das Leben verändern. Deshalb stellten sie sich vor, wie es anders sein könnte, anders nicht nur als die Gegenwart, sondern auch anders, als die Zukunft offiziell werden sollte.»

Die Cyberpunk-Vision fand schnell eine breite Anhängerschaft, und das literarische Genre mauserte sich zu einem kunterbunten massenkulturellen Modekomplex, zu dem ältere Filme wie «Bladerunner» und neuere wie «Brazil» oder «Lawnmower Man» rechnen, TV-Shows wie «Max Headroom» oder Oliver Stones «Wild Palmes», Musikstile wie Industrial, Rave, Acid House, Musiker und Künstler wie Brian Eno, Stelarc oder Mark Pauline und seine Survival Research Labs.

Die Vielfältigkeit der Cyberszene macht eine klare Definition schwer. R. U. Sirius bezeichnet Cyberpunk als «eine Weltsicht, eine fundamentale Beschreibung der Richtung, in die die westliche Zivilisation marschiert, wild und außer Kontrolle». Hacker-Königin und *Mondo-2000*-Redakteurin St. Jude, laut R. U. eine «polymathematisch-perverse» Ex-Maoistin und «Hebephrenikerin im Endstadium», beschreibt Cyberpunk als die Szene, in der die Welten von Wissenschaft und Kunst sich mischen, als Treffpunkt von Zukunft und Gegenwart. Stewart Brand, emeritierter Chefredakteur des hippiesken *Whole Earth Catalog*, meint, die Cyberpunk-Bewegung verbinde «Technologie mit Haltung» – vor allem Technologie, die es noch nicht gibt, mit einer Haltung, die dem Massenbewußtsein und seiner Konsenspolitik entgegensteht. Und das Magazin *Time* klagte, als es 1993 stellvertretend für die Bevölkerungsmehrheit die neue Gegenkultur entdeckte, die bedauerliche Vorliebe für virtuellen Sex, Smart Drugs und synthetischen Rock 'n' Roll lasse die Cyberpunks auf den dunklen Wellenkämmen des Computer-Zeitalters surfen. Keiner aber hat cyberpunkiger formuliert, worum es geht, als Rudy Rucker:

«Das Beste am Cyberpunk ist, daß er mich gelehrt hat, Einkaufszentren, die ich immer gehaßt habe, entspannt zu ertragen. Jetzt bilde ich mir einfach ein, das ganze Ding liege zwei Meilen unter der Mondoberfläche und jedem zweiten Passanten sei die rechte Gehirnhälfte von stählernen Robotratten weggefressen worden.»

Literatur, die Wirklichkeit werden will – in dem kuriosen Umstand, daß das Leben die Kunst nachahmt, gleichen die Cyberpunks den Beatniks. Beide Jugend-Bohemes wurden von literarischen Texten ein- und angeleitet, die auf technische Innovationen der Epoche reagierten. Wie Jack Kerouac das existentielle Unterwegssein propagierte, ein rastloses Verfahren auf dem Autobahnnetz, das damals, in den vierziger und fünfziger Jahren, den nordamerikanischen Kontinent erschloß, so schildert Gibsons *Neuromancer* den Eintritt der Informationsgesellschaft in ihr postsymbolisches Zeitalter, den direkten Daten-Kontakt auf der gerade entstehenden Infobahn und die dabei drohende existentielle Verflüchtigung.

«Die Autobahn-Metapher paßt», hat R. U. Sirius einmal über die Reise der binären Beatniks in den Cyberspace erklärt. «Wie bei Jack Kerouacs *On the Road*: aus einer engen kleinen Gemeinschaft hinaus auf die weite offene Straße.»

Der Computer-Underground folgte nicht nur dieser breiten, von der amerikanischen Regierung durchaus empfohlenen Infobahn-Route, sondern auch den von der Science-fiction-Literatur vorgezeichneten Abwegen. Bald war Cyberpunk keine reine Zukunftsmusik mehr. Angezogen vom Zentralthema, der Verschmelzung von Mensch und Maschine, entdeckten die Hacker das Genre und verwandelten die Literatur ein Stück weit in soziale Realität.

Cyberpunk «gab uns eine Vision der Möglichkeiten, die der Technik innewohnten», beschreibt der legendäre Hacker Synergy, natürlich ebenfalls ein *Mondo-2000*-Autor, diese Mimesis des Lebens an die Kunst: «Plötzlich setzte sich das Konzept des Cyberspace durch und inspirierte die Hacker.»

Cyberspace. Das Wort meint den Raum (engl. «space»), in dem die vernetzten elektronischen Informationen miteinander und mit dem Bewußtsein der Benutzer in Wechselwirkung treten. Im Umgang mit Mitmenschen – per Einweg-E-mail oder in interaktiven Kontexten, Chatrooms, MUDs usw. – bietet der Cyberspace absolute Gleichheit in der Kommunikation: Unabhängigkeit vom Ort des physischen Aufenthalts und Freiheit von sozialen Einschränkungen wie Status und Klassenzugehörigkeit oder biologischen Begrenzungen wie Geschlecht, Alter und Rasse. Ein berühmter Cyber-Cartoon zeigt einen Vierbeiner, der einen Artgenossen tröstet: «Im Cyberspace weiß niemand, daß du ein Hund bist.»

Als nicht physischer, sondern metaphorischer Raum ist der Cyberspace eine von Maschinen erzeugte Welt aus abstrakten Zeichen und fernen Stimmen, die uns nur nahe scheinen. Utopische Konzepte beschwören folgerichtig die graphische Repräsentation des unablässigen Datenflusses zwischen den Millionen Computern, die weltweit miteinander vernetzt sind. Dieses künstliche Software-Reich visualisierter Energiebündel und Signalkonstellationen soll das menschliche Gehirn dann als mentale Landschaft durchstreifen können – als eine «allgemeinverbindliche Halluzination», wie sie William Gibson in *Neuromancer* beschreibt: «Linien aus Licht, aufgereiht im Nichtraum des Verstandes, Ballungen und Anordnungen von Daten. Wie die Lichter einer Stadt, die sich langsam entfernen ...»

Den gegenwärtig bereits erfahrbaren virtuellen Alltag in den digitalen Parallelrealitäten all denen zu schildern, die noch im analogen Exil leben, fällt ebenso schwer, wie Erlebnisse am Meeresboden oder in der Schwerelosigkeit des Alls nachvollziehbar zu machen. Bruce Sterling hat es versucht, indem er den Cyberspace als das Nirgendwo beschrieb, auf dessen Terrain auch jedes Telefongespräch stattfindet – also den ortlosen, allein in Photonen und Elektronen existierenden Zwischenraum zwischen den Telefonen der Gesprächspartner.

Doch natürlich macht das normale Telefonnetz nur den kleineren und vertrauteren Teil der Datenverbindungen aus, die die materielle Grundlage dieses neuen immateriellen Kommunikationsraumes bilden. Zum Cyberspace tragen wesentlicher Millionen von Hochgeschwindigkeitsverbindungen innerhalb von LANs (Local Area Networks) und zwischen den Internet-Knotenpunkten bei, ebenso die unzähligen erdgebundenen Dauerfunkstrecken und die Verbindungen zwischen den Bodenstationen und den Hunderten von Nachrichtensatelliten, die von ihren geostationären Positionen aus den großräumigen Datentransfer bewerkstelligen.

Grateful-Dead-Songtexter und Cyberaktivist John Perry Barlow meint daher, wer wissen wolle, wo der Cyberspace zu finden sei, solle sich am besten die Frage stellen, wo sich sein erspartes Geld gerade herumtreibt: Im Zweifelsfall liegt es in keinem Banksafe – schon allein deshalb nicht, weil nur der geringste Teil der zirkulierenden Geldmenge durch ein Äquivalent in Münzen oder Scheinen abgedeckt ist –, sondern es jagt, den diversen Investitionsentscheidungen der Banken folgend, als digital kodierte Kolonne durch jenen Teil des Cyberspace, der die internationalen Finanzmärkte beherbergt.

Wie alle Pioniergebiete hat auch der virtuelle Cyberspace eine Besiedlungsgeschichte. Erschlossen wurde er zuerst vor einem Vierteljahrhundert, als das amerikanische Verteidigungsministerium die Nachrichtenverbindungen für den Fall eines Atomkriegs sichern wollte. Die Generäle befürchteten zu Recht, die zentralistisch organisierten nationalen Kommunikationsstränge – die telefonischen Schaltstationen, die Sendezentralen der Radio- und Fernsehsender – könnten im Kriegsfall durch gezielte Bomben- oder Raketenangriffe lahmgelegt werden.

Paul Baran, ein Forscher der Rand Corporation, fand 1964 eine ungewöhnliche Lösung für dieses Problem: ein Netz von Computerverbindungen, dem im Gegensatz zu allen bekannten Kommunikationswegen die zentrale Schaltstelle fehlte. Strukturelle Redundanz und Enthierarchisierung aller beteiligten Computer sollten das Umgehen von Blockierungen oder Beschädigungen in den Nachrichtenverbindungen ermöglichen. Egal, welcher Computer im Netz ausfiel oder vom Gegner ausgeschaltet wurde, alle anderen sollten weiterhin untereinander kommunizieren können.

Es war eine verrückte Idee. Die innovative nichthierarchische Netzstruktur widersprach dem Ordnungsdenken und den Kontrollwünschen der Militärs diametral. Doch innerhalb der atomaren Strategie des Kalten Krieges fand sich keine andere Lösung. Die Advanced Research Projects Agency (ARPA) des Pentagon baute das experimentelle Computernetz.

Seine «nomadische Architektur», die sich von Anfang an so schnell wandelte, wie sich elektronische Zelte aufschlagen und wieder abbauen lassen, schuf in ihrer Freiheit von Kontrollinstanzen die Voraussetzungen für das zukünftige wilde Wuchern des Cyberspace. Und sie ist es auch, die bis heute der Einführung einer Zensur, wie sie viele konservative Gruppen und autoritäre Staaten befürworten, größte Hindernisse entgegenstellt. «Das Netz», sagt Internet-Pionier John Gilmore, «interpretiert jeden Zensurversuch als technischen Schaden und lenkt die Daten auf Umwegen zum Ziel.»

In seinen Anfängen war das Leben in ARPAnet so antiseptisch wie die Büros und Labors der Militärs und Wissenschaftler, die das Netz erschlossen hatten und sich mit seiner Hilfe nun gegenseitig Zugang zu den auf ihren Computern gespeicherten Daten einräumten. Sehr bald allerdings entdeckten einige Benutzer, daß sich die elektronischen Kommunikationswege für weniger professionelle Zwecke umfunktionieren ließen – Klatsch und Tratsch via E-mail, Diskussionsgruppen und Newsgroups zu allen erdenklichen Themen von Science-fiction-Literatur bis zu sadomasochistischen

Praktiken, elektronische Magazine und Tauschbörsen, interaktive Gruppenspiele …

Da ARPAnet einzig Regierungs- und Forschungsinstitutionen Zugang gewährte, entstanden parallel Hunderte von BBS sowie lokale und nationale Netze für andere Bevölkerungsgruppen. Das bedeutendste hieß NSFnet nach der National Science Foundation (NSF). Für die Erschließung des Cyberspace zeitigte NSFnet tiefgreifende Folgen, da es in den achtziger Jahren den Anschluß der amerikanischen Schulen und Colleges forcierte und so Millionen von Schülern und Studenten elektronische Kommunikation offerierte. Zwischen 1981 und 1992 explodierte die Zahl der ständig im Internet vernetzten Computer von 281 Stück auf 1,1 Millionen. Auch die nationale Beschränkung der US-Netze, die lange Auslandsverbindungen nur zu Militärbasen und Botschaften erlaubte, wurde damals aufgebrochen.

Das Internet, zu dem ARPAnet, NSFnet und bis heute rund 48 000 andere Subnetze verschmolzen und von dem aus sich ebenfalls zahlreiche kommerzielle BBS erreichen lassen, ist eine internationale, demokratisch und dezentral verfaßte Gemeinschaft. Keine einzelne Institution kontrolliert diesen größten zusammenhängenden Landstrich des Cyberspace. Das Internet samt seiner modernsten Region, dem graphischen World Wide Web (WWW), gehört niemandem und allen. Der Zugang ist unbeschränkt und wird lediglich in einigen Gebieten Osteuropas und der Dritten Welt vom technischen Zustand des jeweiligen nationalen Telefonnetzes limitiert.

Jeder, der über einen Computer und ein Modem verfügt, kann Bürger dieser virtuellen Ansiedlungen werden und selber zu der ungeheuren Anhäufung von professionellem Fachwissen und kommerziellen Angeboten, bizarren Meinungsäußerungen und künstlerischer Kreativität beitragen – zur, in John Perry Barlows Worten, «größten funktionierenden Anarchie, die je auf dem Planeten Erde erfunden wurde».

Die gegenwärtige Situation im Cyberspace vergleicht der Mitbegründer der Electronic Frontier Foundation denn auch «mit dem Wilden Westen des 19. Jahrhunderts. Er ist weit, unerschlossen, kulturell wie legal offen … ein perfekter Nährboden sowohl für Outlaws wie für neue Vorstellungen von dem, was Freiheit ist.» Und Donald Gooding von Accel Partners, einer Risikokapital-Investmentfirma, die sich an einem halben Dutzend Cyber-Unternehmen beteiligt hat, sagt: «Das Internet ist der Wilde Westen der Technologie. Bislang hat noch niemand gültige Regeln aufstellen können.»

Alles, was sich menschliche Gehirne zwischen hedonistischer Lifestyle-Erweiterung und utopischer Zukunftsbastelei, zwischen Wahn und Wirklichkeit, zwischen Traum und Alptraum auszudenken vermögen, läßt sich so im Cyberspace erfahren. Wie keine andere Gegend am Ende des 20. Jahrhunderts zieht er Spinner und Träumer, Abenteurer und Visionäre an. Und in manch ordentlichen Menschen, Militärs und Wissenschaftlern, Studenten und Bankern, weckt er gleichfalls eine wilde Ader.

«Der Cyberspace ist genauso eine *frontier*, wie die Neue Welt es für das Europa des 17. Jahrhunderts war», schreibt James Gleick im *New Yorker*: «Es gibt keinen Grund, das zu romantisieren. Die Welt der *frontiers* ist unangenehm, häßlich und gesetzlos. Zu oft herrscht dort eine entartete Stimmung wie in *Herr der Fliegen*. Die Leute lügen schamlos, und andere Leute glauben ihnen. Versteckt hinter den Masken ihrer Pseudonyme, kreischen sich zornige Teenager gegenseitig an. Ich hatte einige schockierend unangenehme Begegnungen der elektronischen Art … Erst vor ein paar Tagen hat ein erboster junger Mann, den ich nie zuvor getroffen hatte, eine öffentliche Nachricht hinterlassen, in der er dem Wunsch Ausdruck verlieh, daß mir meine Hände mal in einer Explosion abgerissen würden.»

5 An der *frontier*. Ein Pionier erzählt

«Wir haben Laserkanonen mit Bewegungsmeldern aufgestellt, und die haben in der Nacht die Waschbären weggebraten.»

Während wir auf R. U. Sirius warten, gibt Richard Bandler eine klassische Pioniergeschichte aus der Zeit zum besten, als die pazifische Techno-Boheme an den Grundlagen der Gegenwart bastelte.

Aktuelle Position: nordamerikanischer Kontinent, Westküste, Lobby des Mandarin Hotel in der Bay Area. Zeit: ca. 00:11 h vor dem ersten Kontakt.

Bandler ist um die fünfzig. Er hat mehr Bücher geschrieben, als normale Menschen Finger und Zehen ausbilden. Er war des Mordes an seiner Freundin Corine Christensen angeklagt, die, wie er selbst, kokainabhängig war und durch einen Kopfschuß aus Bandlers Waffe starb, nachdem er gedroht hatte, sie zu töten, und er ist 1988 freigesprochen worden. Er hat zusammen mit Linda Hughes Allen das «Neurolinguistische Programmieren» (NLP) begründet, eine äußerst erfolgreiche «Dein-Körper-verrät-dich-und-dein-Gehirn-weiß-mehr-als-du-denkst»-Selbstverbesserungstechnik, die der *Spiegel* zur «Modetherapie der neunziger Jahre» erklärte. Zudem besitzt er einen Haufen Patente für Erfindungen, die er vor zwanzig Jahren in der Wildwest-Ära der High-Tech-Revolution gemacht hat – in einem einsamen Haus in den Bergen, wo eine vielköpfige Waschbärenplage allnächtlich die Labors heimsuchte.

«Die Farmer dachten natürlich, wir wären verrückt. Drogen-Irre.» Richard Bandler lacht: «Was wir wohl waren.»

Eines Tages, Bandler und seine Truppe arbeiteten an einer Weiterentwicklung des Hologramms als Datenspeicher, kam jedoch Besuch, der sich ein wenig besser auskannte.

«Die Jungs vom FBI wollten, daß ich für sie arbeite.» Bandler lacht lauter. Er hat ihnen das ganze Zeug hingeschmissen, andere Forschungen begonnen und ist eben damit reich geworden. Das rüstungsrelevante Hologramm-Projekt gedieh in den Händen der Sicherheitskräfte kaum. «Er reicht nicht, alles einzusacken», sagt Richard Bandler. «Man muß es auch kapieren.»

Der Mann ist ein Musterbeispiel für die Silicon-Psychedelic-Szene, die R. U. Sirius anvisierte, als er Mitte der achtziger Jahre das Cyberpunk-Magazin *High Frontiers* gründete, den Vorvorgänger von *Mondo 2000*. Das «High» im Titel spielte aufs Drogen-Hoch an wie auf die Hohe Technik – Cyberpunk als Gegenkultur aus High-Tech und Haight-Ashbury, aus Drogen und Silicon.

«Wir leben hier an der Grenze», sagt Richard Bandler ruhig und hält mir das ziemlich wilde Kinderbuch hin, das er gerade veröffentlicht hat: «An der äußersten *frontier*.»

Jeder halbwegs neutrale Beobachter wird es ihm glauben. In «New Brainia», wie die smartesten San Franziskaner die Bay Area nennen, wo die Zukunft angeblich immer zuerst geschieht, drängen sich die innovativen Außenposten des Cyber-Zeitalters, von Apple und zahllosen anderen Computerfirmen im Silicon Valley über das NASA Ames Research Center an der Südspitze der Bucht und die Virtual-Reality-Pioniere in Redwood City und Sausalito bis hin zu George Lukas' Industrial Light & Magic in Marin County. Im Zentrum dieser High-Tech-Kultur liegt der Multimedia-Gulch, ein alter Warenhausbezirk in der Nähe von Downtown, dessen billige Loftmieten Hunderte von Multimedia-Firmen mit insgesamt über sechstausend Angestellten angezogen haben – junge Leute, die meisten zwischen zwanzig und vierzig, deren High-Tech-Lifestyle auf eine Zeit vorausweist, in der biologisches und elektronisches Leben eine vollständige Symbiose eingehen werden.

«Ich bin der Ansicht, San Francisco sollte ein eigener unabhängiger Staat sein», hat R. U. Sirius einmal gesagt: «Wir haben die kreativsten Leute in der Computerindustrie, eine blühende Kultur, was Künstler und Schriftsteller angeht, und die stärkste Ökonomie in den USA. Von Marihuana bis Mikrochips – wir haben den kraftvollsten multikulturellen transsexuellen Polizeistaat in der Welt.»

Richard Bandler ist ganz seiner Ansicht. Gerade erzählt er, begleitet von wilden Handbewegungen und lautem Lachen, eine weitere *Frontier*-Geschichte, die davon handelt, wie er einst die Xerox-Entwicklungscrew in die gewaltigen Rechner-Gewölbe der *Los Angeles Times* lockte, um ihnen vor Augen zu führen, was er mit dem papierlosen Büro als Vorform zukünftiger Entmaterialisierungen meinte, da schwebt plötzlich ein cherubinisches Lächeln über unseren Köpfen.

«Papierlos? Huuuh?» sagt R. U. Sirius und streicht sich die langen Strähnen aus dem Gesicht: «Ich schreibe aber wieder ein Buch. Zusammen mit St. Jude, meiner Partnerin im Provozieren. Darüber, wie wir mutieren und die Welt übernehmen.»

6 Der Diderot des Cyber. Ein Lebenslauf

«Eine utopische Persönlichkeit war ich immer. Ich habe mich nie mit dem abfinden können, was da ist», sagt R. U. Sirius.

Aktuelle Position: nordamerikanischer Kontinent, Westküste, chinesisches Restaurant Silk in der Bay Area. Zeit: 02:45 h nach dem ersten Kontakt.

Die Luft, die sich wie eisiger Atemhauch aus der leise rauschenden Air-condition auf uns herabsenkt, riecht klarer und reiner, als es die Natur erlaubt. Die Flottille chinesischer Kellner bedient sprachlos und geschmeidig wie von seidener Hand programmiert. Sollte das Hochhaus, in dem wir speisen, Fenster haben, so hat der Innenarchitekt sie unsichtbar werden lassen. Wir könnten nirgendwo sein oder in einem tiefgekühlten Traum.

«Ich bin alt», sagt R. U. Sirius und sieht durch mich hindurch, als läge hinter mir eine andere Galaxis. «Ich bin Jahrgang 1952.»

Des bisherige Lebensweg meines Cyber-Zerberus folgte strikt den Windungen des Zeitgeistes, und so begehrte er, ein Hippie zu werden, kaum daß er in seiner damaligen Inkarnation als Ken Goffman pubertierte: «Das Angenehme daran war, daß diese Veränderung meines Lebens keiner besonderen Anstrengung bedurfte.»

R. U. Sirius lächelt das leicht buddhistische und enervierende Lächeln, das sein Markenzeichen ist, und erzählt weiter, wie er im Sommer 1968, bereits vom Hippie zum Marxisten bekehrt, in einem Buchladen jobbte und eine Kopie von Abbi Hoffmanns *Revolution for the Hell of It* stahl.

«Das wurde der größte Einfluß meines Lebens. Da fand ich die psychedelische Dada-Energie, das Potential für Aggression und Spannung, das Verlangen, alles auf den Kopf zu stellen. Die Cyberkultur ist nur mein jüngster Schritt in diese Richtung.»

Der Marxist wandelte sich damals zum anarchistischen Yippie und, im Gegensatz zur Mehrheit seiner alternativen Wegbegleiter, zum radikalen Anhänger des technischen Fortschritts.

«Technophil wurde ich aus der Überlegung heraus, daß in der befreiten Gesellschaft den Menschen alle Arbeit von Maschinen abgenommen würde. Im Grunde ist das ein Gedanke von Herbert Marcuse, der hier in der Bay Area sehr populär war.» R. U. Sirius holt Luft: «Trotzdem hat mir meine Technikliebe lange Zeit viel Ärger eingetragen. Die Alternativszene verkannte ja die ungeheuren Möglichkeiten. Die Leute des ‹New Age› zum Beispiel wollen alles verlangsamen, während wir an der ‹New Edge› alles beschleunigen wollen. Aber ich wußte, die Gegenkultur würde irgendwann aus der pessimistischen Ablehnung des technischen Fortschritts herausfinden müssen. Die Revolution wird aus Optimismus gemacht, aus Begehren und nicht aus Versagung, aus Verschwendung und nicht aus Askese; nicht aus Verboten, sondern aus Wünschen.»

Anfang der achtziger Jahre, kurz nach seiner Ankunft an der Westküste, beschloß R. U. Sirius, zum Verkünder der technischen Heilslehre zu werden.

«Ich fühlte, daß ich etwas mitzuteilen hatte. Erst wollte ich eine Band gründen. Aber wir konnten keinen Schlagzeuger finden. Und dann versuchte ich es eben mit einer Zeitschrift.»

1984 traf er auf der Äquinoktium-Party eines lokalen Magiers die Anthropologin Queen Mu alias Alison Kennedy. Die Ex-Freundin von Aldous Huxley ist Expertin für Kröten, Spinnen und Stachelrochen, über deren halluzinogene Körpersäfte sie wissenschaftliche Abhandlungen veröffentlicht hat. Mit ihrem bescheidenen Erbe gründeten Queen Mu und R. U. Sirius das Billig-Zine *High Frontiers*.

«Ich ahnte, daß digitale Technologie und auch abstrakte Erkenntnisse und Entdeckungen wie die Chaostheorie und die Quantenphysik ein neues Totem für das psychedelische Bewußtsein werden würden. Wir wollten diese Technik und das neue Wissen propagieren. Wir wollten Leute sein, die herausragen und sich nicht fürchten.» R. U. Sirius grinst stolz: «Als erstes haben wir damals die Hacker-Gemeinschaft an den Ohren aus ihren abgedunkelten Zimmern ans Tageslicht gezerrt. Sie haben geschrien und gezetert. Aber es hat ihnen nichts geholfen. Die gesamte Computerindustrie im Silicon Valley war ja durchsetzt von Leuten, die eine Hippie-Ästhetik hatten, linke oder libertäre Politik, all diese wirren Zauberer, und das wußte keiner.»

Ende der achtziger Jahre und getragen von der anschwellenden Cyberpunk-Welle mutierte das bescheidene *High Frontiers* (Auflage 1500 Stück) erst zu *Reality Hackers* (Start 1987, Auflage 20 000 Exemplare) und schließlich zum hochglänzenden *Mondo 2000*.

«Diese Namensänderung und das äußere *upgrading* waren nötig, um wenigstens ein Stück weit ins Massenbewußtsein vorzustoßen», sagt R. U. Sirius über sein «Mutazin»: «Ich betrachte es nicht wirklich als Journalismus, mehr als *Performance Art*. Wobei ich den Gedanken liebte, ein Magazin zu veröffentlichen, das in seinem Titel ein Verfallsdatum trägt: das Millennium. Mit jeder Nummer von *Mondo 2000* betreiben wir den Countdown zur Apokalypse.»

Das kunst- und technikverliebte Kultblatt, zwischen 1989 und Ende 1995 mit nur vierzehn Ausgaben zu je rund 70 000 Exemplaren erschienen, wirkte auf dem amerikanischen Zeitschriftenmarkt äußerst stilbildend. Der Gesamtkunstwerk-Ansatz schert sich selbst um ökonomische Nachteile nicht: Werbekunden müssen ihre Seiten zur Genehmigung vorlegen, als handele es sich um redaktionelle Illustrationen. Entsprechen die Anzeigen – für High-Tech-Konsumgüter und Wilhelm Reichsche Orgondecken, für Ufo-Detektoren und Computermessen – nicht den ästhetischen Standards, werden sie abgelehnt.

Die Ansprüche ans Lesepublikum sind ebenfalls hoch. *Mondo 2000* wendet sich an die Verrücktesten und Neugierigsten unter den Klugen und präsentiert technische Innovationen, Arkanwissen und die neuen Computer-Wirklichkeiten nicht nur erotischer als der *Playboy* seine nicht minder künstliche Wetware, sondern auch komplizierter als manch wissenschaftliches Fachbuch.

«Wir verlangen von unseren Lesern, daß sie sich anstrengen», sagt R. U. Sirius.

Er firmiert im Impressum als «Icon-at-Large», was in Anspielung auf den «Reporter-at-Large», der gründliche Artikel schreiben darf, wie auf den Kriminellen, der «at large», also auf der Flucht ist, soviel bedeutet wie «flüchtige Ikone mit sehr viel Freiheiten». Weggefährtin Queen Mu übt die Funktion einer «domininеditrix» aus.

Zusammen sorgen sie für intelligente hedonistische Artikel, die vom Einfluß ihrer Idole William S. Burroughs und Timothy Leary, Abbi Hoffmann und Robert Anton Wilson zeugen, aber ebenso für seltsame Berichte über seltsame Dinge.

Mondo-2000-Leser erfahren zum Beispiel einiges über «Die Musik der Doppelhelix», «Kybernetische Juwelen – tragbare Mikrocomputer» oder Extrem-BBS, die schwerzubeschaffende Infos enthalten, etwa wie man eine eigene Atombombe baut oder einen Mörderwal masturbiert. Ein Leichenteil-Memorabilienhändler verteidigt sein Gewerbe – «Einzig der Tod ist noch demokratischer als der freie Markt, richtig? Also, hier haben wir einen Geschäftszweig, in dem beides zusammengeht» – und schwärmt dabei von dem idealen Package-Deal: «Das Tagebuch von Che Guevara zusammen mit der Hand, die es schrieb!»

Blixa Bargeld von «Einstürzende Neubauten» offenbart: «Die RAF-Leute waren meine Helden.» Jeff Koons wird als «Liberace der Endzeit» porträtiert. Ein Essay des führenden L.-A.-Historikers Mike Davis über die kalifornische «Ökologie der Angst» beschreibt die Planung virtueller Gefängnisse. Und in einem Interview spricht der «Außerirdische-Elfen-brachten-uns-die-Drogen»-Papst Terence McKenna von der Möglichkeit, das gesammelte Wissen der Menschheit auf ein paar dunkle Kontaktlinsen zu laden, um es so jederzeit vor Augen zu haben, und schließlich gesteht er: «Der menschliche Verstand ist unglaublich pervers. Ich weiß das, weil ich selbst einen habe.«

Das zweite «Katzenjammer-Kid der Psychedelic-Szene» ist Terence' Bruder Dennis. Zur Diskussion seiner Theorien merkt die *Mondo-2000*-Redaktion in Klammern kühl an: «Dennis McKennas Hyperkarbolationstheorie verbindet Elektronenwirbelresonanzlehre, holographische DNA-Informationsgewinnung, Supraleiterforschung und psychedelische Chemie. Postdiplomabschlüsse auf irgendeinem dieser Wissensfelder wären hilfreich, um herauszufinden, ob das alles nicht nur eine Kiste voller Scheiße ist.»

«Und wenn?» R. U. Sirius macht eine wegwerfende Handbewegung. «Die Wirklichkeit ist nicht so wichtig. Wichtig ist, daß wir Kreativen und Verrückten mehr Macht und Einfluß bekommen als die engstirnigen Sturköpfe, die normalerweise den Ton angeben.» Um seine eigene Machtbasis auszuweiten, forme er gerade eine Unternehmensgruppe. «Natürlich mit dem Fernziel, die Welt zu übernehmen. Wenn man eine Sache anfängt, muß man sie auch voll durchziehen.»

Wie Andy Warhol sich selbst zur Ikone des Pop inszenierte, arbeitet R. U. Sirius an seinem Aufstieg zur Ikone des Cyber. Warhol verfügte mit *Interview Magazine* über ein eigenes Sprachrohr, Sirius hat *Mondo 2000*, um seinen Ruhm zu mehren. Warhol brachte seine Pop-Philosophie in Buchform unter die Menschen, Sirius hat den *User's Guide to the New Edge* publiziert. Nun hat er – wie Warhol mit «Velvet Underground» – eine eigene Band gegründet. Als Name für seine akustische Schöpfung, die «Hauskapelle des Simulacrums», wählte er «Mondo Vanilli»:

«Ich trete auf und wieder ab. Ich bin der Michael Jackson für Arme. Und Kluge. Ich erscheine und verschwinde. Das soll meine Rolle in der Band sein. Doch wir haben daneben eine phantasievolle Sängerin, Simone 3Arm, eine elektrische Göttin, die schon viele Pornos gemacht hat, eine wunderbare Mischung aus Salvador Dalí und Alice Cooper.»

Meint er das ernst?

«Ich nehme nie etwas ernst. Am Ende geht alles zu Ende, unser Leben, die Welt, wie wir sie kennen.» Kein Anflug von Traurigkeit schwebt dabei um seine Miene. «Aber natürlich bin ich von Andy

Warhol sehr beeinflußt worden. Er war der erste, der an seiner Stelle einen Roboter hat auftreten lassen. Und er hat jemanden angeheuert, der für ihn Reden gehalten und Interviews gegeben hat. Er erregte Aufmerksamkeit, und ich möchte gleichfalls noch einige Jahre öffentliche Aufmerksamkeit erregen. Es ist so verdammt leicht, das Interesse der Leute zu verlieren.»

Nachsichtig legt R. U. Sirius mir seine ganz private Theorie der Öffentlichkeit dar: Das menschliche Gehirn ist rückständig, seine Aufnahmekapazität äußerst beschränkt. Wir können die Daten nicht so schnell aufnehmen, wie sie erzeugt werden. Das hat im digitalen Zeitalter zu einer Mangelökonomie besonderer Art geführt. Nicht an Waren oder Informationen, nicht an Ausdrucksmöglichkeiten oder an Einnahmequellen fehlt es uns, sondern an der Aufmerksamkeit unserer Mitmenschen. Sie ist das einzige Gut, das sich im Zeitalter universeller Reproduzierbarkeit nicht mehr vermehren läßt.

«Wenn eine Frau wie Madonna 40 Prozent aller im Land vorhandenen Aufmerksamkeit absorbiert, bleibt für uns andere wenig übrig. Bruce Sterling hat mal bei einer Podiumsdiskussion gesagt, die Aufmerksamkeitsökonomie löse allmählich die Geldökonomie ab. Alle Werte werden früher oder später danach berechnet werden, wie viele Leute etwas wahrgenommen oder benutzt haben. Nach der Aufmerksamkeit, die man erregt, wird man zukünftig bezahlt.» Der Cyberpropagandist strahlt: «Das wird meine Welt sein.»

Kritiker attestieren R. U. Sirius eine «koffeinreiche Prosa», beste Voraussetzung, um Aufmerksamkeit *en gros* zu erregen. Eine wandelnde PR-Veranstaltung, Mundstück der Platitüden, die auch ein Millionenpublikum begreifen könnte, mag der Cyberpropagandist allerdings nicht sein. Er strebt nach intellektuellerem Ruhm.

«Ich bin auf der Suche nach dem Stein der Weisen, was Cyber angeht», sagt er. «Ich setze immer alles auf die beste Karte in der Stadt. Und das ist gegenwärtig die Cyberkultur, wo das biologisch-physische Menschwesen eine technische Lösung für die quälendsten Probleme seines Seins findet.»

Eine höhere Ordnung in dem wirren und verwirrenden Bohemedynamischen Komplex aus kybernetischen und künstlerischen Verrücktheiten zu entdecken fällt jedoch selbst mit Hilfe avantgardistischer Technik- und Kulturphilosophie, auf die mein Fremdenführer so viel gibt, nicht leicht. Unzählige maßgeschneiderte Subkulturen und Kulte, artistisch und artifiziell, elektronisch und eklektisch, scharen sich um die verschiedensten Forschungsgebiete und Kunstrichtungen, um Denk- und Computer-Modelle.

Wenn er dieses grelle Weltbildkaleidoskop aber schon nicht auf den geschichtsphilosophischen Begriff bringen kann, will R. U. Sirius wenigstens der Diderot des Cyber-Age sein, derjenige, der das subkulturelle Chaos enzyklopädiert. Die sammelsurische Tour d'horizon, die er mir versprochen hat, absolviert er denn auch atemberaubend versiert mit Warp neun.

7 Cyberenzyklopädie II: Gehirnhacking & Cybertheorie, Körperhacking & Bionische Engel, Top-vier-Cyberclans

«Für eine Gesellschaft ist es grundsätzlich von Nutzen, eine kleine, kontrollierte Gruppe von selbstzerstörerischen Narren zu besitzen, die bereit sind, ungetestete und unverstandene Geräte und Substanzen an sich auszuprobieren», schreibt Bruce Sterling: «Und wenn ich je einen Mann getroffen habe, der wie kein anderer für ein solches Leben am äußersten Rande geeignet ist, dann ist es R. U. Sirius.»

An unserem zweiten Initiationsabend beschränkt der zum Pummelchen neigende Cyberguru seine Selbstversuche jedoch auf die Einnahme von wenig Kalorien und gewaltigen Mengen von Mineralwasser. Dazu lächelt er dauerhaft unirdisch.

Aktuelle Position: nordamerikanischer Kontinent, Westküste, Julie's Supper Club in der Bay Area. Zeit: 24:15 h nach dem ersten Kontakt.

Der Strom steter Worte, mit denen R. U. Sirius die zu Clans verschworene Cyberszene heraufbeschwört, ist dafür berauschend genug. Was wir beobachten, erklärt er, seien die gewagten Experimente einer Zwischenzeit, der lange Anlauf zum großen evolutionären Sprung. Die Menschheit habe sich eine Umwelt erschaffen, für die ihre genetische Ausstattung nicht mehr hinreiche, ihre Techniken zur immer notwendiger werdenden Selbstverbesserung aber seien noch zu unausgereift. Im Zentrum der Cyberkultur stehen daher provisorische Versuche, der Realität auf die Sprünge zu helfen. Sie zielen auf eine Befreiung des Alltagslebens und die Erschaffung alternativer Wirklichkeiten, auf eine Steigerung der körperlichen Empfindungen und eine Erweiterung des Bewußtseins. Darin sind die Cyberclans Nachfolger der Hippie-Revolte der sechziger Jahre und der psychedelischen Popkultur, die um sie herum entstand. Deren revolutionäre Triebkraft war der Rock 'n' Roll. Zum ganz normalen Milliardengeschäft mutiert, hat er heute seine innovative und existentielle Bedeutung verloren. Die Musik vermag nicht mehr das Bewußtsein einer neuen Generation zu formulieren. Alles ist ausprobiert und gesagt worden, alles Neue ist Revival. Diese Einsicht markiert Kurt Cobains melancholische Frage auf dem letzten «Nirvana»-Album vor seinem Selbstmord: «What else can I say?» – «Was kann ich noch anderes sagen?»

Seit die Musik von der vordersten Front ins Glied der Künste zurückgetreten ist, spielt der Computer die Rolle, Gemeinschaften und Kultur zu stiften. Das Woodstock der Cyberszenen liegt im Internet, ihre Utopie sieht den Menschen im Medium der Technik, befreit von seinen sozialen wie biologischen Zwängen.

«Meiner Ansicht nach gibt es einen generellen Trend in Richtung dessen, was man die ‹Veräußerlichung der Seele› nennt», sagt R. U. Sirius. «Mehr und mehr von dem, was wir sind, realisiert sich in medialen Räumen oder im Cyberspace und nicht mehr in unserer lokalen Umgebung oder in unseren Körpern. Das ist Teil eines Prozesses, der sich nicht aufhalten läßt. Ich glaube, daß wir uns am Ende wahrscheinlich auf die Netze hoch- oder auf Datenspeicher runterladen werden oder Kopien von uns machen werden, um unsere Biologie zu überwinden – ohne notwendig auf sie zu verzichten –, um uns mit der Technik zu vereinen und Alternativen zur Biologie zu haben.»

Solange derlei noch an technische Grenzen stößt, konzentriert sich der utopische Wille der Cybersubkulturen, dem Ist-Zustand zu entkommen, auf die bereits vorhandenen Mittel und Wege, die Grenzen der äußeren Realität und des eigenen Körpers zu erweitern.

Gehirnhacking: Smarte Drogen. Intelligenz und Kreativität sind in der Cyberkultur so hip, wie es flache Bäuche einst in Yuppiekreisen waren. Der Steigerung der körperlichen Leistungsfähigkeit durch Workout und Steroide entspricht die Erhöhung der eigenen Smartheit durch Psychotechniken und vor allem Smart Drugs, High-Tech-Drogen, die smart hergestellt sind und smart machen.

«Wir können nicht Schritt halten mit der Entwicklung, die uns und die Maschinen vorantreibt, ohne unsere Frequenzen zu erhöhen. Smarte Drogen ermöglichen uns das; sie ermöglichen uns, ein Stück freier von biologischer Kontrolle zu werden. Sie gleichen Steroiden für Börsenmakler», sagt R. U. Sirius: «Ich verwende diese Metapher, um anzudeuten, daß wir uns von genußorientierten psychedelischen Drogen wegbewegen und zu solchen hin, die die Leistungsfähigkeit erhöhen. Wir haben Steroide für den Körper und intelligenzsteigernde Drogen für den Verstand. Wenn man dabei ist, Karriere zu machen, kann man es sich dann leisten, auf den Vorteil zu verzichten, den die smarten Drogen bieten?»

Der Ausdruck Smart Drugs selbst geht auf John Morganthaler zurück, der auch 1990, zusammen mit Ward Dean, die bestsellernde Bibel der Smartdrogen-Szene geschrieben hat: *Smart Drugs and Nutrients: How to Improve Your Memory and Increase Your Intelligence Using the Latest Discoveries in Neuroscience* – «Smarte Drogen und Ernährungsstoffe: Wie man sein Gedächtnis verbessern und seine Intelligenz steigern kann, indem man von den jüngsten Entdeckungen der Neuroforschung Gebrauch macht». Das Buch ist gewissermaßen das Alte Testament. Das Neue erschien drei Jahre später und heißt, «Star-Trek»-inspiriert: *Smart Drugs II: The Next Generation*.

Die Smart-Drogisten machen sich Erkenntnisse der Psychobiologie zunutze, die zeigen, daß das Gehirn keine unveränderliche Hardware darstellt. Es ist vielmehr eine Art chemischer Dampfkessel, in dem die Synapsen- und Neurotransmittersäfte unter Hochdruck zirkulieren. Ihre Konzentration läßt sich so einfach erhöhen wie die von Alkohol im Blutkreislauf – mittels nootropischer und neuro-mantischer Drogen, die intelligenzsteigernd und bewußtseinserweiternd auf die höheren Gehirnzentren einwirken.

Generell läßt sich der Effekt der Nootropics mit dem traditioneller Stimulantien wie Koffein, Kokain und Amphetaminen vergleichen. Die jedoch verschaffen dem Körper nur einen kurzen Schub, der die Gedächtnisleistung und das Kombinationsvermögen momentan steigert und das Gehirn schnell erschöpft.

«Psychedelische Drogen verstärken die Fähigkeit zu fokussieren, sich zu erinnern und Informationen zu verarbeiten», sagt R. U. Sirius. «Aber sie haben die Nachwirkungen eines Vorschlaghammers.»

Smarte Drogen hingegen sollen als Dauerbrenner eine langfristige Erhöhung von Gehirnleistungen wie Konzentrations- und Assoziationsfähigkeit bewirken sowie die Alterungsprozesse des Gehirns verzögern.

Der Vorschlag, die Frequenzweite der Wahrnehmung und die Zahl der arbeitenden Schaltkreise im Gehirn durch chemische Stimulation zu erhöhen, dem Gedächtnis mehr Speicherfähigkeit und dem Denken schnellere Prozessoren zu besorgen, stieß im amerikanischen Westen auf ein breites Bedürfnis. Von San Francisco bis Phoenix schossen im Dutzend Mailorder-Firmen und Smart Bars aus dem Boden, in denen man sich mit Designer-Gehirnfutter und Denk-Getränken mit so schönen Namen wie «Intellex», «Psyber Tonic» oder «Energy Elixir» versorgen kann, meist Mixturen aus Vitaminen und Koffein plus Cholin, Phenylalanin und Ephedrin.

Prominenteste Lieferanten der Gehirnbrennstoffe für die smarte Szene sind die Lebensverlängerungsgurus und *Mondo-2000*-Autoren Durk Pearson und Sandy Shaw. Ihre Trockendrinks, die auch der Achtundsechziger-Revolutionär Jerry Rubin bis zu seinem tödlichen Unfall vertrieb, bestehen zu einem Großteil aus Aminosäuren, die sich im Körper zu zell- und gewebestärkenden Proteinen verbinden. Einige Aminosäuren und Ernährungsstoffe wie Choline verwandeln sich zu Neurotransmittern – Zerebralfutter, das die Verbindungen zwischen den Gehirnzellen stärkt.

Stärkere nootropische Gehirnbrennstoffe wie Deprenyl, Hydergin, Phenylalanin, Milacemide, Phosphatidyleserin, Vasopressin oder Piracetam sind oft rezeptpflichtig und erfordern umständlichere Beschaffungswege. Piracetam etwa wird üblicherweise zur Nachbehandlung bei Schlaganfällen mit Gedächtnisverlust verschrieben. Als typische Droge des Computerzeitalters beschleunigt es den Datenbus zwischen den getrennten Denkmaschinen in der linken und rechten Gehirnhälfte. R. U. Sirius' Liebling unter den smarten Drogen ist jedoch das euphorisierende und gedächtnissteigernde Vasopressin.

«Vasopressin ist der chemische Stoff, der im Gehirn erzeugt wird, wenn man Kokain oder Amphetamine schnupft. Das Zeug gibt einem einen richtigen Kick. Man fühlt sich sehr stimuliert und interessiert sich für alles viel stärker», sagt Sirius. «Anders als Kokain jagt es aber den Kreislauf nicht so hoch. Man hat das gute Gefühl ohne die Neben- und Nachwirkungen.»

Kevin Kelly, als damaliger Chefredakteur der *Whole Earth Review* ein früher Tester der Droge, gab ihm recht. Er beschrieb, mit welcher Klarheit und Selbstsicherheit er unter dem Einfluß von Vasopressin Thomas Pynchons *Gravity's Rainbow* lesen konnte, und nannte es eine Droge für Schriftsteller: «Vasopressin ist ein hervorragendes Mittel, um schnelles Lernen und das Begreifen komplexer Gedankensysteme zu befördern.»

Andere, die Vasopressin versuchten, berichten jedoch von unangenehmen Nebenwirkungen wie Schwindelgefühlen, Krämpfen und dem unwiderstehlichen Wunsch nach Darmentleerung.

«Sicher, heute sind die Chemikalien oft noch stümperhaft und roh», räumt Sirius ein. «Eines Tages werden wir Gehirnimplantate haben. Man wird in der Lage sein, auf einen Knopf zu drücken und so die Chemikalien im Gehirn zu aktivieren, die man gerade möchte.»

Bruce Sterling warnt direkter vor dem Boom der smarten Drogen: «Nehmt nichts von dem Zeug, von dem sie behaupten, es mache euch klüger. Es macht euch nur ärmer.»

Doch der Weg in die breiten Massen ist kaum aufzuhalten. Antidepressiva wie Prozac beseitigen allmählich das Tabu, das in weiten Kreisen über bewußtseinsverändernden Chemikalien lag. Umfragen zufolge nehmen bereits über 100 000 Amerikaner regelmäßig smarte Drogen, und von den pharmazeutischen Konzernen werden gegenwärtig über 100 neue Produkte entwickelt.

Natürlich ist die smarte Szene noch klein im Vergleich mit den Millionen, die seit Jahren mit bewußtseinserweiternden Drogen experimentieren. Auch zu Marihuana, Heroin oder Kokain gibt es aber Alternativen, Drogen wie Ecstasy, Lucidril, L-Dopa, MDMA. In der Cyberkultur werden diese sogenannten «Neuromantics» wegen ihrer realitätsmodulierenden Kräfte hochgeschätzt. Sie seien, schrieb Tony Marcus in *I-D*, nachdem er «New Brainia» besucht hatte, «der Kultur-Generator, dessen Energie die Cyberpunks der Stadt, die Techno-Hippies und die [Rave-]Clubs in die Zukunft treibt». Und Rudy Rucker sagt: «Ich bin aus politischen Gründen propsychedelisch, weil das bedeutet, gegen die Konsens-Realität zu sein, und das bin ich mit allem Nachdruck.»

R. U. Sirius sieht die kreativen Kräfte der neuromantischen Drogen als notwendige Aufhebung der Beschränkungen, die der chemische Normalzustand unseren Gehirnen auferlegt. Er schwärmt von den Meisterwerken, die die Drogenkultur der sechziger und siebziger Jahre in Kunst, Literatur, Musik und auch in der Computerindustrie hervorbrachte. Mark Heley, Rave-Organisator in San Francisco, geht noch ein Stück weiter:

«Smarte Drogen und virtuelle Realitäten werden die Welt ändern. Sie wirken wie Zeitbomben. Eine posthumane Kultur ist im Entstehen – wir werden so etwas wie eine neue Spezies.»

Cybertheorie: Wissenschaft als Rebellion. Die Grenzen nicht anzuerkennen, die das jeweils herrschende Weltbild dem Denken und Forschen zieht, das sei die wichtigste Aufgabe der Wissenschaft, meint der Princeton-Physiker und Extropianer Freeman Dyson. «Wissenschaft ist eine Allianz aller freien Geister in allen Kulturen», schreibt er, «die gegen die jeweilige Tyrannei rebellieren, mit der jede Kultur über ihre Kinder herrscht.» Nicht immer jedoch finden die intellektuellen Ergebnisse solcher Rebellionen außerhalb der wissenschaftlichen Gemeinde ein Interesse, das über Ablehnung hinausginge.

Kollektive Theoriefeindlichkeit ist stets ein Zeichen für sowohl geistige wie historische Stagnation und weist auf Gruppen, die sich eingerichtet haben und in ihren Gewohnheiten und Gedankenlosigkeitsmustern nicht stören lassen wollen. Zeiten des Umbruchs und revolutionäre Bewegungen hingegen versuchen, das Neue, das sie erspüren, zu verstehen, indem sie es auf den Begriff bringen. Theoretische Auseinandersetzung ist in ihrem Kontext keine entfremdete Tätigkeit von wissenschaftlichen Spezialisten, sie dient vielmehr der Klärung existentieller Fragen und ist ein Stück intellektueller Lebenshilfe. Die cyberbewegte Avantgarde-Szene unterscheidet sich in diesem Punkt nicht von ihren politischen, ästhetischen und wissenschaftlichen Vorgängern. Denkfiguren erster Wahl beim Prozeß ihrer Selbstverständigung sind Theorien der Postmoderne, insbesondere Poststrukturalismus und Dekonstruktivismus.

«Ich habe eine Schwäche für französische Autoren, für Leute wie Foucault, Lacan, Deleuze, Derrida und Baudrillard», gesteht R. U. Sirius. «Sie bieten eine hysterische, oft paranoide, aber immer sehr erkenntnisreiche Sicht auf die grausame Seite unserer Technikkultur. Sie verhandeln Probleme von Sprache und Wirklichkeit in Begriffen aus der Technikwelt. Mit anderen Worten: Sie sehen unsere Gesellschaft als eine große Maschine an, eine Art Betriebssystem. Und sie sprechen vom Hyperspace auf eine Weise, die sehr viel Ähnlichkeit mit dem Konzept des Cyberspace besitzt: daß das Reich der Informationen einen Lebenszusammenhang darstellt und nicht einfach eine unwichtige Begleiterscheinung unserer Arbeit ist. Deshalb haben sie auch großen Einfluß auf die Cyberschreiber an den Universitäten.»

Die Adaption des Dekonstruktivismus, für die Sirius' hartnäckige Expeditionen in die zeitgenössische Philosophie typisch sind, scheint durchaus folgerichtig. «Dekonstruktion» – das klingt nicht nur nach einem Abrißunternehmen. Es ist eines. Zertrümmert werden soll die Ordnung der Dinge und des Denkens. Gleichberechtigte Vielfältigkeit tritt theoretisch an die Stelle des bis dato beherrschenden totalitären Einheitsdenkens: des Glaubens, der Philosophien, der Ideologien, die jeweils alles Abweichende unterdrücken. Wobei, selbstverständlich, der intellektuellen Dekonstruktion realer Zerfall vorangegangen sein soll: der Wirklichkeit, der Tradition, der Kultur, der Kunst, des Denkens.

Die primären Kennzeichen der postmodernen Epoche – die Infragestellung der mechanistischen Rationalität des industriellen Zeitalters, die Aufhebung der hierarchischen Distinktion zwischen Hoch- und Massenkultur, theoretischer Eklektizismus und stilistische Promiskuität – bilden das Fundament des dekonstruktivistischen Theoriegebäudes, wie es im Umkreis der Cyberszene vor allem Allucquere Roseanne Stone vom Advanced Communication Technologies Laboratory im texanischen Austin vertritt sowie die feministische Historikerin Donna J. Haraway mit ihrem kultisch verehrten *Cyborg Manifesto*, einer Hymne auf die geschlechtskombinatorischen Möglichkeiten des Menschen in einer Hochtechnologie- und Informationskultur.

«Diese Texte zu lesen erschöpft einen wirklich», schmunzelt R. U. Sirius, dessen *Mondo 2000* einiges Dekonstruktive gedruckt hat, darunter ausführliche Interviews mit Stone und Haraway: «Aber ich kann es trotzdem empfehlen, denn glaub mir, wenn du Lacan zitierst, bleibt dein Bett nicht leer.»

Körperhacking: Plastische Chirurgie, Implantate und darüber hinaus. Um ad indefinitum ihrer Lust leben zu können, benötigt die neue Spezies neben neuen Theorien und denkbeschleunigten und bewußtseinserweiterten Gehirnen vor allem neue Körper, die diese Gehirne nicht länger «biologisch versklaven» und ihnen eine verbesserte und verlängerte Existenz ermöglichen.

«Ein Haufen Leute in der Cyberkultur bezeichnen den Körper als ‹Fleischstück›, weil er so fest und schwer zu verändern und unflexibel ist», sagt R. U. Sirius. «Doch auch dieses Stück Wirklichkeit läßt sich heute bereits hacken ...»

Der Gedanke, den Körper zu manipulieren und seine Mängel und

Gebrechen gewaltsam zu eskamotieren, ist allerdings nicht neu. Sein Zustand war seit der Aufklärung stets – gerade in Zusammenhang mit Sexualität – ein öffentliches Anliegen. Die «unterirdische Geschichte» nannten Adorno und Horkheimer das Schicksal des Körpers in der Moderne, und Michel Foucault sprach von der «dunklen Kehrseite» unserer Gesellschaft; er zeigte in der *Geburt der Klinik* und anderen Schriften zur Biopolitik, wie im Prozeß der Modernisierung dem Fleisch zunehmend anspruchsvollere Normen auferlegt wurden – Vorstellungen von Gesundheit und, insbesondere im Hinblick auf den weiblichen Körper, von Schönheit, die schier unerreichbar waren.

Um der Natur nachzuhelfen, griff man zum Beispiel im 19. Jahrhundert zu komplizierten Schnürpraktiken. So zwängte man weibliche Taillen peu à peu auf 33 Zentimeter herunter, und wenn es gar nicht anders ging, wurde schon mal eine Rippe operativ entfernt, um das widerspenstige Fleisch dem gesellschaftlichen Ideal anzupassen. Heute, am Ende des 20. Jahrhunderts, gehören zum medizinischen Alltag nicht nur Operationen, die gesünder machen – von Hornhautübertragungen über künstliche Hüftgelenke bis zu den Füßen, die nach Unfällen wieder «angenäht» werden –, sondern auch plastische Eingriffe, die wesentlich der Anpassung der Biologie an soziale Normen dienen.

«Die einzige gute Entschuldigung dafür, überhaupt noch einen Körper zu haben», sagt R. U. Sirius, «ist der Sex. Wen wir uns zum Partner suchen, das hat tiefe biologische Wurzeln. Doch diese Prägungen lassen sich jetzt täuschen. Wir treten in das Zeitalter der plastischen Chirurgie ein. Was früher allein für die alternden Reichen und ein paar Starlets war, ist heute ein ganz normales Mittelstandsphänomen. Jeder, der will, kann seine Biologie überwinden und seinen Körper verändern – seine Nase oder sein Geschlecht.»

Die Zahlen geben dem Cyberenzyklopäden recht. Allein 1994 ließ sich rund eine halbe Million Amerikaner, Männer wie Frauen, chirurgisch verbessern – von der Liposuktion (Fett absaugen, 51 000 Eingriffe) über die Nasenkorrektur (36 000 Eingriffe) bis zur Bauchstraffung (17 000 Eingriffe). Die Ankündigung, daß R. U. Sirius plane, sich im Rahmen eines Auftritts von «Mondo Vanilli» auf der Bühne einer plastischen Verschönerung zu unterziehen, erscheint also nicht verrückter, als die Wirklichkeit längst ist.

Doch natürlich sind das alles in den Augen der Cyberenthusiasten nur kümmerliche Reparaturversuche, vergleichbar dem Karosseriejob in einer kleinen Klitsche. Anvisiert werden stilistische und technische Überarbeitungen von grundsätzlicherer Art – das humane Äquivalent zu dem Einbau eines stärkeren Motors und größeren Tanks, zur Kotflügelverbreiterung und elektronischen Aufrüstung mit Satellitenempfang.

Diese Verschmelzung von Menschen und Maschinen steht historisch an, meint Rudy Rucker: «Eine massive Mensch-Computer-Symbiose vollzieht sich, schneller, als wir es überhaupt begreifen können.»

Fortschreitende Miniaturisierung sorgt nicht nur dafür, daß uns eine Vielzahl von Maschinen immer dichter auf den Leib rückt. Die Wanderung der Kleingeräte, die an uns hängen – Brille, Fernglas, Fotoapparat, Videokamera, Hörgerät, Walkman, Pager, Funktelefon, Armbanduhr, Taschenrechner, Taschenübersetzer, Laptop, digitaler Assistent –, von der Außenseite ins Innere des Körpers hat ebenfalls begonnen. Längst sind erste elektronische *upgrades* für Menschen zu haben, intelligente Implantate wie Hörchips oder Herzschrittmacher. Die Zahl der Möglichkeiten nimmt ständig zu, wenn auch nicht so schnell, wie viele Cyberianer es wünschen. Richtmikrophonmäßig zu hören, Augen wie Lupen zu besitzen, sich exakt wie ein Tonband zu erinnern, sich via Gehirnstöpsel direkt in den Cyberspace beamen zu können – das alles scheinen dringende und unbefriedigte Bedürfnisse im High-Tech-Underground.

«Es wäre doch wunderbar», schwärmt R. U. Sirius, «wenn wir uns die Daten, die uns interessieren, direkt ins Gehirn laden könnten. Oder stell dir eine künstliche Leber vor, die besser ist als die natürliche. Jeder wird sie haben wollen, weil man dann so viel Drogen nehmen kann, wie man möchte. Es wird Mode werden, sich eine neue Leber einsetzen zu lassen. Dasselbe wird mit den Herzen geschehen. Es wird verschiedene Fabrikate geben, von Sony und Toyota oder meinetwegen von Mercedes.»

R. U. Sirius träumt allerdings nicht nur. Er versucht auch – dabei seiner Annahme folgend, wozu Körper überhaupt noch gut seien –, der Integration von Mensch und Maschine auf avantgardistisch-schockierende Weise vorzugreifen.

«Arthur Abraham, ein sehr bekannter Konstrukteur von Computerspielen, der zum Beispiel an der Mutterplatine für den Amiga mitarbeitete, hat uns den ersten jederzeit fickfähigen Roboter gebaut. Wir werden ihn in den schmierigsten Stripläden von San Francisco auftreten lassen. ‹Mondo Vanilli› macht den Soundtrack dazu.» Sirius strahlt engelhaft: «Es ist ein Netzwerk-Fickroboter, der in die Vagina fickt und mit den üblichen Haushaltsgeräten vernetzt ist. Man kann sich erregen lassen und dabei seinen Haushaltspflichten nachgehen. Sex und Arbeit werden vollständig integrierbar. Das entspricht unserem Cybertraum, die Grenzen der Biologie zu überwinden, ohne auf Sensualität oder Sexualität verzichten zu müssen.»

Bionische Engel: Homo super sapiens, tiefgekühltes Leben, planetarisches Kollektivhirn. Dem Wunsch nach *upgrading* real existierender Individuen entspricht die Sehnsucht, den Homo sapiens als Rasse zu verbessern – durch Reprogrammierung der Wetware.

«Es gibt keine von der Seele getriebene Kraft, die hinter dem Leben steht, kein wummerndes, wallendes, sprossendes, protoplasmisches mystisches Gel», schreibt der Oxforder Evolutionsforscher Richard Dawkins, ein Kultautor der Cyberszene: «Leben besteht einfach aus Bytes und Bytes und Bytes digitaler Information. Gene sind reine Information – Information, die kodiert, rekodiert und dekodiert werden kann, ohne daß sich ihre [grundsätzliche] Bedeutung verringern oder ändern würde ... Wir – und damit meine ich alle Lebewesen – sind Überlebensmaschinen, die dazu programmiert sind, die digitale Datenbank fortzupflanzen, die uns programmierte.»

Mit der Umschreibung unserer genetischen Programme, mit der Korrektur von Fehlkodierungen wie Krebs und mit eleganten Verbesserungen intakter Kodes möchten die meisten Cyberianer keinen Tag länger warten als nötig. Ein zentrales Ziel ist dabei die Kopierung kompletter Individualitäten.

«Ich bin recht nervös im Augenblick, weil ich keine Sicherheitskopie von mir habe», bekannte ein Leser bereits 1987 in Sirius' *Reality Hacker Newsletter*: «Ich lege regelmäßig Back-ups von meinen Disketten an, doch ich habe noch nicht ein einziges Mal mich selbst zur Sicherheit kopiert. Ich bin deshalb sehr interessiert an Technologien, die es in der Zukunft ermöglichen könnten, von der Essenz des menschlichen Wesens einen back-up zu machen.»

Solche Sicherheitskopien sowie die Löschung des unseren Genen inhärenten «Todesprogramms» sollen dem zukünftigen *Homo super-sapiens* Unsterblichkeit verschaffen.

«Die Kids sitzen an den Schaltstellen», sagt R. U. Sirius. «Alles wird möglich sein. Wir können bionische Engel werden.»

Solange aber eben noch nicht alles möglich ist, gilt es, die Persönlichkeit der heute sterbenden Individuen zu konservieren – Psyche, Erfahrungsschatz, Wissen –, um sie dereinst zu unsterblichem Leben wiedererwecken zu können. Als eine solche Übergangslösung ist die Idee der Kryonik, die Tiefkühlkonservierung menschlicher Wetware, in der Cyberkultur populär. Die idealiter auf diese Weise bewahrte «Gehirninformation» soll, so will es die Utopie, entweder in einem neuen, genetisch konstruierten Körper enden oder aber als Down- beziehungsweise Upload in den Netzen selbst.

Denn viele Cyberianer, darunter so verschiedene Charaktere wie Infobahn-Konstrukteur und US-Vizepräsident Al Gore, der Mitbegründer der Chaostheorie Ralph Abraham oder R. U. Sirius, folgen der Vision des französischen Jesuiten und Paläontologen Pierre Teilhard de Chardin. Er gilt ihnen als Prophet des Cyberspace, da er bereits Jahrzehnte vor Anbruch des digitalen Zeitalters die Ansicht vertrat, daß die Evolution auf einen Punkt zusteuere, an dem alles in der Welt vorhandene Bewußtsein sich zu einem kollektiven Verstand vereinigen werde.

«Man kommt zu der fast mystischen Ansicht, daß Technologien als Teil des natürlichen evolutionären Prozesses erscheinen», sagt R. U. Sirius. «So wie bestimmte Tiersorten auftauchen, ist vielleicht die Menschheit dazu programmiert, bestimmte Technologien zu entwickeln.» Er grinst. «Was die Frage angeht, worauf das alles hinausläuft, glaube ich, daß die Kommunikations- und Informationstechnologien so weitgehend vernetzt werden, daß eine Art Gehirn und Nervensystem entsteht, welches die gesamte Spezies umfaßt. Es mag ein bißchen deterministisch klingen, doch wir haben genausowenig eine Wahl, das zu tun oder zu lassen, wie Polypen in einem Korallenriff, Bienen in einem Bienenkorb oder Ameisen in einem Ameisenhaufen. Alles, was wir mit unserer Intelligenz tun können, ist, die Sache so zu programmieren, daß sie in eine Richtung verläuft, die uns das biologische Überleben ermöglicht.»

Top-vier-Cyberclans. Voller Mutanten, Menschen besonderen Erbguts, ist der amerikanische Westen heute schon, denn der typische Sozialcharakter, der seine Heimat verläßt, um eine neue zu finden, ist untypisch; wagemutiger und weniger angepaßt als der zurückbleibende Rest. Ein Stück Himmel auf Erden zu realisieren war zudem die erklärte Absicht der meisten, die in die Neue Welt strömten, der religiös oder politisch motivierten Einwanderer des 17., 18. und 19. Jahrhunderts, aber auch der Mehrheit derjenigen, die im 19. und 20. Jahrhundert ökonomische Freiheit suchten – Häretiker und Rebellen, steckbrieflich Verfolgte und Querulanten, Außenseiter und Einzelgänger. Die Ankömmlinge in der Neuen Welt waren daher, schreibt Timothy Leary, die «Mutanten» der Alten Welt – eine besonders abenteuerliche Auswahl aus dem genetischen Material Europas.

«Das nordamerikanische Experiment ist der größte Erfolg in evolutionärer Geschichte. Jeder Genpool sendete seine Samen in Richtung Westen, als eine Form der Selbstselektion ... Die Pilgermütter und -väter wollten einen Platz finden, an dem sie die kollektive verrückte, freakige Wirklichkeit ausleben konnten, an die sie glaubten. Kalifornier wiederum sind eine neue Spezies, die sich aus den Amerikanern herausbildet ...»

Späte Erben des in Amerika und vor allem in seinem Westen konzentrierten utopischen Potentials waren, meint Leary, die diversen Aussteigerbewegungen, die Beatniks der fünfziger und die Hippies der sechziger Jahre – von denen wiederum eine klare Linie zur Cyberkultur und ihren wagemutigen Gruppen führt. Deutlichstes Indiz für diesen Teil der Traditionslinie ist Timothy Leary selbst.

Der große alte Verrückte der Cyberbewegung begann seine Gegenkultur-Karriere in den frühen sechziger Jahren damit, daß er als Harvard-Psychologe LSD zu freiwilligen Experimenten verteilte, deren Sinn es im wesentlichen war, die Mauern der Realität zu durchbrechen und in neue Wirklichkeitsbereiche vorzudringen. Prompt und unehrenhaft von der Eliteinstitution entlassen, prägte er den Slogan der psychedelischen Bewußtseinserweiterungsbewegung: «Turn on, tune in, drop out.» Anderthalb Jahrzehnte und alle denkbaren Drogen später entdeckte er das bewußtseinserweiternde Potential der elektronischen Technik – und wies damit zahllosen Ex-Hippies den neuen Weg.

«Wie viele Leute in der psychedelischen Szene bin ich von Leary auf die Möglichkeiten gestoßen worden, die in der Technik schlummern», sagt R. U. Sirius. «Obwohl wir nicht alles ganz ernst nehmen, was Tim predigt ...»

Leary betonte die psychedelische Kraft virtueller Realitäten (VR), pries Elektronik als das LSD der neunziger Jahre, trat in VR-Regalia im Fernsehen auf und visierte als größten Trip der Zukunft Weltraumreisen an. Sein Lächel-Slogan für die neunziger Jahre: «SMI2LE bis zum 21. Jahrhundert», wobei SM für «Space Migration» (Auswanderung in den Weltraum) steht, I2 für «exponential Intelligence» (Intelligenz hoch zwei) und LE für «Life Extension» (Lebensverlängerung). Mit der machte er selbst Ernst, als er Anfang 1995 an unheilbarem Krebs erkrankte: Leary bestimmte, daß sein Kopf eingefroren und so lange zwischengelagert werden soll, bis der Gehirninhalt direkt in die Netze heruntergeladen werden kann.

Damit wurde Timothy Leary zum cyberdelischen Großvater des Computer-Undergrounds und seiner Zukunftsutopie. Sie reagiert wesentlich auf das Versagen radikaler Politik von links wie rechts, die in diesem Jahrhundert statt des Reichs der Freiheit lediglich eine, wie Eric Hobsbawm schreibt, «Renaissance der Barbarei» produzierte. An die Stelle der Hoffnungen auf soziale Veränderungen, die noch die Achtundsechziger-Generation bewegte, ist daher nun der Glaube an die selbstbefreiende Kraft von Technik getreten.

Der Mensch muß besser werden – dieser Leitgedanke aller utopischen und revolutionären Bewegungen zielt nicht länger auf das politisch-moralische, sondern auf das intellektuell-biologische Wesen. Der wissenschaftliche Fortschritt, der in den vergangenen Jahrzehnten eine historisch einmalige Erweiterung des Wissens und der Möglichkeiten des Homo sapiens brachte, spielt so zum Ende des Jahrtausends die Rolle, die politische und soziale Erneuerung seit Anbruch bürgerlicher Zeiten innehatte. Nicht nach links oder rechts soll es gehen, sondern schlicht nach oben auf der Evolutionsleiter.

Der Chemiker und Nobelpreisträger Ilya Prigogine hat einmal bemerkt, daß in einem System, das sehr weit aus seinem Gleichgewicht gerät, die lineare Relation zwischen Ursache und Wirkung verlorengeht. In einem solchen Zustand radikalen Ungleichgewichts können geringe Ursachen große Wirkungen zeitigen. Auf gesellschaftliche Verhältnisse übertragen bedeutet das: Kleine Gruppen vermögen unter solchen Umständen beträchtliche Veränderungen zu initiieren. Den Cyberbewegungen scheint gegenwärtig diese Rolle zuzufallen.

«Wir propagieren den Gedanken», sagt R. U. Sirius, «daß technischer Fortschritt kultureller Fortschritt ist. Die Subkulturen, die sich um die Technik herum gebildet haben, zählen zu dem Wichtigsten, was es heute gibt. Die Cypherpunks, die Technopaganisten, die Extropianer oder die TAZler, das sind existentielle Stile, vier neue Entwürfe für unser Leben.»

Krypto-Anarchisten & Cypherpunks. Zu ihnen gehören Programmierer, Ingenieure und Techniker von einigen der erfolgreichsten Computer- und Software-Firmen in Silicon Valley – und als Cypherpunk-Gründungsmitglied auch *Mondo-2000*-Redakteurin St. Jude. Die Cypher-, i. e. Kodierungspunks haben sich die Aufgabe gestellt, im Zeitalter der Netzwerke die Privatheit von Informationen wie E-mail-Briefen, Kreditkartentransaktionen oder medizinischen Akten zu bewahren – durch Verschlüsselung der Daten. Zu diesem Behufe kreieren und verteilen sie gratis oder gegen geringe Gebühren leistungsfähige kryptographische Software. Sie erlaubt, private Nachrichten abhörsicher zu kodieren. Das einfache Motto der Cypherpunks und Kryptoanarchisten: «Was der Staat oder die allmächtigen Konzerne nicht lesen können, vermögen sie weder zu zensieren noch gegen die Betreffenden zu verwenden.»

Dieses Unterfangen, in einer Welt wachsender Zensur und Kontrolle die Privatheit von Daten durch Steganographie zu bewahren, scheint harmlos genug; ist es jedoch nicht, da die Regierungen der Welt – voran die amerikanische – ihre technische Fähigkeit zu Lauschangriffen gefährdet sehen. Kodierungsverfahren, die den staatlichen Abhörern nicht durch einen speziellen Schlüssel, etwa den Clipper-Chip, Zugang gewährleisten, sollen verboten werden. Kryptologische Produkte fallen unter das US-Waffenexportgesetz, weshalb manche Standard-Software, die leistungsfähige Datenverschlüsselung bietet, zum Beispiel WWW-Browser oder Backup-Programme, nicht ins Ausland verkauft werden darf beziehungsweise nur in «entschärften» internationalen Versionen. Durch zielgerichtete Kontrollen an den Grenzen betreiben Regierungsorgane zudem die Kriminalisierung der Cypherpunks, denen es verboten ist, die von ihnen geschriebene Software außer Landes zu bringen.

Kryptoanarchisten und Cypherpunks erstreben daher den Ausbau anonymer Wiederversendesysteme, die das Verschicken elektronischer Nachrichten ohne Preisgabe des Absenders ermöglichen sollen.

«Der ‹Hack› ist für heutige Datenanarchisten», sagt R. U. Sirius, «was die ‹Tat›, meist das Attentat auf einen Herrscher, für frühere Anarchistengenerationen war.»

Eine Utopie der Kryptos: in einem einzigen gewaltigen Hack weltweit allen Konten über 100 000 Dollar einen bestimmten Betrag abzuziehen und das Geld allen Konten unter 30 000 Dollar gutzuschreiben.

«Ich habe meine Zweifel, ob der Kryptoanarchismus wirklich die Welt verändern kann», sagt R. U. Sirius: «Aber es ist jedenfalls eine mutige und faszinierende Bewegung.»

Technopaganismus & Technoschamanismus. Die neuen Primitiven verbinden, was in der Moderne unvereinbar schien: radikalen Fortschritt und Rückgriffe auf fernste Vergangenheiten, technisches Wissen und vorchristliche Mythen. Die Bandbreite der paganistischen Bewegungen ist weit; sie reicht von der Anbetung archaischer Göttinnen über Kabbalismus, Hexenverehrung, hermetische Techniken und Alchimie bis zu Magick in der Crowley-Tradition und Religionen, die direkt aus Science-fiction- und Fantasy-Büchern stammen. Die Zahl der Paganisten in den USA wird auf mindestens 100000 und höchstens 300000 geschätzt. Die Mehrheit von ihnen gehört der gebildeten weißen Mittelklasse an.

«In der Schwulenszene von San Francisco», sagt Owen Rowley, Ex-Systemadministrator bei der Virtual-Reality-Firma Autodesk, «ist Paganismus die Standardreligion.»

Wichtigstes Ziel der Technopaganisten ist es, die explodierenden elektronischen Möglichkeiten mit den ältesten Anforderungen der Natur in Einklang zu bringen, wobei sie strukturelle Entsprechungen zwischen den erdumspannenden Computernetzwerken und jenen spirituellen Mächten sehen, mit denen die Schamanen in primitiven Kulturen interagieren.

«Beide Räume, der Cyberspace und das Reich der Magie, manifestieren sich rein in der Imagination», sagt Mark Pesce, MIT-Aussteiger, erfolgreicher WWW-Programmierer und Chefpaganist: «Beide Räume werden vollständig durch das konstruiert, woran du denkst und woran du glaubst.»

Die Gemeinschaft der technopaganistischen Gruppen konstituiert sich im Internet, etwa in Usenet-Groups wie *alt.pagan*, *alt.magick.chaos* und *soc.religion.eastern* oder in spirituellen MUDs. Lediglich ihre Zeremonien, die teils als Rave, teils als Ritual exerziert werden, finden noch in der Wirklichkeit statt. Sie kreisen um Drogen, ekstatische Tänze und Körperinvasionen, die im Vorgriff auf cyberutopische Bio-Manipulationen und Menschmaschinen primitive Körperinvasionspraktiken wie Piercing wiederbeleben.

Extropianer. Diese Gruppe von Wissenschaftlern und Philosophen, Mathematikern und Programmierern betreibt die aktive Vorbereitung der Menschheit auf den grenzenlosen Fortschritt, Überfluß und Intelligenzzuwachs, den die nähere Zukunft bringen soll. Ihren Ursprung hat die extropianische Bewegung im Silicon Valley; ihr gegenwärtiges Hauptquartier, das Extropy Institute, befindet sich im südkalifornischen Marina del Rey. Ihre Grußformel lautet «Aufwärts!», ihr Wahlspruch: Entweder du gehst mit, oder die Zukunft geht über dich hinweg.

«Die Extropianer entwickeln Nanotechnologie, Eric Drexler und seine Bande von Verrückten. Sie beschäftigen sich mit lebensverlängernden Techniken, viele der Kryoniker gehören dazu», sagt R. U. Sirius. «Und sie glauben wie Hans Moravec daran, daß man in der Lage sein sollte, menschliches Bewußtsein in digitale Räume zu kopieren. Kurzum, sie widmen sich dem Kampf gegen die Entropie, wo immer sie ihr tödliches Haupt erhebt.»

Entropie ist die Lehre vom Wärmetod. Die fortschrittsfreudige Cyber-Denkschule der Extropianer postuliert dagegen eine beständige Zunahme an Energie und Energiegefälle, eben Extropie.

«Am Extropianismus macht absolut Spaß, daß er zum leuchtenden Licht geworden ist, von dem einige der wildesten und wirrsten Ideen-Motten der Zukunftstechnik angezogen werden. All die Konzepte, die der offiziellen Wissenschaft unmöglich oder sonderbar erscheinen, erhalten hier leidenschaftliche Zuwendung», schreibt Kevin Kelly: «Der unnachgiebige Optimismus der Extropianer treibt einige Leute zum Wahnsinn, während andere die Bewegung für den ganz normalen Lärm halten, den eine Versammlung anarcholibertärer Verrückter nun mal vollführt. Aber wenn dich die *Offizielle Zukunft* in der Durchschnittspresse oder die *Politisch Korrekte Zukunft* in der Alternativpresse langweilt, dann kannst du dir die Augenbrauen versengen, indem du in der extropianischen Presse über die ‹transhumane› Zukunft nachliest.»

TAZ: Temporär autonome Zonen. Die TAZ-Bewegung, wie sie der Cyberpunk-Essayist Hakim Bey in seinem Buch *T. A. Z. The Temporary Autonomous Zone, Ontological Anarchy, Poetic Terrorism* («TAZ. Die temporär autonome Zone, ontologische Anarchie, poetischer Terrorismus») konzipiert hat, will den Zerfall der politischen Großsysteme nutzen und Cyberspace-Siedlungen erschaffen, die zumindest teilweise von jedweder Kontrolle frei sind; elektronische Äquivalente zu isolierten Bergfestungen und Pirateninseln, Zufluchtsorte für Datenpiraten, anarchistische Freihandelszonen, idyllische Fluchtgebiete reiner Binnenkommunikation, von denen die manipulierenden Massenmedien ausgeschlossen bleiben.

«Das letzte Stückchen Erde, das von keinem Nationalstaat beansprucht wurde, verschwand 1899. Unser Jahrhundert ist das erste ohne *terra incognita*, ohne eine *frontier*», schreibt Hakim Bey und empfiehlt als Gegenwehr die nomadische Taktik der TAZ im Cyberspace: «Die TAZ ist wie ein Aufstand, der sich auf keinen Kampf mit dem Staat einläßt, eine Guerillaoperation, die ein Terrain befreit (ein Stück Land, ein Stück Zeit, ein Stück Vorstellungskraft) und die sich dann auflöst, um sich irgendwo oder irgendwann wieder zu formieren, bevor der Staat alles zerstören kann.»

8 Bewußtseinslärm. Ein Aufbruch

«Ich selbst würde mich allerdings in einer TAZ ohne Massenmedien zu Tode langweilen», sagt R. U. Sirius skeptisch, «denn ich bin ein Medienfreak. Außerdem glaube ich nicht recht an den Erfolg der TAZ. Aber man weiß ja nie...»

Wenn wir den Himmel über dem Hafen sehen könnten, er hätte bestimmt die Farbe eines Fernsehschirms nach Sendeschluß.

Aktuelle Position: nordamerikanischer Kontinent, Westküste, Straßen in der Bay Area. Zeit: 26:45 h nach dem ersten Kontakt.

Genauer: Wir befinden uns in den Leerstellen, die der Anfang dieser Fremdenführung ließ. Vor einer Viertelstunde sind R. U. Sirius und ich ins Freie getreten. In ein paar Minuten wird es ihm gelingen, ein Taxi anzuhalten. Noch aber geht er nicht auf dem weißen Mittelstreifen, sondern am äußersten Rand des Trottoirs.

«In San Francisco wird es zuerst geschehen», sagt R. U. Sirius. «Hier werden die ersten Cyborgs herumlaufen. Im Grunde ist es schon soweit.» Er zeigt auf ein paar Gestalten, die sich in den dunklen Hauseingängen herumdrücken. «Sieh dir die eckigen Bewegungen an, die leeren Augen. Mann, wir sind mitten unter den Menschmaschinen.»

«Wer die Zukunft vorhersagt, der lügt, selbst wenn er die Wahrheit sagt», meint ein arabisches Sprichwort. Doch Techno-Bohemiens wie R. U. wollen ja nicht prophezeien, sondern lediglich die Zukunft von der Tyrannei der Realität und des Heute befreien: «Warum mir diese dunklen Zukunftsvisionen gefallen? Manchmal macht es eben Spaß, im Dunkeln zu spielen ...»

In seinem Buchprojekt «How To Mutate & Take Over the World» («Wie man mutiert & die Welt übernimmt»), dessen Fragmente er mir gestern zu lesen gegeben hat und die er und St. Jude in ein paar Wochen auch auf dem Internet veröffentlichen werden, tut er genau das genüßlich. Zusammen mit St. Jude schildert er im Rückblick aus dem Jahre 2001, was die neunziger Jahre der Welt gebracht haben und noch bringen werden.

«Wir sampeln im Channel-Surfer-Stil moderne und postmoderne Philosophien von Marx und Bakunin bis zu Foucault und Donna Haraway. Darüber hinaus behandeln wir philosophische Fragen des Gehirnfickens sowie magische und neue Techniken der Selbstprogrammierung», sagt R. U. Sirius. «Und wir bieten viel harte technische Information, Outlaw-Wissen, das man sonst nur in anarchistischen Broschüren findet: Wie man sich in Bankkonten reinhackt, wie man sich in einer High-Tech-Gesellschaft eine neue Identität besorgt, Dokumente fälscht, die eigene Wetware *upgradet*, wie man sich durch plastische Chirurgie verändert, Drogen anrührt, Spionage betreibt. Wir lehren die Kunst der Gehirnwäsche, vielleicht auch, wie man in der postindustriellen Gesellschaft Guerillakrieg führt. Lauter Lektionen für den modernen Cyberpunk. Inklusive einer Gebrauchsanweisung, wie man seinen eigenen faustischen Pakt schließt: Verhandlungstechniken für Verträge, bei denen man nicht verlieren kann. Kurzum, es wird das endgültige Selbsthilfebuch.»

Wer R. U. Sirius zuhört, kann keinen Zweifel hegen: Wo einst Cyberland werden soll, überwiegt bis jetzt Cyberspaß. Die Vermählung von Literatur, Kunst und Philosophie mit High-Technik produziert eine Wunschökonomie, in der die Wünsche der ästhetischen Avantgarde weitläufige Ziele setzen, denen die technische Elite bloß mit Trippelschrittchen folgen kann. In der Realität kennt das Reich des Cyber neben einer Menge harter Fakten auch viel heißen Dampf, statt Hard- oft Vaporware. R. U. Sirius findet das alles andere als störend.

«Wenn wir uns wirklich etwas wünschen, haben wir eine ehrliche Intuition von dem, was einmal real sein wird», sagt er. «Darin hatte Marx recht. Wir erkennen das Potential einer historischen Situation, und schon revolutionieren sich unsere Wünsche. Aber andererseits hatte auch Hegel recht: Wir entwickeln Ideale und versuchen dann, die Wirklichkeit der Idee entsprechend umzubauen. Was wir imaginieren, wird früher oder später Wirklichkeit. Das geht nicht immer ruckzuck.» R. U. Sirius zuckt mit den Achseln: «Im Augenblick haben wir statt einer Ökonomie, die Wünsche erfüllt, noch eine Ökonomie der Wünsche. Aber um sie herum bildet sich bereits eine ganze Kultur. Die Konzeption des evolutionären Sprungs, den wir durchmachen, beruht auf der Grundannahme, daß menschliche Arbeit überflüssig wird. Und diese Annahme stimmt. Der Rest wird schon kommen. Das ist die eine Seite, daß unsere Wünsche von der Technik bald realisiert werden dürften. Die andere ist, daß eine Realisierung nicht unbedingt Priorität hat. Begehren geht über Bedarf.»

«Und bis dahin feiern wir den Cyberspace wie das Christkind: *in absentia*?»

«Mehr, als wir uns vor zehn Jahren erträumt hätten, funktioniert ja schon», sagt R. U. «Außerdem, du legst zuviel Wert auf Realität. Die Äußerung der Wünsche ist wichtiger als ihre Erfüllung. Das nackte Konzept tauscht man von Kopf zu Kopf aus. Man begreift es, man versteht sich. Sobald man hingegen die Ideen in Fleisch und Blut realisiert, werden sie meist ruiniert. Deshalb ist virtuelle Realität so attraktiv – weil in ihr die Konzepte rein und unverfälscht erscheinen. Cyber ist nicht einfach eine weitere neue Szene. Cyber ist die äußerste Kante unserer Kultur, das Terrain, auf dem wir unsere Zukunft kritisieren, der Weg, den unser Leben nehmen wird und nehmen muß.»

Minuten später blenden in dem Fluß der roten und weißen Datenteilchen zwei Lichter kurz auf und ziehen mit einer programmwidrigen Schleife über alle vier Spuren zu uns herüber. R. U. greift nach der Türklinke des Taxis.

«Warte!» sage ich: «Eine letzte Frage noch... Die Masse der Menschen mag ja für den Anbruch des Cyberzeitalters nicht wichtig sein. Doch was ist mit dem kulturellen Jet-Lag ganzer Nationen und Kontinente? Ich komme mir hier vor wie in einer Zeitmaschine. Ihr redet unentwegt von der Freiheit im globalen Cyberspace, dem Ende von Not und Unterdrückung ...»

«... und in Europa», sagt R. U., «machen die Informationshabenichtse Rollen rückwärts in die Vergangenheit, in Nationalismus, Bürgerkrieg ...?»

«Ja ...»

«Deutschland steht zwar im Zentrum der ökonomischen Welt», sagt R. U. Sirius, «aber die neuen Subkulturen der Hacker, des Cyberpunk scheint es dort nicht zu geben. Es existiert keinerlei Kommunikation zwischen euch und uns. Ihr seid abgeschnitten von den Leuten, die die Zukunft vorbereiten und dabei sind, die Welt zu verändern.»

Wie soll ich widersprechen? Hardware, Software, Wetware, Interface – für die Schlüsselbegriffe der Epoche haben wir nicht einmal eigene Worte. Jedenfalls keine, die mehr als Unsinn machen. Interface etwa ist ja nicht eine Stelle, wo sich schmerzhaft etwas schneidet, wie die Deutsch-Tech-Rede von der «Schnittstelle» suggeriert, sondern das Niemandsland zwischen zwei sehr verschiedenen Wirklichkeitsbereichen, das imaginäre Terrain, auf dem Menschen und Maschinen interagieren, wo wir von Angesicht zu Angesicht mit dem Gesichtlosen stehen. Das kulturelle Faszinosum, das sich um «interface» rankt – das Wort ist im Amerikanischen zugleich Substantiv und Verb –, läßt sich in der Übersetzung nicht nachvollziehen; wie so vieles in der Cyberkultur.

Diese Sprachlosigkeit zeugt nicht von subjektivem Versagen, sie hat objektive Gründe. Wer neue Territorien zuerst entdeckt, gibt ihnen ihre Namen. Wer Erfahrungen zuerst macht, hat das Privileg, sie auf den Begriff zu bringen.

Die High-Tech-Zukunft läßt die Deutschsprachigen daher

sprachlos wie einst die Popkultur. Jimi Hendrix' «Purple Haze» war unübersetzbar, nicht weil die deutsche Sprache beschränkt wäre, sondern weil den Worten keine ursprüngliche Erfahrung in unserer Kultur entsprach. Für die Schlüsselworte des Cyberzeitalters gilt das nicht minder.

«Wir würden ja gerne mit euch einen Dialog beginnen», lächelt R. U. Sirius. «Andererseits, rückständige Gebiete haben wir in Amerika noch genug.»

Der Cyberpropagandist sagt es recht gleichgültig. Die Avantgarde stürmt voran, die anderen müssen sehen, wie sie nachkommen. Aus der Sicht von «New Brainia» bietet das Europa des ausgehenden 20. Jahrhunderts ein kurioses Schauspiel aus primitivem Nischen-Nationalismus und massenmörderischem Tribalismus. Auf die rückwärtsgerichteten Anfälle, von den französischen Medienquoten zur Abwehr amerikanischer Massenkultur über die ausländerfeindlichen Ausschreitungen in Deutschland bis zu den «ethnischen Säuberungen» im früheren Jugoslawien, reagieren die kosmopolitischen Cyberianer teils angewidert, teils gleichgültig. R. U. Sirius jedenfalls schenkt den europäischen Rückzugsgefechten soviel Aufmerksamkeit wie einst die Eliten des kolonialen Europa afrikanischen oder asiatischen Stammesfehden.

«Wenn man eine neue Phase der Geschichte erreicht, verschwinden die früheren Bewußtseinsformen nicht. Sie sind alle präsent, von der Steinzeit über das Mittelalter bis zur industriellen Moderne. Ein gewaltiger Bewußtseinslärm liegt über der Welt», lächelt er, die Hand nach wie vor auf der Türklinke des Taxis. «Aber die neue Kultur entwickelt sich und setzt sich durch. Sie verändert unser Denken, die Art, wie wir die Welt sehen und verstehen. Ob das die Mehrheit der Menschen heute oder in zwanzig Jahren bemerkt, ist ziemlich egal. Auf Dauer kann sich kein Volk dem globalen Trend widersetzen. Da können sie noch so viele umbringen. Wieder und wieder werden die Leute in diesen Ländern zurückfinden zu dem Wunsch, an der internationalen Kommunikationsökonomie zu partizipieren und so ihren Teil der Zukunft abzubekommen.»

«Was ist nun?» ruft der Taxifahrer ungeduldig.

R. U. Sirius öffnet den hinteren Schlag.

«Man hat mich zum Generation-Xer-honoris-causa ernannt», sagt er nachdenklich. «Ich gebe den Kids meine Sechziger-Jahre-Erinnerung an jenen Moment des Optimismus, was die Chancen einer totalen politischen und kulturellen Revolution angeht. Ich habe immer noch denselben *drive* und Impetus in … tja, in eben irgendeine Richtung. Auch wenn ich nicht genau weiß, in welche. Auf jeden Fall müssen wir endlich zu Ende bringen, was damals begonnen hat.»

Der ganze Mensch, samt Felljacke und langen offenen Haaren, schaut plötzlich drein, als sei er gerade aus einer Yippie-Wohngemeinschaftsküche in die Gegenwart eingeflogen.

«Was macht Dutschke?» fragt er.

«Weiß nicht. Ist tot.»

«Und Cohn-Bendit?»

«Stadtpolitik in Frankfurt.»

R. U. Sirius wirft die Mähne zurück, mehr spöttisch als unwillig.

«So endet's, wenn man nicht aufpaßt. Deshalb müssen wir Mutanten die Welt übernehmen.» Er zeigt ins Innere des Taxis. «Willst du mit?»

Augenblicke später schießt der gelbe Wagen klappernd über einen der vielen Hügel von San Francisco. Vor uns taucht, angestrahlt von einem halben Tausend Scheinwerfer, der Hafen auf. Ein Gewirr aus Stahlträgern und Kränen verstellt den pazifischen Himmel. Was jedoch zwischen den metallenen Schatten hindurchschimmert, hat tatsächlich die Farbe eines Fernsehschirms nach Sendeschluß.

Wer fremde Kulturen erkundet, denke ich, muß lernen, die Welt mit deren Augen zu sehen.

III Cybernauten

Leben und Lieben in der Virtualität

«Sex und Geld, Sex und Geld,
haben, haben, haben, haben, haben, haben …
Ich bin ein roter Sputnik in einem toten All,
alles dreht sich, alles dreht sich,
ich, ich, ich, ich, ich, ich …
Ich will wie neu sein,
will nicht mehr treu sein,
mal Mann, mal Frau sein,
naiv und schlau sein.»
Ideal

9 Pionier der Cyberarbeit. Ein Hausbesuch

Von radikaler Politik geht die Flüsterrede und von wilden, durchgeknallten Nächten auf der entlegenen Owl Farm. In ihnen komponiert der Hausherr nicht nur seine gefürchteten Botschaften und jagt sie von seinem 2500 Meter hoch gelegenen Refugium in den Rocky Mountains via Cyberspace in die Redaktionen der West- und Ostküste und bisweilen gar direkt ins Weiße Haus. Nein, in ihnen soll der Kultautor sich auch voll Alkohol und Drogen pumpen und hemmungslos mit jungen Mädchen und Handfeuerwaffen herumspielen. Ein berüchtigtes Foto zeigt ihn denn auch mit einem futuristischen Silbercolt tief im Pulverschnee – bei der Hinrichtung seiner Kugelkopfschreibmaschine.

«Alles Unsinn, Übertreibung und Show», sagt Loren Jenkins.

Der Herausgeber der *Aspen Times*, einst letzter Bürochef von *Newsweek* vor dem Fall von Saigon, ist ein enger Freund des einzelgängerischen Outlaw-Schreibers, den er seit ihrer gemeinsamen Zeit in Vietnam nur den «guten Doktor» nennt.

«Er ist sehr erfahren mit Waffen. Der gute Doktor weiß genau, wie man damit umgehen muß. Sonst hätte er schon lange jemanden getötet.»

Kaum noch ein Licht brennt in den ärmlichen Trailer-Parks entlang der gewundenen Straße im Roaring Fork Valley, die das vornehme Aspen mit dem weniger feinen Woody Creek verbindet. Im Doppelstrahl der Scheinwerfer glitzert der Asphalt vereist. Die Dunkelheit, die wie flüssige Schokolade die weißen Gipfel der Colorado Rockies umhüllt, könnte von einem verlöschenden Fernsehbild nicht verschiedener sein. Der mondlos-schwarze Himmel scheint zum Greifen nahe, und auf ihm funkeln die Sterne wie frisch vergoldet.

Kurz hinter der blockhüttigen Woody Creek Tavern zweigt der Weg ab, der hinauf zur Owl Farm führt.

«An manchen Tagen kann man kaum eine intelligente Konversation führen. Dann trinke ich einfach was mit ihm und gehe», meinte Loren, als wir am Morgen in dem bonbonblauen Bürogebäude der *Aspen Times* über seinen berühmten Freund sprachen: «Aber an anderen Tagen zeigt sich, daß er hinter der Wilder-Mann-Rolle, die zu einem Teil seiner Persönlichkeit geworden ist, weiterhin einer der intelligentesten und hellsichtigsten Beobachter der politischen Szene ist.»

Geschätzt genug jedenfalls, um weltweit um seine Expertise gebeten zu werden, vom amerikanischen *Rolling-Stone*-Magazin ebenso wie vom deutschen *Spiegel* und selbst vom Medienliebling George Stephanopoulos, der ihm auf dem Briefpapier des Weißen Hauses schrieb: «Wir brauchen einige richtige Ideen von der Owl Farm.» Woraufhin Präsident Clintons Chefberater per Fax hervorragende Vorschläge zum Umgang mit den Angehörigen der Washingtoner Politmafia erhielt. Etwa:

«Wir wären besser dran, wenn sie zusammengetrieben würden und in ein großes Übergangslager für potentielle Organspender kämen. Warum nicht? Einige von ihnen könnten, zu gegebener Zeit, wertvolle Beiträge leisten, und ihre Namen würden in verschiedenen medizinischen Textbüchern ehrenvolle Erwähnung finden.»

Ob der Empfänger des guten Rats ihn genauso witzig fand wie der «gute Doktor», ist nicht überliefert.

Loren Jenkins lenkt seinen Wagen eine steile Auffahrt hinauf, und die Scheinwerfer erfassen den Fixpunkt der rebellischen Gonzo-Folklore: ein großes dunkelbraunes Blockhaus, die Owl Farm des Dr. Hunter S. Thompson, Verfasser kultisch verehrter Bücher wie *Hell's Angels: A Strange and Terrible Saga* (1967) oder *Fear and Loathing in Las Vegas: A Savage Journey into the Heart of the American Dream* (1971).

Seine Gäste erwartet der Hausherr auf einer Art Barhocker vor dem Counter, der die offene Küche vom Wohnzimmer trennt. Zur Glatze trägt er eine dunkelgraue Trevirahose, über der ein tailliertes Hemd mit dunkelgrauem Paisley-Muster hängt, sowie weiße Turnschuhe und weiße Strümpfe. An seiner Seite steht ein sehr junges blondes Mädchen, dessen T-Shirt einen Doktor-Gonzo-Spruch verkündet: «If the world gets weird, the weird get pro / HST 1993».

«Hmmwmoh», nickt Hunter S. Thompson zur Begrüßung und deutet auffordernd auf die Zweiliter-Henkelflaschen Whisky und Rum und Wodka. Er selbst hat ein sehr großes und sehr volles Glas vor sich.

Die Wohnküche des Farmhauses scheint stilistisch einer Wohngemeinschaft der alternativen Vor-Yuppie-Jahre nachempfunden, vom allgegenwärtigen braunen Holzfinish über dunkelrote Stoffjalousien und braunes Steinmusterlinoleum bis zur New-Age-Kristallkugel, die auf Zugriff mit Farbexplosionen reagiert. Doch damit endet die Gemütlichkeit schon.

Der weitläufige Raum macht den Eindruck, als habe ein wildgewordener Bürokratenboß darin seinen Kommandostand aufgeschlagen: Auf der Kochplatte des Herds stehen Aktenordner ebenso in Reih und Glied wie in den Regalen, die üblicherweise Töpfen oder Gewürzen vorbehalten wären. Memos und Zeitungsausrisse pflastern die Wände. Ein Kopierer summt vor sich hin.

Gekocht werden hier einzig und allein Gerüchte. Unentwegt gehen Neuigkeiten aus aller Welt ein. Zwei Anrufbeantworter nehmen die zahllosen Nachrichten derjenigen entgegen, die bis nach Mitternacht zu Thompson durchdringen wollen, und parallel dazu klingeln die zwei Faxgeräte, spucken kladderadatschend Seiten aus und verabschieden sich piepsend bis zum nächsten Anläuten. Der gewaltige Fernseher, der jederzeit als Behelfskino einsetzbar wäre, läuft Stunde für Stunde lautlos im Hintergrund. Drei Videorecorder zeichnen die Sendungen anderer Kanäle auf. Auf dem Küchencounter thront eine Kugelkopfschreibmaschine, der die Hinrichtung erspart blieb, und neben ihr ein funkelnagelneuer Powerbook-Computer, auf dessen Farbschirm eine bunte Krakelzeichnung leuchtet. An ihr malt der kahlköpfige Kultautor ein wenig herum. Aus einem Tintenstrahldrucker quillt derweil zuckelnd sein jüngstes Werk.

Hunter S. Thompson lächelt zufrieden. Seit drei Jahrzehnten lebt er in diesem entlegenen Teil der Rocky Mountains – und wurde dabei nicht nur zum Schöpfer eines neuen literarischen Stils, sondern auch zum Pionier einer neuen Lebensweise.

Seine Bücher, inzwischen ein knappes Dutzend, erzählen von Furcht und Schrecken im modernen Alltag, von Höllenengeln, korrupten Politikern und Drogen-Alpträumen. Die kritische Beobachtung der Machthabenden hat Thompson in seinen gewaltigen und gewalttätigen Werken wie kein anderer aus der Sechziger-Jahre-Generation von «New Journalists» zu einer Kunst- wie Lebensform gemacht. Wilde ungefilterte Subjektivität verwischt die Grenzen zwischen Journalismus und Autobiographie, und ebenso vermischen sich in seiner Person die Rollen des politischen Berichterstatters und des aktiven Politikers. Berüchtigt ist etwa sein äußerst knapp gescheiterter Versuch, sich zum Sheriff von Aspen wählen zu lassen. Die ein Vierteljahrhundert alten Wahlplakate werden heute in den hiesigen Souvenirshops zu Spitzenpreisen gehandelt, und von den Stimmenfang-Veranstaltungen, die der professionelle Provokateur in kurzen Khakihosen abhielt, stets eine Bierdose in der Hand und böse von Drogenfreigabe mümmelnd, schwärmt bis heute, wer sie miterlebte.

Diese Faszination, die Werk wie Mann wecken, wird von Hunter S. Thompsons konstanter Weigerung gespeist, zwischen seiner beruflichen und seiner privaten Existenz eine Trennungslinie zu ziehen. Vier unautorisierte Biographen haben bislang versucht, davon zu profitieren, daß sie Thompsons wirres Leben und wildes Schreiben in sinnvolle Sätze bannen; keinem anderen amerikanischen Schriftsteller, nicht einmal Hemingway oder Faulkner, war je derlei reichliche Huldigung schon zu Lebzeiten vergönnt.

Seine Literatur nach Belieben zu leben und sein Leben literarisieren zu können, diese radikale Freiheit verdankt Hunter S. Thompson einem avantgardistischen Schachzug, mit dem er bereits vor einem Vierteljahrhundert eine Lifestyle-Revolte vorwegnahm, in der ihm nun Hunderttausende folgen: Als einer der ersten erprobte er die neuen, von der Technik eröffneten Möglichkeiten eines physischen Rückzugs, der nicht zugleich professionellen und intellektuellen Ausstieg bedeutete.

Während sich die Politprofis und das Heer der sie beobachtenden Journalisten in Washington und New York konzentrieren, rettete er sich vor der Vereinnahmung in eine kleine Gemeinschaft von Außenseitern, die sich im damals noch nicht schicken Aspen versammelten: Skifanatiker und Astrophysiker, Schriftsteller und Ex-Astronauten, Dekadente und Dezente, von denen jeder auf seine Art und auf seinem Gebiet aus den eingefahrenen Bahnen der bürgerlichen Konventionen ausgebrochen war und neue Spiel- und Lebensregeln ausprobierte.

Doch dieser Rückzug in die Berge, der dem Starjournalisten ein freies ungebundenes Leben außerhalb der physischen Enge und psychischen Einschränkungen in den dichtbesiedelten Metropolen erlaubte, bedeutete keineswegs das Ende seiner Karriere. Im Gegenteil – Hunter S. Thompsons physische Distanz zu den Zentren ermöglichte ihm eine Perspektive auf die politische Szene, die in jedem Sinne weitsichtiger war.

Aus der Zurückgezogenheit der Rocky Mountains ständigen Kontakt mit dem politischen Geschehen halten und jederzeit eingreifen zu können, das wurde Ende der sechziger Jahre historisch erstmals durch den Ausbau des Telefon- und Flugnetzes möglich sowie durch die sukzessive Erschließung neuer Kommunikationswege, die Gründung zuverlässiger privater Expreßpostdienste wie UPS und Federal Express und die Einführung von Satelliten- und Kabelfernsehen, von Fax- und Modemverbindungen. Hunter S. Thompson zögerte nicht, die Freiheit, die sie boten, kreativ zu nutzen.

In den achtziger Jahren entwickelte er das Fax zu einer treffsicheren Distanzwaffe, einer Art literarischem Äquivalent zu *Cruise Missiles*, und gegenwärtig etabliert er sich als einer der ersten Autoren, deren Spezialgebiet nicht die Computerberichterstattung ist, im Cyberspace. Seine Home Page im World Wide Web bietet Fans und

Neugierigen bislang eine Kurzbiographie, Bibliographie und ausgewählte ältere Texte. Doch Hunter S. Thompsons Pläne reichen weiter. Mit dem Schauspieler Don Johnson, seinem langjährigen Freund und Nachbarn, arbeitet er daran, neue Texte unmittelbar im Internet zu veröffentlichen: unter Umgehung der Mittelsmänner und -frauen von den traditionellen Publikationsorganen direkt aus der Owl Farm zu seinen Lesern in aller Welt.

Die vollständige Verbindung der beruflichen mit der privaten Existenz im Interesse eines freieren Lebens, die frühzeitige Nutzung der neuen technischen Möglichkeiten, um größere Unabhängigkeit zu erlangen, der Wunsch, bei der Vermarktung seiner Produkte die kontrollierenden Zwischeninstanzen auszuschalten – das alles macht Hunter S. Thompson zum zukunftsweisenden Lifestyle-Avantgardisten, zur Ein-Mann-Vorhut von inzwischen unzähligen «Einsamen Adlern», jenen ungebundenen Einzelkämpfern des digitalen Zeitalters, die die kurzen Seile gekappt haben, von denen die industrialisierte Menschheit seit zwei Jahrhunderten an ihre Arbeitsplätze gefesselt wird.

10 Einsame Adler im Cyberspace. Beispielhaftes

«Dies ist die wichtigste soziale Umwälzung, seit sich die Doppelverdiener-Familie durchsetzte», sagt Philip M. Burgess. «Die Einsamen Adler sind Vorreiter einer Welle, die als Folge der Telekommunikationsrevolution die Art, wie wir leben, arbeiten, spielen, lernen und uns fortbewegen, vollkommen verändern wird.»

Der Leiter des privaten Forschungsinstituts «Center for the New West» weiß, wovon er spricht. Er ist selbst einer der «Lone Eagles», der Einsamen Adler des Cyberspace, deren Flugrouten das «Center» seit Jahren studiert: gutausgebildete Männer und Frauen in den besten Jahren, Steuerberater und Programmierer, Makler und Schriftsteller, Anwälte und bildende Künstler, Architekten und Handelsvertreter, Werber und Berater aller Arten. Samt und sonders haben sie gutbezahlte Positionen in den Metropolen und großen Konzernen aufgegeben, um sich in Klein- und Kleinststädten mit höherer Lebensqualität selbständig zu machen und von den neuen, weitabgelegenen Horsten aus ihre Dienste via Cyberspace landesweit anzubieten.

Jody Severson zum Beispiel hatte gemeinsam mit einem Partner in Washington und Minneapolis eine erfolgreiche Werbeagentur aufgebaut. Am Ende hatten sie 15 Angestellte. Doch die Arbeit anderer zu managen langweilte Severson.

«Ich wurde es müde, jede Sonntagnacht mit der Gehaltsbuchhaltung zu verbringen», sagt er. «So etwas verliert nach einer Weile seinen Reiz.»

Vor zehn Jahren, als Enddreißiger, beschloß er, endlich etwas zu tun, wozu er wirklich Lust hatte.

«Ich sagte mir, ich werde ab jetzt keine Arbeit mehr machen, die ich nicht will. Ich will keinen Boß über mir, und ich will auch keine Angestellten mehr haben, die mir wie ein Anker am Hals hängen.»

Severson zog sich aus der Firma zurück und begann in Rapid City, South Dakota, eine neue Karriere als Einzelkämpfer.

«Das hier ist eine kleine freundliche Stadt», sagt er. «Die Leute schließen nicht mal ihre Autos ab.»

Aus dem Fenster seines Büros blickt er nicht auf Wolkenkratzerschluchten, sondern auf ein grandioses Landschaftspanorama. Er kann sich die Klienten aussuchen, deren Produkte und Ziele sich mit seinem Gewissen vereinbaren lassen, und er braucht nur vier Autominuten zu seinem Lieblingsangelplatz an einem Fluß voller Forellen.

«Wenn ich beschließe, daß Mittwoch ein Feiertag ist, weil er auf ein ungerades Datum fällt und wir außerdem Vollmond haben, dann ist es bei Gott eben ein Feiertag», sagt Severson, der sich inzwischen zum Experten für die Übernahme lokaler Elektrizitätsfirmen entwickelt hat. Damit und als Wahlkampfberater verschiedener Gouverneure und Senatoren verdient er mehr denn je – brutto um die 120 000 Dollar pro Jahr.

Den Standortnachteil, vom entlegenen South Dakota aus zu

operieren, macht er durch geschickten Einsatz von Transport- und Kommunikationstechniken wett.

«Ich bin dieser übergewichtige Typ norwegischer Abstammung, der mit dem Laptop-Computer zu den Besprechungen erscheint», sagt der Vielflieger. «Hinterher faxe ich ein Memo, hake von einem Funktelefon aus nach, und dann manage ich die Details mit Hilfe spezieller Software. Mit Ausnahme der Endphase von Kampagnen erledige ich alles per Fernsteuerung.»

Eine Abtrünnige aus den großen Städten und großen Konzernen ist auch Jane King. Zwanzig Jahre stand sie in den Diensten verschiedener Investmentfirmen. Doch nach der Geburt ihrer Tochter war das kein Leben, das sie länger führen wollte – zwischen New York und Boston zu pendeln und zu den diversen Konferenzen mit Brustpumpe zu erscheinen schien ihr schlicht absurd. Jane King zog nach Wellesley in Massachusetts und gründete ihre eigene Finanzberatungsfirma.

«Ich verbringe meinen Tag damit, zu machen, was ich will», sagt sie. «Wenn ich alles in vier Stunden schaffe oder wenn ich am Nachmittag mit meiner Tochter zusammensein will, gebe ich mir eben frei. Ich muß mich nicht weiter im Büro herumdrücken, weil das besser aussieht.»

Der Preis der neuen Freiheit: Jane King mußte ihre Computer-Phobie überwinden, was ihr schließlich mit Hilfe eines persönlichen Trainers gelang.

«Man kann kein erfolgreiches Geschäft ohne ein solches System betreiben», sagt sie heute. «Es macht einen so effizient. Ich kann den Preis eines Portfolios per Knopfdruck bestimmen. Warum sollte ich das nicht mögen?»

Das «Center for the New West», dessen zwei Dutzend Mitarbeiter seit 1989 die Entfaltung einer neuen Ökonomie im Gefolge der digitalen Revolution studieren, hat Hunderte solcher Fälle gesammelt.

Da ist Bayard Fox, der einst für die CIA arbeitete und heute eine weltweit operierende Agentur für Reiterferien namens Equitour leitet – von seiner Ranch in Wyoming aus. Da ist Dick Spray, der per Computer und Fax von seinem Adobe-Haus bei Taos in New

Mexico tätig ist – als leitender Angestellter einer kalifornischen Firma, die Golfplätze baut. Da sind die beiden Ex-NASA-Techniker, die unbedingt im menschenleeren Westen leben wollten und deshalb in Bozeman, Montana, eine Firma gründeten, die pharmazeutischen Herstellern hilft, sich im Dschungel der gesetzlichen Vorschriften zurechtzufinden. Daß es in der Kleinstadt nicht einen einzigen potentiellen Kunden für ein solches Unternehmen gab, hinderte die beiden nicht. Telefon, Fax und ein guter Flugplatz reichten hin.

Da ist Steve Lang, der einst in Florida künstliche Wasserfälle entwarf und nun von einem Berg-Büro in den Rocky Mountains aus Finanzberatung betreibt. Oder Frank Crail, der in Colorado eine virtuelle Süßwarenfirma besitzt – mit einem Buchhalter im texanischen Dallas, einem Anzeigenchef in Denver, einem Anwalt in Los Angeles, einem Vizepräsidenten für Marketing im kalifornischen Chico und einer kleinen Fabrik in Durango, wo Crail selbst wohnt.

Da ist der Schriftsteller und Drehbuchautor Phillip Finch, Verfasser von *Sugarland, Paradise Junction* und einem Dutzend anderer Romane. Er zog auf eine Ranch in Kansas fern von Hollywood. Zuletzt schrieb er dort die Vorlage zu dem Cyberspace-Film «f2f». «Ich bin eine Kuriosität», sagt er. «Es gibt nicht viele Leute hier, die ihr Geld in New York und Kalifornien verdienen und es so ausgeben können wie ich.»

Da ist der Ex-Professor und Gesundheitsfachmann Jeff Bauer, der seit 1984 alljährlich eine Viertelmillion Dollar einfährt – auf einer Zweiunddreißig-Hektar-Bohnen-und-Mais-Farm in Hillrose, Colorado, einem Zweihundert-Seelen-Dörfchen mit einer einzigen, nicht befestigten Straße. Per E-mail und Fax, auf vielen, vielen Geschäftsreisen und mit Videos, die er im eigenen kleinen Studio produziert, verbreitet er flächendeckend sein Expertenwissen, wie sich die ärztliche Versorgung in den ländlichen Gebieten zugleich billiger und effektiver gestalten läßt. Als nächstes plant er, von seinem abgelegenen Videostudio aus per Satellitenverbindung eine Gesundheitsberatungsshow direkt in das nationale Kabelnetz einzuspeisen.

Was für Jeff Bauer die Ranch, ist für Mounque Barazone ein

Segelboot, das in einem Hafen bei San Diego vor Anker liegt. Von der Kommandobrücke aus steuert er die Geschicke seines bescheidenen Fertigungsbetriebs: «Ich hätte mehr verdient, wenn ich Angestellter bei einer großen Firma geblieben wäre», sagt er. «Aber so kann ich mir aussuchen, mit welchen Spielzeugen ich spielen will.»

Phil Burgess, gleichfalls Segelfan, macht es nicht anders. Er führt das «Center for the New West» mit seinem Hauptquartier in der Gebirgsmetropole Denver von der fernen Küste des Atlantischen Ozeans aus: «Warum sollte ich, ein Wissensarbeiter und Futurist, in Denver wohnen, wo ich doch an der Chesapeake-Bucht leben wollte?»

Die meisten, die es wagen, einen Großteil ihrer Arbeit in den Cyberspace zu verlegen, gehören dem gutausgebildeten weißen Mittelstand an, sind zwischen 40 und 45 Jahre alt und stehen auf dem Höhepunkt ihres beruflichen Erfolges. Die am häufigsten aufgeführten Gründe für den doppelten Sprung in die berufliche Selbständigkeit und ins geographische Abseits liegen in Arbeits- und Lebensumständen, die als frustrierend und krankmachend empfunden werden: einerseits der unerfreuliche Alltag in den zuwuchernden Städten, von der zeitraubenden Anfahrt zum Arbeitsplatz über die steigende Luftverschmutzung bis zu den hohen Verbrechensraten; andererseits bürokratische Einengungen und Anpassungszwänge in den hierarchischen Konzernen, der allgegenwärtige hektische Leerlauf, die bedrückende Fremdbestimmung. Um dem zu entkommen, riskieren die Einsamen Adler einiges.

«Wir nennen sie so nach Charles A. Lindbergh», sagt Phil Burgess: «Er war der originale Einsame Adler. Ihm gelang im Mai 1927 der erste Soloflug über den Atlantik. Lindbergh war ein unnachgiebig unabhängiger Mann mit vielen Erfolgen. Er konstruierte in den dreißiger Jahren ein künstliches Herz. Er war am Bau der Boeing 747 beteiligt. Er war ein Schriftsteller und ein früher Vertreter des Umweltschutzes. Aber nach der Entführung und Ermordung seines Sohnes zogen er und seine Frau sich auf der Suche nach Privatheit und Sicherheit an einen abgelegenen Ort zurück.»

Die Einsamen Adler des Cyberspace haben, den Studien des «Centers» zufolge, ähnliche Qualitäten und ähnliche Lebensziele:

Wagemut, Unabhängigkeit, Einfallsreichtum, ein Verlangen nach Privatheit, den Wunsch, ihr eigener Boß zu sein und ein relativ luxuriöses Leben im Einklang mit Natur und Kultur zu führen.

Der Traum ist so alt wie die urbane Zivilisation des Abendlandes. «Die Nähe Roms, die guten Straßenverhältnisse, ein Landhaus mäßiger Größe und Ländereien, die bei ihrem bescheidenen Umfang mehr Ablenkung als Arbeit bringen», so beschrieb Plinius der Jüngere um das Jahr 100 unserer Zeitrechnung die ideale Umgebung für erschöpfte Großstädter, zumal für Kopfarbeiter. Die haben, meinte der römische Spitzenpolitiker und begeisterte Erbauer stadtferner Villen, «mit einem solchen Fleckchen eigener Erde reichlich genug; da können sie ihren Geist ausspannen, ihre Augen erfrischen ...»

Die von Plinius angestrebte Quadratur des Kreises – zurück in die Natur der ackerbautreibenden Vorväter zu finden, ohne auf die Annehmlichkeiten der Zivilisation verzichten zu müssen – blieb eine Sehnsucht, die über die Renaissance bis in die Gegenwart reicht. Die Medicis wollten genauso vom geschäftigen Stadtleben Abstand gewinnen, ohne es zu verlieren, wie die Berliner Großbürger der Jahrhundertwende, die sommers für einige Monate ins Grüne zogen. Vom Andauern dieses Verlangens nach Integration von Natur und Zivilisation zeugte noch vor einem Vierteljahrhundert, in der Steinzeit des Computers, die pittoreske Mode, bescheidene Etagenwohnungen, deren Decken kaum über zwei Meter hoch und deren Wände dünn genug waren, um die triste und im Zweifel verregnete Großstadt dahinter ahnen zu lassen, mit mittelmeerischen Sonnenuntergängen, wogenden Weizenfeldern oder majestätischen Alpenlandschaften zu bekleben.

Die Anziehungskraft dieser Fototapeten, die durch Fortschritte in der Drucktechnik zu Beginn der siebziger Jahre gerade erschwinglich geworden waren, schwand bald ebenso dahin wie die von Hosen mit Schlag, doch der Wunsch blieb – bis er in der jüngsten Gegenwart erstmals technisch erfüllbar wurde.

11 Geldadler. Vom Alltag der Digitokraten

Die neuen Eliten des digitalen Zeitalters, die Digitokraten, sind es denn auch, die am nachdrücklichsten mit dem Unterfangen Ernst machen, das Geschehen in den Zentren von den Rändern aus zu steuern. Ted Turner etwa, dessen Nachrichtensender CNN rund um die Uhr in 137 Staaten zu empfangen ist und der die Welt damit in das globale Dorf verwandelte, das Marshall McLuhan einst voraussah, läßt sich nur einige Tage im Monat in seinem Büro in Atlanta blicken. Mehr Zeit als unter seinen Angestellten verbringt der milliardenschwere Mittfünfziger unter den 4000 Bisons auf seiner 51 000 Hektar großen Ranch in Montana – physisch jedenfalls. Seine Gedanken sind woanders.

«Ich arbeite immer viel, egal wo ich bin, hier draußen in Montana oder sonstwo», sagt Turner. «Ich kriege jeden Tag eine große Übernachtpost-Kiste mit Unterlagen nachgeschickt.»

Sein Freund und Geschäftspartner John Malone liebt es nicht weniger, aus der Einsamkeit zu wirken. Der gefürchtete amerikanische Medienunternehmer, von Vizepräsident Al Gore einmal als «Pate» der Kabel-Mafia bezeichnet, kontrolliert ein Viertel aller nordamerikanischen Kabelanschlüsse und einen Großteil des digitalen Satelliten-TV-Markts. Überdies verfügt er über beträchtliche Beteiligungen an einem Dutzend nationaler und internationaler Fernsehsender. Die Geschicke dieses Imperiums, dessen Einnahmen 1993 allein bei 5,3 Milliarden Dollar lagen, lenkt der digitale Freibeuter mehrere Monate im Jahr via Funktelefon und per Videokonferenz aus der Ferne – von einem Ferienhaus in Maine beziehungsweise von einer Yacht aus, die vor der Küste kreuzt.

Zu denen, die diese neue Lebensform technisch erst möglich machten, gehört Craig McCaw. Er hat Amerika in den achtziger Jahren mit einem dichten Funktelefonnetz überzogen.

«Wir geben den Menschen gewissermaßen die Freiheit zurück, die sie in grauer Vorzeit verloren haben», sagt er. «Damals, als sie das Vorhandensein von Samen entdeckten, hörten die Menschen auf, nomadisch zu leben – und meine Meinung ist übrigens, daß wir von Natur her nomadisch blieben –, aber aus diesen ökonomischen Gründen wurden wir an einen Ort gefesselt.»

Seine Funktelefon-Gesellschaft verkaufte Craig McCaw schließlich 1994 für 11,5 Milliarden Dollar an den Telefongiganten AT&T. 1995 beteiligte er sich mit mehr als einer Milliarde Dollar an der Firma Nextel, die in den USA ein digitales Netz für drahtlose Modemkommunikation aufbaut; 53 000 UPS-Transporter funken so schon täglich durch, was die Modem-Scanner der Fahrer von Abholungen und Auslieferungen zu melden haben.

Doch eigentlich hat der siebenundvierzigjährige Kommunikationsfreak McCaw Höheres im Sinn: Zusammen mit Microsoft-Gründer Bill Gates will er um den Planeten ein dichtes Netz von Kommunikationssatelliten legen – 840 Relaisstationen für insgesamt 9 Milliarden Dollar. Sie sollen die abgelegensten Gebiete dieser Welt genauso kommunikabel machen, wie es die Großstädte heute schon sind.

«Damit sagen wir: Okay, such dir aus, wo du aus deinen persönlichen Gründen wohnen willst.» Die technischen Möglichkeiten des digitalen Zeitalters, meint McCaw, «lassen die Leute leben, nicht wie sie meinen, daß sie leben sollten, sondern wie ihre Körper leben möchten.»

Sein eigener Körper gibt dafür das beste Vorbild ab. Der Hobbypilot und Naturliebhaber denkt gar nicht daran, seine Gesundheit in den Wolkenkratzerschluchten von New York oder im Smogkessel von Los Angeles zu ruinieren. Er lebt und arbeitet am idyllischen Lake Washington in der Nähe von Seattle. Dort besitzt er ein Haus, zwei Yachten und eine restaurierte de Havilland Beaver, ein altes Wasserflugzeug, mit dem er durch die Wildnis des pazifischen Nordwestens fliegt; allzeit erreichbar und zu guten Geschäften bereit.

Einige Pioniere des Informationszeitalters haben aus den neuen technischen Möglichkeiten noch radikalere nomadische Konsequenzen gezogen. David Geffen etwa, Immigrantenkind aus Brooklyn, Popmusik-Milliardär und zusammen mit Steven Spielberg und Jeffrey Katzenberg Gründer des neuen «Dreamworks»-Studios, pendelt mehrmals die Woche im eigenen Fünfundzwanzig-

Millionen-Dollar-Düsenjet zwischen seinen Wohnorten New York und Los Angeles. Damit er auf dem sechsstündigen Flug durch drei Zeitzonen nichts verpaßt, hat er in seinem Gulfstream ein spezielles Satelliten-Telefonsystem installieren lassen, das es ihm erlaubt, im Himmel über den USA Gespräche so normal zu empfangen, als befände er sich im Büro. Und Rupert Murdoch, der grenzenlose Medientycoon, zu dessen Weltreich Dutzende von Fernsehsendern und rund 130 Zeitungen in sechs Ländern gehören, umzirkelt gar Monat für Monat den gesamten Globus; er besitzt Häuser im australischen Yass und in Sydney, in Hongkong und London, in New York, Aspen und Beverly Hills.

Weder dieses High-Tech-Nomadentum noch der Rückzug in technisch hochgerüstete Naturoasen ist heute jedoch ein Privileg der Eliten. Millionen Amerikaner, zumeist Pensionäre aus dem unteren weißen Mittelstand, leben ohne feste Adresse und vagabundieren in Wohnmobilen durch die USA, erreichbar nur über Postfächer, Funktelefone oder E-mail. Und Zehntausende anderer US-Bürger – genaue Zahlen existieren nicht, da kein Zensus diese neue Lebensform bislang erfaßt – haben sich in der Mitte ihres Lebens den Traum erfüllt, von dem in ihrer Jugend die Fototapeten kündeten: ein Leben im Einklang mit der Natur, das weder beruflichen Ausstieg noch privaten Verzicht auf die Annehmlichkeiten der Zivilisation bedeutet.

12 Gute Aussichten für Söldner. Ein Arbeitsmarktbericht

Wie groß oder klein die Zahl der Flüchtlinge aus der verwalteten Welt gegenwärtig auch sein mag, sie stellen nach Ansicht von Arbeits- und Wirtschaftswissenschaftlern, Demographen und Soziologen die Vorreiter einer breiten und anschwellenden Bewegung dar – hin zur globalen Cyberökonomie.

Sie wird sich vom heutigen Trend zum Telecommuten nicht nur durch Quantität unterscheiden. 1991 telearbeiteten in den USA

1,4 Millionen Arbeitnehmer, 1992 waren es bereits 2,4 Millionen, Ende 1995 9,2 Millionen. Und Anfang des kommenden Jahrtausends, in weniger als zehn Jahren also, soll nach einhelliger Meinung der Experten bereits jeder fünfte Amerikaner zumindest einige Tage pro Woche mittels Telefon und Computer vom Heimbüro aus für seine Firma arbeiten.

Ein wesentliches Pioniergebiet bei dieser Umstellung auf Modem-Management und Mitnehm-Karrieren ist – seit einem Pilotprogramm während der Olympischen Spiele von 1984 – der Großraum Los Angeles, dessen gewaltige Abgas- und Verkehrsprobleme, verstärkt durch eine nicht enden wollende Reihe von Naturkatastrophen, das Telecommuten von einer Option zu einer zumindest zeitweisen Notwendigkeit machten. Das Haupthindernis für eine noch schnellere Ausbreitung dieser umweltschonenden und kostensparenden Arbeitsform hier und anderswo sehen die Experten nicht in den technischen Möglichkeiten, sondern in dem Unwillen der meisten Führungskräfte, ihren Untergebenen die physische Freiheit einzuräumen, die elektronisch längst möglich ist.

«Organisationen überall auf der Welt haben diese Mentalität, die aus der industriellen Revolution stammt», sagt der kalifornische Arbeitsberater Jack M. Nilles, der 1973 den Ausdruck «Telecommuter» prägte: «Sie setzen einfach voraus, ohne darüber wirklich nachzudenken, daß die Leute in eine Fabrik marschieren müssen, um nützliche Arbeit zu leisten.»

Viele Manager argwöhnen – laut entsprechender Studien übrigens zu Unrecht –, daß die Lohnsklaven, sobald sie nicht mehr durch direkten Augenschein kontrolliert werden, unmittelbar in Apathie verfallen. Da sich gehobene Tätigkeiten im Gegensatz zur Fließbandarbeit quantitativ kaum messen lassen, ist dieser Befürchtung schwer zu begegnen – und um so schwerer, je weiter und endgültiger sich ein Arbeitnehmer vom Firmensitz entfernt.

Wenige Ausnahmekonzerne wie etwa American Express, Best Western International oder Dell Computers lassen einige ihrer Angestellten sogar von Land zu Land telecommuten. In der Mehrzahl gilt heute jedoch die Regel, daß jeder elektronische Mitarbeiter sich in regelmäßigen Abständen auch in die Büros seiner Brötchengeber zu verfügen hat, was der geographischen Entfernung der Angestellten von ihrem alten Arbeitsplatz recht enge Grenzen setzt.

Die Einsamen Adler, die genau diesen Zwängen entfliehen wollen, müssen daraus eine Konsequenz ziehen, die in die Zukunft weist: Sie werfen die Fesseln eines überwachten Angestelltendaseins ab und werden selbständige Unternehmer, deren Entlohnung nicht länger an die Arbeitszeit gebunden ist, sondern an die Erfüllung klar definierter Aufgaben.

Damit partizipieren sie auf spezielle Weise an einem ohnehin vorhandenen Trend. Zwei von drei «Arbeitsplätzen», die 1993 in den USA neu entstanden sind, haben Selbständige für sich selbst geschaffen. Denn der seit Jahren anhaltende Personalabbau in den großen Konzernen setzt nicht nur Arbeitskräfte frei, er bietet auch zahllose Geschäftschancen für freie Dienstleister und aushäusige Berater und Experten, die übernehmen, was früher Festangestellte erledigten.

Die ökonomischen Konsequenzen reichen weit. Kleinstfirmen nutzen neue Technologien erheblich früher als ihre größeren Konkurrenten. Gegenwärtig erwerben amerikanische Ein-Personen-Firmen alljährlich allein für rund zehn Milliarden Dollar Büro- und Computerausrüstung. Zu den Pionieren des Cyberspace zählen sie ebenfalls: 75 Prozent aller Familien, die aus einem Heimbüro heraus ein Einkommen von 35 000 Dollar und mehr erwirtschafteten, besaßen im Sommer 1995 einen oder mehrere Computer, 28 Prozent nutzten Online-Dienste oder das Internet.

Die meisten US-Arbeitswissenschaftler sind sich einig in der Prognose, daß die elektronischen Einzelkämpfer eine immer größere Rolle in der ökonomischen Gesamtentwicklung spielen werden. Schon heute scheint die Liste der Beispiele für Cyberarbeit schier endlos. Zu den am weitesten verbreiteten Tätigkeiten gehören technische Hotlines, Produktberatung sowie Bestellungsannahme, die lediglich telefonischen oder elektronischen Kontakt mit den ohnehin weit entfernt wohnenden Kunden erfordern. Tausende von Klein- und Großhändlern offerieren so ihre Waren im Cyberspace – Hard- und Software ebenso wie biologisch angebautes Obst – und liefern per Modem oder Mailorder.

Zukunftsträchtiger sind jedoch intellektuell anspruchsvollere Dienstleistungen, bei denen es primär nicht um materielle Güter, sondern um Informationen geht und bei denen am Ende daher nicht mehr Atome durch die Wirklichkeit bewegt werden müssen, sondern nur noch Bits durch den Cyberspace: die Erstellung und Bearbeitung von Datensammlungen, von Kunden- und Kataloglisten bis zur Lagerhaltung; Abfassung oder Übersetzung sowie Redaktion von Texten aller Arten, seien es wissenschaftliche und journalistische Arbeiten oder Firmenselbstdarstellungen, Geschäftsberichte und Presseerklärungen; graphische Dienstleistungen vom Werbedesign bis zum Layout von Broschüren und ganzen Büchern; Aushandeln und Abfassen von Verträgen; Kontoführung, Buchhaltung, Buchprüfungen, finanzielle Kalkulationen, Erstellung von Geschäftsplänen; Analyse und Planung von Aufträgen und Projekten sowie das maßgeschneiderte Programmieren spezieller Computersoftware.

Die Zukunft, summiert die *Los Angeles Times* ihre Recherchen über die heraufziehende Cyberarbeitswelt, gehöre nicht dem qualifizierten Angestellten, sondern dem «intellektuellen Söldner»: selbständigen Wissenstechnikern, deren Kapital in ihren Kenntnissen und ihrer Erfahrung besteht und die im Cyberspace von Aufgabe zu Aufgabe ziehen, wie einst die Wanderarbeiter den Jahreszeiten folgten.

Joseph Pelton, Professor an der Universität von Colorado in Boulder, rechnet die Zahl dieser Einsamen Adler für das Jahr 2010 auf fünf Millionen hoch – rund zehn Prozent der dann wohl 50 Millionen amerikanischen Telecommuter.

13 Wanderarbeiterlust. Nachrichten aus der Provinz

Bevorzugter Fluchtpunkt der anschwellenden Bewegung aus den Metropolen sind die bis vor kurzem von der Welt abgeschnittenen und dünnbesiedelten Landstriche des amerikanischen Westens, wo bis heute nur zwischen zwei und zwölf Menschen auf den Quadratkilometer kommen – in der Bundesrepublik drängeln sich auf derselben Fläche rund 660 Leute.

«Die Daten zeigen eindeutig, daß zahlreiche entlegene Landkreise seit den siebziger Jahren ein konstantes und rapides Bevölkerungswachstum aufweisen», sagt Jack Lessinger, ein Immobilien-Prognostiker und Stadtplaner, der selbst jüngst erst in einen winzigen Ort namens Bow direkt an der kanadischen Grenze gezogen ist: «Gerade daß sie relativ schwer zu erreichen sind, macht diese Gebiete so attraktiv.» Und Calvin Beale, Demograph des amerikanischen Landwirtschaftsministeriums, sagt: «Jede Umfrage beweist, daß mehr Menschen in kleinen Orten leben wollen, als es dort Arbeitsplätze gibt. Wenn man ihnen Anschluß an die Netze bietet, werden sie kommen.»

Eine Studie der «Wilderness Society», die die Landkreise rund um den Yellowstone-Nationalpark untersuchte, deutet darauf hin, daß Beale mit seiner Vermutung recht hat: Stete Zuwanderung selbständiger Kleinunternehmer in diversen High-Tech- und Servicebranchen macht die Verluste an Arbeitsplätzen in den traditionellen Erwerbszweigen von Viehzucht, Holzwirtschaft und Bergbau mehr als wett.

«Das Zentrum des wirtschaftlichen Lebens verlagert sich seit Mitte der achtziger Jahre zunehmend in den Westen», sagt Philip Burgess – wobei ein Teil des Zugewinns in den abgelegenen Gebieten auch auf Kosten der wuchernden Vorstädte Kaliforniens geht. Allein 1993 zogen 130000 Menschen von dort in die benachbarten Rocky-Mountains-Staaten. «Die Region», schrieb *U.S. News & World Report*, «wird heute zunehmend zu einer Art Fließband für Silicon Valley.»

Wo bis Anfang der achtziger Jahre Cowboys und Holzfäller die Mehrheit bildeten und wo man noch heute stundenlang mit dem Auto fahren kann, ohne einer Menschenseele zu begegnen, dorthin lockt es jetzt gutausgebildete Ex-Yuppies in Range Rovern auf der Suche nach Unabhängigkeit und höherer Lebensqualität. Neben Montana, wo auf jeden der 800000 verstreuten Einwohner statistisch drei Kühe kommen, gehören zu den bevorzugten Zielgebieten der Großstadtflüchtlinge Oregon, Washington, Wyoming, Nebraska, Colorado, Arizona und New Mexico.

Insgesamt zeigen zwei Drittel der 2400 ruralen Landkreise in den USA nach Jahren ständigen Bevölkerungsverlustes wieder deutliche Zuwachsraten. Zudem ist in allen ländlichen Gebieten, den offiziellen Statistiken des Arbeitsministeriums zufolge, heute zum erstenmal seit Anfang der achtziger Jahre die Arbeitslosigkeit geringer als in den großstädtischen Ballungsgebieten, und das nicht zuletzt dank der Kaufkraft und der Dienstleistungsbedürfnisse der im Verhältnis zur altansässigen Landbevölkerung meist recht wohlhabenden Zuwanderer. Einige Orte wie Buffalo in Wyoming oder Telluride und Steamboat Springs in Colorado werben daher inzwischen aktiv um solche Neubürger:

«Wir glauben, daß die Einsamen Adler so viele Arbeitsplätze schaffen werden wie einst die Rancher, als wir noch eine Stadt waren, die Dienstleistungen für die Agrarwirtschaft bereitstellte», sagt Linda Kakela vom Wirtschaftsförderungsrat in Steamboat Springs.

Andere Orte, denen die notwendige Infrastruktur bis jetzt fehlt, unternehmen einiges, um das lokale Leben cybergerecht zu gestalten. Die Verwaltung von Elko in Nevada, der am schnellsten wachsenden Kleinstadt des Westens, bemühte sich etwa darum, dem wuchernden Fleckchen, auf dem immer noch fünfmal mehr Nutztiere als Menschen leben, eine Ortsgesprächs-Auffahrt zur Infobahn zu verschaffen.

In größerem Maßstab dachte man in Nebraska. Nachdem der mit 1,8 Millionen Menschen extrem dünnbesiedelte Staat während der gesamten achtziger Jahre Bevölkerung durch Abwanderung verloren hatte, begann die Regierung, die abgelegenen Kleinstädte mit insgesamt 11 000 Kilometern Fiberoptikkabel an das internationale Kommunikationsnetz anzuschließen. Seitdem steigt die Bevölkerung kontinuierlich; bei gleichzeitig sinkender Arbeitslosigkeit.

John Allen, Soziologe an der Universität von Nebraska, schreibt die ökonomische Wende der elektronischen Aufrüstung zu: «Wir stehen am äußersten Anfang einer neuen Form sozialer und ökonomischer Organisation. Wir nähern uns rapide dem Punkt, an dem die Technologie es den Menschen in den USA ermöglicht, ihre Lebensmuster zu ändern.»

Einsame Adler finden sich denn auch inzwischen überall, wo das Land billig, die Luft gut und die Infrastruktur gerade ausreichend ist. Zu den Minimalerfordernissen, auf die niemand verzichten kann, will er sein Cybergeschäft konkurrenzfähig erhalten, gehören ein Anschluß ans digitale Telefonnetz, der ausreichende Übertragungsraten erlaubt, sowie die Bereitschaft der Eilpostdienste, in dem Gebiet noch zuzustellen. Auch eine Autobahn und ein kommerzieller Flughafen sollten im Interesse der Geschäftsfähigkeit nicht viel weiter als 200 Kilometer entfernt sein.

Nahezu allen anderen beruflichen und privaten Bedürfnissen, die sich auf dem flachen Land kaum befriedigen lassen, kann dann per Computer oder Telefon abgeholfen werden, und was sich nicht durch den Cyberspace transportieren läßt – von Büchern bis zu Wein und Kaviar –, schaffen eben Federal Express, UPS oder Airborne Express über Nacht in die Einöde.

Der Ausbau der Kommunikations- und Transportwege in einer um Information zentrierten Ökonomie korrigiert so zunehmend die negativen Folgen der industriellen Revolution. Bis vor wenigen Jahrzehnten verfrachtete sie die Menschen in Massen vom Land in die Stadt und aus ihren Wohnungen in die Fabriken, wo sie im Dienst der Maschinen Massenwaren produzierten – fern der Natur, fern ihren Familien und ihrer Selbständigkeit beraubt. Das heraufziehende digitale Zeitalter setzt entgegen den Beharrungskräften dieser Massengesellschaft, die in ihrer Passivität, Monotonie und bürokratischen Organisierung das soziale Äquivalent zur industriellen Massenproduktionsweise darstellt, eine gegenläufige Entwicklung zu Pluralismus und Heterogenität in Gang. Deren wesentlichste Folge ist die Individualisierung und Dezentralisierung der Arbeit. Ihre Avantgardisten sind die Einsamen Adler des Cyberspace.

Indem sie auf der Suche nach höherer Lebensqualität ihre hochqualifizierten Tätigkeiten und ihren relativ luxuriösen Mittelklasse-Lifestyle aus der Stadt aufs Land exportieren, haben sie sich gleich zwei Träume erfüllt. Den alten abendländischen nach der Verbindung von Zivilisation und Einsamkeit, Techno-Kultur und unberührter Natur. Und den amerikanischen von individueller Freiheit, wirtschaftlicher Selbständigkeit und geographischer Ungebundenheit.

50 Prozent aller arbeitenden Amerikaner waren zu Beginn des 20. Jahrhunderts noch ihr eigener Boß. 1977 sank die Zahl auf den Tiefststand von 7 Prozent. Gegenwärtig jedoch stellen die Selbständigen bereits wieder 13 Prozent, und bis zum Jahr 2005 soll die Zahl gar auf ein Drittel aller US-Bürger ansteigen.

«Thomas Jefferson träumte von einer Nation unabhängiger Kaufleute und Farmer», schreibt das Wirtschaftsmagazin *Inc.* über die neue Selbständigkeit und die Einsamen Adler des Cyberspace: «Die Soloisten von heute sind ihre Erben.»

14 New Edge. Eine historische Reflexion am Rande

Die nächste Bibliothek, die diesen Namen verdient, ist einige Autostunden entfernt; um ein Theater zu besuchen, bestiege man am besten ein Flugzeug, und selbst für ein Restaurant, das mit mehr als verbrannten Spiegeleiern aufwarten kann, muß man fast 40 Kilometer fahren – in eine Richtung.

Zum Canyon allerdings sind es nur ein paar Schritte. Die Schlucht in den südlichen Ausläufern der Rocky Mountains kann nicht gerade mit dem Grand Canyon konkurrieren, doch wie der Horizont, von hier oben aus gesehen, kein Ende zu haben scheint und wie die Felsen in der Abendsonne zu Gold verbrennen, das ist, wenn man norddeutsche Sommer oder die düsteren Schattenspiele in Berliner Hinterhöfen gewohnt ist, beeindruckend genug.

Am wolkenlos blauen Himmel über mir kreisen ohne Flügelschlag zwei grauweiße Falken, tief unten am Boden der Schlucht schlängelt sich ein torfbrauner Creek, und dort, wo der schmale Fluß der scharfen Biegung des Canyons folgt, schimmert durch das wuchernde Grün ein roter Sportwagen, zerschmettert und verbogen.

In den ersten Tagen, nachdem ich das Siebziger-Jahre-Wrack entdeckt hatte, stellte ich mir vor, auf die Spuren eines vertuschten Verbrechens gestoßen zu sein. Inzwischen aber habe ich mir angewöhnt, den Wagen im Canyon als Symbol zu betrachten, als beispielhaften Absturz aus einer vergehenden Epoche.

Die Welle technischer Innovationen, die vor rund 200 Jahren das industrielle Zeitalter einläutete und die Massenproduktion materieller Güter möglich machte, erzeugte mit den Fabriken zugleich gewaltige Ballungsgebiete. Ebenso wuchernde staatliche und kommerzielle Bürokratien entstanden, die die neuen Menschenmassen versorgten und verwalteten, Verkehrsmittel, die sie transportierten, ein Erziehungssystem, das sie ausbildete. Alle Bereiche des öffentlichen Lebens wurden auf diese industriellen Massen zugeschnitten, auf die Ausbeutung ihrer Arbeitskraft und die geregelte Befriedigung ihrer Bedürfnisse.

Wer nicht in den Hauptstädten des Fortschritts, sondern am Rande der Reiche wohnte, lebte schlechter, beschwerlicher und nicht selten gefährlicher. Zivilisierte Großstädter mußten bis vor wenigen Jahrzehnten Reisen in die abgelegenen Gebiete ihrer Nationen als mittleres Abenteuer betrachten. Fern den Metropolen waren Gesetz und Ordnung brüchig, die Konsumangebote beschränkt, wissenschaftliche Entdeckungen wie soziale Moden weitgehend unbekannt, politische Ansichten wie ärztliche Versorgung rückständig. Selbst die Verkehrsmittel, so überhaupt vorhanden, waren vergleichsweise unsicher, die Straßen schlecht ausgebaut, kaum kartographiert und beschildert – wie jener staubige Feldweg eben, der in unzähligen Windungen vom Tal hinauf zum Canyon führt und der den roten Sportwagen vor einem Vierteljahrhundert ohne eines der Warnzeichen, die in den dichtbesiedelten Zonen üblich sind, über seine Klippen hinausschießen ließ.

Heute jedoch beginnen sich die Verhältnisse zu verkehren. Die wohlgeordnete Zivilisation der Massen, ihr dichtes soziales Gewebe zerfällt. In den entwickelten westlichen Ländern befinden sich Gesundheits- wie Erziehungssystem in einer Dauerkrise, der mit traditionellen Mitteln nicht mehr beizukommen ist, der Verkehr bricht Stück für Stück zusammen, Verbrechen und Umweltschäden eskalieren. Nicht eine, sondern nahezu alle Institutionen des öffentlichen Lebens, die das industrielle Zeitalter gebar, die staatlichen Bürokratien, die politischen Parteien, die Gewerkschaften, die Massenmedien, wirken sklerotisch und verlieren unablässig an Glaubwürdigkeit.

Selbst in den Regionen der industrialisierten Welt, die bislang von den gröbsten Krisenerscheinungen verschont blieben, erscheint einer immer größeren Zahl von Menschen das Leben unter den gegenwärtigen Durchschnittsbedingungen als bleischwere Last – die reglementierte Arbeit in den großen Apparaten, das eingeschränkte Privatleben in den überfüllten Massenbehausungen, die gebremste Bewegungsfreiheit in den verstopften Städten und, last but not least, der unter epidemischer Medienberieselung im lustlosen Konsum von Massengütern verplätschernde Alltag, zu dessen hervorragenden Errungenschaften allgegenwärtige Denkblockaden gehören.

Dabei sind es, wie Christopher Lasch in seinem letzten Buch *The Revolt of the Elites and The Betrayal of Democracy* richtig, wenngleich mit falscher Sorge beobachtet hat, weniger die Unterschichten, die dem industriellen System und seinen Begleiterscheinungen ihre Loyalität aufkündigen, als vielmehr Angehörige der gutausgebildeten und besser verdienenden Mittelschichten. Ihre eskalierende Weigerung, das System der industriellen Massengesellschaft politisch wie finanziell mitzutragen, von Robert Reich als «Sezession der ‹Symbol-Analytiker›» beschrieben, beklagt Lasch als Verabschiedung der neuen Eliten von ihren Verpflichtungen gegenüber ihren Mitbürgern.

Mit moralischen Appellen allerdings lassen sich historische Prozesse nicht aufhalten. Die Abkehr von der als falsch empfundenen (Über-)Organisation des Lebens ist kein Zufall, der sich einfach durch guten Willen korrigieren ließe, sondern die Summe hunderttausendfacher Arbeits- und Alltagserfahrungen. Jede neue Technologie hat neue soziale Gruppen und politische Orientierungen, neue Interessen und Vorlieben entstehen lassen. Wie die Industrialisierung – im 20. Jahrhundert etwa durch das Fließband und das Auto, durch Telefon und Fernsehen – das Verhalten und Denken von Millionen Menschen veränderte, so bringt auch die Digitalisierung einen tiefgreifenden sozialen und mentalen Wandel mit sich.

Die Rebellion eines Teils der Mittelschicht, die sich am deutlichsten in den USA abzeichnet, kann daher als direkte Folge von Ausbildung und Berufspraxis verstanden werden. Die alltäglichen Strapazen sowie wirtschaftlichen und intellektuellen Begrenzungen, die die industrielle Lebensform den Individuen auferlegt, müssen den Protagonisten der digitalen Epoche so überholt und eng erscheinen wie einst den Herren der Industrialisierung die geistigen Traditionen und der Verkehr in den Altstädten des Mittelalters – weshalb das industrielle Bürgertum, sobald es im 19. Jahrhundert die Macht dazu gewann, von Paris bis Wien, wie Karl Kraus anklagend schrieb, die Straßen wie das Denken für die Zukunft «demolierte».

So weit fortgeschritten, daß eine vergleichbar radikale Umorganisierung des Alltags möglich wäre, ist heute jedoch weder der Zusammenbruch der industriellen Ordnung noch die technische und soziale Entwicklung digitaler Produktions- und Lebensformen. Solange das Alte die Zentren weiter besetzt hält, muß das Neue sich Stück für Stück an der Peripherie entfalten.

An den Kanten der Zivilisation, in geographischen Randbezirken und avantgardistischen sozialen Gruppen, wächst dementsprechend der Wille, aus der dichtgedrängten Normalität auszubrechen, das Mundane zu transzendieren, mit der Entbürokratisierung des Alltags selbständig zu beginnen und sich so direkte Kontrolle über das eigene Leben zu verschaffen.

Ein Weg in diese Richtung, der gegenwärtig bereits offensteht, scheint der Rückzug aus den Metropolen, ein anderer das Ausweichen in virtuelle Gemeinschaften. Die Einsamen Adler wählen beide zugleich, denn der relativ größeren äußeren Freiheit in den weniger dichtbesiedelten Gebieten entspricht immer noch eine, meist religiös geprägte, Rückständigkeit und intellektuelle Anspruchslosigkeit des Lebens dort.

Die meisten der gutausgebildeten Großstadtflüchtlinge schaffen sich daher ihre eigene elektronisch vermittelte Umwelt, eine weitgestreute Schar von Bekannten, Freunden, Mitarbeitern, Geschäftspartnern und Kunden, mit denen sie primär im Cyberspace, also per Modem, Fax und Telefon verkehren. Diese individuellen «Telesphären», in denen sich das Arbeitsleben der Einsamen Adler organisiert, besitzen nur in seltenen Fällen Berührungspunkte mit den Individuen, die gerade im geographischen Sinne ihre Nachbarn und Mitmenschen sind.

Die soziale Gruppe, die das Arbeiten in solchen raum- und zeitlosen Telesphären vor allen anderen entwickelte und erfolgreich praktizierte, waren die Naturwissenschaftler der verschiedenen Sparten. Schon in den siebziger Jahren verwandelten sie ihre Teile des Internet in eine Mischung aus elektronischem Salon und Dauerfachkonferenz. Der beständige Erfahrungsaustausch im Cyberspace deklassierte sehr bald die viel gemächlicheren und umständlicheren traditionellen Kommunikationsmittel Kongreß und gedruckte Fachzeitschrift; 1991 gab es bereits 110 elektronische wissenschaftliche Journale, 1994 waren es 440. Im Forschungsalltag wurde zudem der Kontakt über Tausende von Kilometern hinweg nicht selten enger und intensiver als mit den – häufig verhaßten – Konkurrenten-Kollegen ein paar Zimmer weiter.

«Es ist so viel einfacher, mit einem in Europa zu verhandeln, der auf dem Netz ist, als mit jemandem im Büro nebenan, der es nicht ist», sagt Dave Farber, Informatikprofessor an der Universität von Pennsylvania.

Folgerichtig zeitigte die weltweite Kommunikation sehr praktische Folgen. «Die Hauptrichtung meiner gegenwärtigen Forschungen begann mit einer Diskussion, die ich in einer Usenet-Gruppe hatte», sagt zum Beispiel Stevan Harnard, ein Wahrnehmungspsychologe, der in Princeton und zugleich an der Universität von Marseille lehrt und sich mit der mentalen Verarbeitung von Symbolen beschäftigt.

Die gemeinsame Arbeit von Wissenschaftlern, die sich nie oder selten getroffen haben, ist heute eher die Regel als die Ausnahme. Die Installation von Hochgeschwindigkeitsnetzwerken seit Mitte der achtziger Jahre machte es zudem möglich, teures Forschungsgerät über große Distanzen hinweg kollektiv zu nutzen. Die Erforschung der Sonnenstrahlung im magnetischen Feld der Erde etwa wird zugleich von Wissenschaftlern in Kopenhagen, Michigan, Maryland und Kalifornien betrieben. Gemeinsam werten sie Instrumente aus, die 35 Kilometer von der grönländischen Eiskappe entfernt stationiert sind: Die Wissenschaftler empfangen die Daten via Internet auf ihren Computern und diskutieren sie in Direktschaltungen.

Der Chemiker Jim Doll von der amerikanischen Brown-Universität, der zusammen mit Kollegen in Ungarn an einem Forschungsprojekt arbeitet und sich dabei mit ihnen ein teures Meßgerät teilt, meint daher: «Die Maschine kann, was uns angeht, auf der erdabgewandten Seite des Mondes stehen.»

Dieses Arbeiten in Telesphären, wie es die Naturwissenschaftler seit langem praktizieren, setzt sich allmählich auch in zahllosen Wirtschaftsbranchen durch. Die Einsamen Adler machen insofern keineswegs aus der Not ihrer äußeren Isolierung eine spezielle Tugend. In den Bergen von Colorado oder auf der Ranch in Arizona sitzen sie nicht anders vor ihren Monitoren und Telefonen als ihre Berufskollegen in den Wolkenkratzern von New York oder Frankfurt, in Münchner Neu- oder Berliner Altbauten – umfangen von einer künstlichen Arbeitswelt, die durch die Auseinandersetzung mit immateriellen Symbolen, Zahlenkolonnen und Vertragsklauseln, mit Börsenkursen, abstrakten Formeln, rasenden Bilderfolgen oder endlosen Textmengen geprägt wird.

Für alle Wissensarbeiter sind so ein Gutteil des Tages ihre individuellen Telesphären, die Summe ihrer E-mail- und Fax-Korrespondenzen, Telefonate und Videokonferenzen durch alle zwölf Zeitzonen, realer als die physische Umwelt, in der sich ihre Körper befinden; egal ob es sich dabei um vollklimatisierte fensterlose Büroturm-Kubikel handelt oder um lichtdurchflutete Heimbüros, von denen aus der Blick über das Meer oder die Berge fällt.

Ein entscheidender Unterschied besteht allerdings in der Selbstbestimmung der Einsamen Adler und der Selbstkontrolle über ihre Arbeit. Deren positive Folgen sind ausreichend beschrieben worden: bessere Ergebnisse und höhere Zufriedenheit, Gewinn zusätzlicher Arbeits- und damit auch Lebenszeit, Beseitigung der krankmachenden sozialen Begleiterscheinungen, Verabschiedung vom Kampf um Status und vom demonstrativen Konsum, zugleich bessere und billigere Lebensbedingungen als in den übersiedelten Gebieten.

Die Nachteile hingegen, die diese Arbeits- und Lebensform mit sich bringt, hängen zum Großteil von den individuellen Umständen ab und lassen sich insofern weniger generell beschreiben. Fast immer zählen zu ihnen technische Kommunikationsprobleme: schlechtes Wetter, das den Flugverkehr der Propellermaschinen auf den winzigen Provinzflughäfen zum Erliegen bringt, tägliche Gewitter während der Monsunsaison, die jede Modem- oder Faxverbindung zusammenbrechen lassen, stundenlange Stromausfälle, die zu unfreiwilligen Pausen zwingen.

Was jedoch Schwierigkeiten bereitet, weist bei genauerem Hinsehen gerade auf den größten Vorteil einer solchen Existenz. In der industriellen Technosphäre, der künstlichen, von Maschinen und Menschenhand erzeugten Umwelt, die unsere Zivilisation prägt, haben wir sukzessive den Kontakt mit der Natur eliminiert, mit regionalen Besonderheiten, mit den Rhythmen der Jahreszeiten, mit nichtdomestizierten Lebewesen. Der Weg der Einsamen Adler aus den Zentren an die Peripherie leistet die partielle Rückgewinnung dieser Erfahrungen. Er bedeutet daher nicht bloß eine Korrektur der individuellen Lebensgeschichte, sondern auch eine historische Zäsur.

«Nur Menschen, die eine Lehre in der Natur absolviert haben, kann man Maschinen anvertrauen», schrieb Sir Herbert Read in *The Grass Roots of Art*: «Nur solche Menschen werden diese Maschinen so entwerfen und so kontrollieren, daß ihre Produkte eine Befriedigung unserer biologischen Notwendigkeiten darstellen und nicht ihre Verleugnung.»

Grundvoraussetzung für das erfolgreiche Arbeiten in Telesphären ist selbstverständlich die Abwesenheit materieller Produktion beziehungsweise eine vollständige Digitalisierung der ehemals materiellen Arbeitsgegenstände – Texte, Bilder, Filme, komplette Dateien und Archive –, die ihre Bearbeitung unabhängig vom Aufenthalt des Arbeitenden möglich macht. Diese Entmaterialisierung weiter Arbeitsfelder schreitet in den entwickelten Ländern schnell fort.

«Wissen ist die zentrale Ressource geworden, eine Schlüsselressource, die keine Geographie kennt», schreibt Peter F. Drucker. Die traditionellen Faktoren der Produktion hingegen – Land, physische Arbeitskraft, nationales Kapital – engen die wirtschaftliche Entwicklung inzwischen eher ein, denn die meisten der klassischen Produktionsbereiche, Landwirtschaft und Kohleabbau etwa, ebenso Textil- oder Stahlindustrie, befinden sich in Strukturkrisen und können in der Regel nur mit Hilfe von Subventionen oder Schutzzöllen überleben.

«Es ist nun mal so, daß in der physischen Welt heute kaum noch ökonomischer Spielraum besteht. Wenn du etwas machst, das sich anfassen läßt, und wenn du damit gut zurechtkommst, dann bist du entweder ein Asiate oder eine Maschine», sagt John Berry Barlow: «Wir sind so effizient im Einsatz mechanischer Werkzeuge geworden, daß es für die Menschen zunehmend schwierig wird, Jobs in der materiellen Welt zu finden. Immer mehr Ökonomie verlagert sich auf Informationsvermittlung. Immer mehr soziale Interaktion wird virtuell. Wir haben längst den Punkt erreicht, an dem die überwiegende Mehrzahl der Kenntnisse durch Information statt durch Erfahrung vermittelt wird. Das meiste, was wir über die Welt wissen, erfahren wir durch die eine oder andere Sorte von Bildschirm.»

15 Bekenntnisse eines Einsamen Adlers

Nach einem knapp zehn Meter langen «commute» zu meinem Arbeitsplatz – kein Stau, keine Suche nach einem Parkplatz, keine Verspätung – beginnt denn auch allmorgendlich mein Tag damit, daß ich den Fernseher anschalte und die Satellitenschüssel auf «Headline News» fahren lasse, dasselbe Programm, das mich schon übers Weltgeschehen informierte, als ich noch nicht auf einer Ranch in Arizona, sondern in Großstädten wie Los Angeles, München, Hamburg oder Berlin wohnte. Statt dabei in einer lokalen Morgenzeitung zu blättern, wähle ich mich in CompuServe oder America Online ein und überfliege die Meldungen der Nachrichtenagenturen, darunter dpa, was mich zehntausend Kilometer von Deutschland entfernt genauso schnell über die innenpolitischen Ereignisse unterrichtet, als lebte ich weiterhin dort.

Die Zeitverschiebung zu Europa läßt danach für Kontakte mit den Büros meiner Auftraggeber und Kunden nur ein schmales Fenster von zwei, drei Stunden. Doch was zu klären ist, wird in der Mehrzahl ohnehin per Fax oder via E-mail erledigt, zeitversetzt also, so daß ich diesen Teil des Bürodienstes auf den späten Nachmittag legen kann.

Bis dahin bleiben sechs, sieben Stunden ungestörten Arbeitens. Für Recherchen, sofern sie nicht Reisen und persönlichen Kontakt erfordern, stehen mir elektronische Archive mit einem Datenreichtum zur Verfügung, von dem ich vor einem Jahrzehnt, als noch die größten Bibliotheken in meiner Reichweite lagen, nur träumen konnte: Die letzten fünf bis zehn Jahrgänge nahezu aller großen amerikanischen, englischen, französischen und deutschsprachigen Zeitungen und Magazine sind *online* abfragbar, ebenso die Bücherkataloge der wichtigsten US-Bibliotheken. Dutzende von Buchhandlungen bieten ihre Bestände elektronisch an; was ich den einen Tag bestelle, bringen mir die Expreßpostdienste, wenn die Dringlichkeit den Preis rechtfertigt, bis zum nächsten Nachmittag an meine abgelegene Türschwelle. Dasselbe gilt für CDs, CD-ROMs, Computerzubehör und andere Arbeitsmaterialien, die ich in den Dörfern der Umgebung nicht auftun kann.

Wenn ich am Nachmittag schließlich mein Tagespensum erschrieben habe, wartet neben der Büroarbeit auch eine Belohnung auf mich: eine elektronische Reise rund um die Welt, bei der sich Pflicht und Vergnügen, Bildung und Amüsement die Waage halten. Sie beginnt damit, daß ich meine E-mail herunterlade. Alle Regierungsstellen und die wichtigsten Institutionen des öffentlichen Lebens in den USA so gut wie jeder Wissenschaftler und viele Geschäftsleute lassen sich elektronisch schnell und kostengünstig kontakten. E-mail ist daher inzwischen ein wesentliches Recherche- und Interviewmittel. Private E-Post geht allerdings bislang selten ein, da erst sehr wenige meiner Bekannten und Geschäftspartner über eine eigene E-mail-Adresse verfügen. Dafür nehmen Werbebriefe rapide zu.

Nach der Post versorge ich mich mit den «Abendnachrichten». Um diese Uhrzeit sind meist schon die europäischen Zeitungen des nächsten Tages auf dem Netz. Die Auswahl an deutschsprachigen Blättern ist zwar recht mager – *taz, Welt*, Berliner *Tagesspiegel, Hamburger Morgenpost*, Wiener *Standard* und ein paar Regionalzeitungen –, doch meist werfe ich ohnehin lieber einen Blick auf eins der «ungewöhnlichen» Produkte, die ich unter normalen Umständen nie in die Hand bekommen (oder nehmen) würde: den britischen *Guardian*, die *Jerusalem Post*, die *Singapore Business Times*, den Sydney *Morning Herald*, die südafrikanische *Cape Times* oder Loren Jenkins' *Aspen Times*...

Im Hintergrund laufen dabei die TV-Nachrichten der Deutschen Welle. Sie erinnern mich auf anrührende Weise an die steife Tagesschau der sechziger Jahre, mit der ich aufwuchs, und bilden einen schönen Kontrast zum roten Ball der Sonne, die blutrot hinter dem Canyon versinkt.

Den unterhaltenderen Teil der täglichen Internet-Reise durch die Virtualität muß ich dann, solange noch kein lokaler Einwahlknoten existiert, im Interesse meiner ohnehin horrenden Telefonrechnung auf eine halbe Stunde begrenzen. Ausgangspunkt ist meist die Home Page eines Autors, Künstlers oder Musikers, der mich beruflich oder privat interessiert und den ich deshalb in seiner virtuellen Wohnung auf dem World Wide Web besuche. In den letzten Monaten waren das etwa Robert Anton Wilson und Timothy Leary, John Perry Barlow, Marvin Minsky, Ralph Merkle, Howard Rheingold und Hunter S. Thompson. All diese Seiten bieten nicht nur Texte der Autoren und biographisches Material, sondern auch Dutzende von Querverbindungen zu anderen Teilen des Netzes, und ihnen zu folgen gleicht der Wanderung durch die Bibliothek von Babel – bis die Stoppuhr des Computers das Ende des Zeitlimits anpiept.

An anderen Tagen stehen Cyber-Treffpunkte am Anfang des Trips, etwa «HotWired», der elektronische Club des Printmagazins *Wired*, oder eins der diversen Foren für Autoren, in denen über

Literatur und das Handwerk des Schreibens diskutiert wird. Ein andermal beginne ich mit den Home Pages von Verlagen oder Filmfirmen, die eine Vorschau auf ihre Neuerscheinungen offerieren, oder mit kommerziellen Seiten, die an meine privaten Interessen appellieren: neue Computerprodukte, Insiderklatsch über TV-Shows wie «X-Files» oder «Star Trek», Weinproben im virtuellen Napa Valley …

Die Auswahl an heterogenem Material aus allen entwickelten Ländern der Welt ist schier unendlich und das Wachstum vor allem des World Wide Web erheblich schneller, als daß ein Normalsterblicher je seine Neugier vollständig befriedigen könnte. Falls aber doch, gäbe es immer noch reichlich Listen von nutzlosen oder absurden Web-Seiten, deren Inhalt zu erfahren sich niemand je wünschen würde: die Notizen eines Mannes, der jeden Schritt eines anderen Kerls, der über ihm wohnt, protokolliert; endlose Traumtagebücher; die Zensurenlisten ganzer Schulklassen; das Bild eines gewissen Jordan im Mutterleib; die erste Viertelmillion Stellen der Quadratwurzel aus neun; der komplette Inhalt der Brieftasche eines Cybernauten; Homevideos von Leuten, die einen beim besten Willen nicht interessieren; das Fernsehprogramm eines Senders in Singapur; die je aktuelle Zahl der Coladosen, die ein bestimmter Automat ausgespuckt hat; eine Sammlung holländischer Nummernschilder; eine Seite, die droht, den Betrachter in ein Huhn zu verwandeln, und eine andere, die die virtuelle Penisgröße verschiedener Cybernauten angibt …

Überhaupt kommt im Cyberspace alles, was mit Sex zu tun hat, direkt nach allem, was mit Arbeit und Geldverdienen zu tun hat. Wie noch jede neue Technik ist diese sofort von den beiden menschlichen Basisbedürfnissen in Dienst genommen worden. Das Doppelinteresse, sich ökonomische und sexuelle Vorteile zu verschaffen, dominiert wie in der Wirklichkeit auch in den virtuellen Realitäten; letzteres Bedürfnis allerdings nicht immer in Formen, die der Intelligenz entsprechen, die in die Entwicklung der Technik gesteckt wurde.

Den allgegenwärtigen Verästelungen und Querverweisen im Cyberspace folgend, kann jedermann und jede Frau durch ein weltweites Sammelsurium stinknormaler und abseitiger, öder und erregender Sehnsüchte bummeln: Listen verstorbener Pornostars; Fotos aller Ex-Freundinnen eines jungen Mannes; *Fat Girl*, ein E-Zine für fette Lesben und die Mädels, die auf sie stehen; Diskussionsgruppen mit aussagekräftigen Kürzelnamen wie *alt.sex.masturbation, alt.sex.bondage, alt.sex.stories, alt.sex.bestiality* oder *alt.sex.fetish.feet*, in denen über nichts anderes als die jeweiligen sexuellen Varianten debattiert wird.

Früher oder später führt die verschlungene elektronische Wanderung dann zu einem von zighundert elektronischen Sammel- und Rammelplätzen, wo Cybersexler wie Dirk und Verona oder Patti und George sich ihre Partner suchen …

16 Cybersex heute

Dirk will den Menschen entkommen, unter denen er lebt und leidet. «Ich muß raus aus dem stinkigen Osten, am liebsten würde ich nur noch reisen.» Solange das nicht möglich ist, konzentriert er sich auf die elektronische Befriedigung seiner biologischen Bedürfnisse. Was ihm der Alltag in Leipzig verwehrt, holt er sich alle drei, vier Tage auf den Bildschirm: Partner und Partnerinnen aus aller Welt.

Verona hingegen schläft wochenlang keine drei Nächte im selben Bett. «Ich jage durch die Länder wie andere durch die Supermärkte.» Die Frau aus der Businessklasse sehnt sich nach Ruhe, nach einem festen Punkt in ihrem Leben. «Ist doch wunderbar, daß ich, egal auf welchem Kontinent ich gerade lande, immer dieselben Männer treffen kann.»

Genau diese Regelmäßigkeit langweilt Patti; und nicht minder George, ihren Mann. «Hier draußen in Wyoming findet sich kaum Gelegenheit für sexuelle Abenteuer.» Einmal haben die beiden versucht, mit entfernten Nachbarn etwas anzufangen. Es war eine Katastrophe, schon in hygienischer Hinsicht. «Fellatio mit Präser und Cunnilingus mit Frischhaltefolie! Fast hätten wir uns mit Desinfektionsmittel absprühen müssen.» Das schlimme Ende jedoch kam hinterher. «Wir wußten uns nichts zu sagen. Es war dumm und deprimierend. Wieviel witziger und gebildeter sind die Leute, mit denen wir CompuSex machen!»

Weit über dem Durchschnitt intelligent ist auch Bill – was ihm jeglichen Verkehr mit den Mitmenschen beträchtlich erschwert. «Sex ist meine einzige Schwäche», gesteht er, «in der ich stinknormaler Durchschnitt bin.» Seine Kontaktschwierigkeiten hält er für nicht verbesserungswürdig, denn nicht er, sondern die Realität sei am Ende, und zwar global. «Aus Staaten werden Stämme», meint Bill, «aus Gemeinschaften Banden.» Die Öffentlichkeit zerfalle in Nischen, nichts lasse die Menschen noch zueinanderfinden: «Was in der Realität immer unmöglicher wird, steht dafür in der Virtualität ins Haus.»

In diesem Punkt ist Bill sich mit dem Cyberpropheten Paul einig. «Wir zerstören die Wirklichkeit», sagt der, «aber gleichzeitig verwandeln wir unsere Phantasien in Tatsachen.»

Genauso, wenngleich weniger kompliziert, sieht Oliver die Sache mit der Zukunft und dem Sex. «Mein Computer ist das Geilste, was ich besitze. Dieser Bildschirm, dieses Modem, das mich mit der Welt verbindet – das ist mein Leben. Was soll daran falsch sein? Andere Typen finden ihr Auto toll und treiben es unentwegt darin. Logisch, daß ich mit meinem Computer auch Sex mache.»

Ob sein Gesicht voller Pickel ist, kann ich nicht sagen, da ich Oliver nur aus den sexuellen Oasen des Cyberspace kenne – die ich übrigens unter dem albernen und daher Männer wie Fliegen anlockenden Pseudonym Thelo Velyrita bereiste. Doch zweifellos ist Oliver ein Musterexemplar jener testosteronsatten Teenager, die die *Hot-Chat*-Räume des Cyberspace bevölkern, wo sie die Wartezeit bis zu ihrem konsensuellen *Online*-Orgasmus damit verbringen, «gifs» auszutauschen, in «graphics interchange format» abgespeicherte Kopien schmutziger Bilder, wie sie seit Erfindung des Buchdrucks bei Pubertären populär sind.

Von Modems wissen sie alles, von Damen nichts, und verirrt sich in der Tat einmal ein weiblicher Cybernaut unter sie, so wie jetzt Thelo Velyrita, dann lautet die Begrüßung gebetsmühlenartig: «Was hast du gerade an?» Oder poetischer: «Wenn ich jetzt bei dir wäre, was könnte ich sehen, das gut schmeckt?» Oder eben ohne jeden falschen Umstand: «Welche BH-Größe?»

Oliver, das gibt er nach einer Reihe seltsamer Rechtschreibungen zu, stammt aus Norwegen. Seit einem Vierteljahr geht er an der amerikanischen Ostküste zur Schule. Das Austauschprogramm, dessen Teil er ist, währt ein Jahr. Oliver überlegt schon, wie er die Rückkehr vermeiden kann.

«Seit ich hier bin, lebe ich das Klischee», sagt er: «Ich ziehe meine Turnschuhe nicht mehr aus, habe fettige Haare und ernähre mich von Pizza und Burgern. Ich meine, ich verhalte mich jetzt exakt so, wie ich es mir all die Jahre an meinem beschissenen Fjord von meinen Hacker-Helden vorgestellt habe.»

Amerika eröffnete Oliver ein Kommunikationsparadies, das von Europa aus unerschwinglich gewesen war; jedenfalls, solange er die staatlichen Telefoneinrichtungen vorschriftsmäßig nutzte. Die Frage der Legalität stellt sich in den USA nicht mehr so dringend. Einloggen, also in Datenbanken einwählen, kann man sich in den meisten Großstädten zum Ortstarif, das heißt gebührenfrei. «Hier ist BBS-Eldorado», sagt Oliver. «Der Tag hat nicht genug Stunden, um die alle abzuklappern ...»

Mindestens 60 000 Bulletin Board Systems existieren weltweit, behauptet er, davon 45 000 in den USA. Zudem haben die gewaltigen Mainstream-BBS, getragen von milliardenschweren Finanziers, hier ihre Zentralen; «Prodigy», gegründet von IBM und der Kaufhauskette Sears, «GEnie», das General Electric gehört, «Delphi», Teil des Murdochschen Medienimperiums, «CompuServe» und «America Online», Ende 1995 mit Einnahmen von rund 400 Millionen Dollar führend unter den elektronischen Paradiesen.

In dieser Gegenwelt aus stummen Schriftzeichen und bunten Grafiken, die menetekelgleich auf den weitverstreuten Bildschirmen aufleuchten, verkehrten, so oder so, 1995 immerhin 37 Millionen Nordamerikaner über 16 Jahre, doppelt so viele wie noch im Jahr zuvor. Statistisch sind die Cyberbürger, laut einer Studie des Marktforschungsinstituts «Yankelovich Partners», zu zwei Dritteln männlich, sie sind jünger und gebildeter als der Durchschnitt, und sie verdienen besser. Als Grund für ihre elektronischen Aktivitäten geben sie mehrheitlich an, daß sie nicht zum Opfer der technischen Entwicklungen werden wollen und deshalb alles tun, um ihre Zukunft selbst zu bestimmen.

Am Cyberspace lockt sie nicht zuletzt das befreiende Gefühl, unter der Bedingung weitgehender Anonymität mit Gleichgesinnten all das ausagieren zu können, was die Gefährten in der wirklichen Welt so schwer verstehen. Denn in den virtuellen Räumen versammelt sich rund um die Uhr kein stumpfes passives Massenpublikum, sondern eine Vielzahl verschworener Gemeinschaften, lärmiger Spezialstämme, denen nichts als ihr jeweiliges brennendes Interesse gemeinsam ist: Computerfreaks und Weltverbesserungsbesessene, TV-Maniacs, Pop- oder Politik-Süchtige, Avantgardisten aller Sparten und natürlich Sex-Hungrige.

Die Namen der Clubs verraten in der Regel das Programm: «Pro-Christ» für religiöse Fundamentalisten oder «BayB», das Bay-Area-Baby-BBS für junge Eltern, «Launische Einzelgänger mit Handfeuerwaffen» im Mittelwesten, Cyberfreak-Brüderschaften wie «Der Tempel des Schreienden Elektrons», Sexclubs wie «Eden» oder «The Dirty Hacker».

Zudem hat der amerikanische Cyberspace, darin der zersplitterten Wirklichkeit gleich, auch seine exklusiven Insider- und Avantgarde-Treffs. Die prestigeträchtigste elektronische Adresse ist nach wie vor «The Well», 1985 in San Francisco von der Gemeinde rund um den hippiesken *Whole Earth Catalogue* gegründet. Die virtuelle Kleinstadt aus Althippies und Wissenschaftlern, Computerfreaks und Deadheads zählt heute 10000 Seelen, darunter R. U. Sirius und John Perry Barlow. Das intellektuelle Flair, das «The Well» umgibt, ändert allerdings nichts daran, daß die gute Hälfte der Internet-«Hits», das heißt der Besuche aus dem Internet, einer Institution namens «Akt des Monats» gilt.

Zivilisiert gedacht ist auch der Cybersalon «Echo», dessen Name sich von «East-Coast Hang-Out» ableitet und den die Kunstwissenschaftlerin Stacy Horn 1990 in ihrem Greenwich-Village-Wohnzimmer in der Perry Street Nr. 97 eröffnete.

«Ich stelle mir vor», sagt die zarte Enddreißigerin, «ich sei Gertrude Stein, die in ihrem Apartment saß und Bonbons aß, während alle Welt um sie herum über Kunst sprach.»

Die rund dreitausendköpfige Mitgliederschaft besteht, was für den Cyberspace ziemlich einmalig ist, zur knappen Hälfte aus Frauen. Höflich diskutiert man über Tolstoi und «Life in the Inferno of Post-Modernity», aber auch über moralische Fragen, die sich mit Hundebesitz in der Großstadt verbinden, oder über «Books To Fuck By». Sexuelle Avancen sind nicht verpönt, wer jedoch hartnäckig Leute belästigt, die an Cybersex nicht interessiert sind, dessen «Echo»-Existenz wird von Stacy Horn elektronisch «kervorkt» – eingeschläfert (so genannt nach dem umstrittenen Sterbehilfe-Arzt Kervorkian).

Entschieden rüder und anarchischer tobt sich das zahlende Publikum in «Mindvox» aus, dem elektronischen Underground, den die beiden legendären Ex-«Legion-of-Doom»-Hacker Lord Digital und Dead Lord gleichfalls in New York aufgezogen haben. «Wenn man in Vox ist», schreibt ein Kritiker, «fühlt man sich zuzeiten, als würde man direkt in das brodelnde Unbewußte der amerikanischen Jugend starren.»

Ungefilterte und ungehemmte Selbstäußerung ist indessen eine generelle Qualität der Cyberkommunikation. «Technologie ist heute das Lagerfeuer, um das wir uns versammeln, um unsere Geschichten zu erzählen», sagt die Performance-Künstlerin Laurie Anderson. Und Barry Kort, Mitbegründer eines Kinder-MUD, meint: «Die Computernetze sind die moderne Agora. Sie erfüllen eine ähnliche Rolle wie Radio und Klatschjournalismus, aber sie lassen mehr Partizipation zu, sind weniger sensationslüstern und erlauben mehr Nachdenken zwischen den einzelnen Bemerkungen.»

Weniger Ähnlichkeiten als Unterschiede zu den Treffpunkten, an denen sich in vor-digitalen Gesellschaften die öffentliche Meinung bildete, zu Marktplätzen, Dorfstraßen, Cafés oder Kneipen, sieht hingegen der kalifornische Historiker Mark Poster: «Sicher, das Netz erlaubt den Leuten, von gleich zu gleich zu reden. Doch rationale Argumente behalten selten die Oberhand, und sich über irgend etwas zu einigen wird weitgehend als unmöglich angesehen ... Die

Bedingungen, die zu Kompromissen führen, dem Grundkennzeichen des demokratischen Prozesses, fehlen einfach *online.*»

In den über 10 000 Newsgroups des Internet etwa, tribalistischen Sammelplätzen für Spezialinteressenten jedweder Sorte, von Ufo-Beobachtern und Partikelforschern, Starverehrern und Staatsfeinden, Börsenmaklern, Briefmarkensammlern und Sexsuchenden, tritt schon rein technisch an die Stelle von Sachautorität und persönlicher Überzeugungskraft eine egalitäre Kakophonie: Jeder hat jederzeit das Wort – und was die meisten zu sagen haben, ist eben nicht sonderlich erhebend. Zwangsläufig stapeln sich im Internet und in den *Online*-Diensten Wortabfälle und Gedankenmüll.

Am ehesten erträglich ist das natürlich in Verbindung mit sexueller Begierde, denn im Bett geht nun mal das dümmste Gestammel noch als erregend durch. Eine beachtliche Zahl der Klein-BBS hat sich daher auf die Befriedigung dieses Basis-Bedürfnisses spezialisiert. Betrieben werden die elektronischen Klitschen mit dem subversiven Appeal meist irgendwo in der Einöde von ein oder zwei Leuten, die ihr Haus zum Ort einer ferngesteuerten Dauerparty gemacht haben. Ein alter Computer, ein Modem für hundert Mark und ein paar Telefonanschlüsse sind alles, was man zur Gründung eines virtuellen Treffpunkts braucht.

«Die wirrsten Dinger gibt's da draußen», schwärmt Oliver. «Herrschaftswissen in Hülle und Fülle: Wie man sich in den Schulcomputer hackt und seine Noten verbessert, wie man die Ampelphasen umprogrammiert und so Chaos stiftet. Oder wie man, wenn man jemand nicht mag, dessen Anrufe zu einer Telefonsex-Nummer umleitet. Und natürlich kannst du auch selbst jede denkbare Art von Sex haben. Du kannst dir Bilder und Movies runterladen, und du kannst Mädchen treffen, die es in *rl* nicht gibt.»

rl steht im BBS-Lingo für «real life», die Wirklichkeit. Benutzt wird das Kürzel meist, wenn deren minderwertige und rückständige Qualität gemeint ist. Aus ihr versuchen BBS-Liebhaber in virtuelle Ekstasen zu entkommen. Eine sehr unvollständige Liste der «Adult BBS», die mir Oliver E-mailt, verzeichnet über 250 Posten. Sie tragen so bezeichnende Namen wie «Brooklyn Perverts», «Obsessions BBS», «Orgasm BBS» oder «The Petting Zoo». Gemeinsam ist ihnen das Fehlen jedweder Prätention – nicht um sprachliche Konventionen oder Kunstfotografie geht es den Cybersexlern, sondern um nackte Triebbefriedigung.

«Da ist keine Kontrolle, keine staatliche Zensur mehr möglich», sagt Oliver, «wir befriedigen uns rund um die Welt und auf Wegen, die unübersichtlicher und verschlungener sind als das gesamte Straßennetz dieser Erde.»

Was Futurologen und regierungsamtliche Auguren als «interaktiven Informationshighway» anpreisen, benutzt Oliver so längst regelmäßig als Rotlichtbezirk: In den fiberoptischen Hochgeschwindigkeitskabeln fiebert er der Expreß-Befriedigung seiner Sehnsüchte entgegen.

«Eine meiner frühesten Phantasien war, daß ich jedem Mädchen befehlen konnte, den Schlüpfer runterzulassen», sendet Oliver. «Damals war ich noch ein Kind. Eine andere Vorstellung liebte ich dann in der Pubertät: Ich gewann in einem Preisausschreiben eine Frau, und sie mußte tun, was ich wollte. Ihr seht, ich hatte schon allmächtige C-Sex-Träume, lange bevor ich meinen ersten Computer bekam: daß ich alle Aufmerksamkeit erhalte und daß, was ich tue, und wenn es noch so ausgefallen ist, nie schlimme Folgen hat.»

«Ich habe in deinem Alter auch viel phantasiert, zum Beispiel von Sex unter Wasser, wo ich nicht ein einziges Mal auftauchen mußte, um Luft zu holen», meldet sich Kris zu Wort. «Heute ist das anders. Heute träume ich mehr von Situationen, die ich schon erlebt habe.»

Kris, meint Oliver, wäre eine tolle Frau für ihn, obwohl sie selbst zugibt, nicht mehr die jüngste zu sein: «Fünfzig und ein bißchen.» Daß er mal mit einer Partnerin zusammenleben könnte, die von Computern nichts versteht und virtuellen Sex eklig oder langweilig findet, hält Oliver für undenkbar. Doch vielleicht versagt da nur seine Phantasie, in der Realität ist er, der versierte CompuLover, nämlich recht unerfahren.

«Hast du überhaupt schon mal richtigen Sex gehabt?» frage ich ihn.

«Das kommt drauf an, was du darunter verstehst, Thelo ...»

«Geschlechtsverkehr mit einem Menschen aus Fleisch und Blut, egal ob männlich oder weiblich.»

Olivers Antwort läßt eine Weile auf sich warten. «Ich hab mal einem Mädchen in die Hand gespritzt», erscheint dann auf meinem Bildschirm. «Aber drin war ich noch in keiner.»

17 Feuchte Träume. Neues aus den Wartehallen der Zukunft

«Da hast du wenig verpaßt», tröstet ihn Dirk, dem es im Prinzip bislang nicht sehr viel besser ergangen ist: «Die meisten Sachen <g>, die ich mit dem Computer mache, traue ich mich im *rl* nicht.»

<g> heißt «grin» und deutet an, was für «Sachen» Dirk meint. Denn *rl* steht auch bei ihm nicht hoch im Kurs.

«Ich habe es satt», sagt Dirk, «dieses stundenlange Getue und Drumherum, vom Duschen bis zum Dinner, nur um dann festzustellen, daß mir erst das Gummi den letzten Nerv tötet und dann die dumme Pute, bei der ich einloggen will.»

«Aber die Typen sind heiß ... <lol>», funkt eine Kathryn dazwischen. <lol> bedeutet «laugh out loud». Kathryn muß also lauthals lachen, und Dirk stimmt ihr zu:

«Weiß der Teufel, was ihr Frauen an uns mögt.» Er kommt, seinen fleischlichen Sehnsüchten zum Trotz, mit Daten und Dingen erheblich besser aus als mit seinen Mitmenschen. «Ich liebe Leute wie Data, den Androiden vom Raumschiff Enterprise. Wenn es möglich wäre, mit Maschinen Sex zu haben, fände ich das viel angenehmer.»

Ben mag die Richtung nicht, in die dieses Treffen läuft. Sie scheint ihm alles andere als aufregend. Er ist schließlich *online*, weil er die geilsten Phantasien anderer Leute hören will.

«Am liebsten würde ich», tippt Dirk, «mit Wesen von anderen Planeten vögeln, die nicht so dumpf sind wie das Volk, das mir hier ins Bett hüpft.»

Raumschiff Enterprise ist für ihn das Größte. Sein Captain Picard geht, wenn er sich erholen will, ins Holodeck. Da wandelt er sich, fern der Milchstraße, etwa in einen britischen Landadligen und reitet seinen Schimmel über endlose Flächen, die mit englischem Rasen ausgelegt sind.

«Das ist die jugendfreie Fernsehversion», meint Dirk: «Holo-Räume wird es bald wirklich geben, aber es werden vor allem Sex-Holos sein.»

Mit viel Genuß und Detailfreude malt er diese utopischen Orte virtueller Orgien aus. Die ungewöhnliche Ausstattung seiner Partner und Partnerinnen beschreibt er dabei klinisch sehr exakt, denn Dirk ist Medizinstudent, ein ruhiger und für sein Alter – er ist Mitte zwanzig – fast zu bedächtiger Typ. «Ich bin groß, weißhäutig und wenig behaart, sehr dünn und sehr aktiv», sagt er, nach seinen hervorragendsten Kennzeichen befragt. «Letzteres gilt auch für meinen Schwanz.»

Befriedigung gewährt der gegenwärtige Stand der Liebestechnik dem langen Dünnen freilich nur sehr partiell. Im Grunde beschränkt sich Dirks CompuSex-Leben auf eine Art schriftlichen Telefonsex. Denn die BBS-Bedingungen stellen vor jeden anderen den Schreib-Akt mit HTP, Heiß Tippenden Partnern, die genau wie Dirk Scharfes schriftlich anfordern und den elektronischen Versprechen per Hand oder mit elektrischen Vibratoren nachhelfen: «Ich umarme dich, ich küsse dich!» – «Ich ziehe dir dein Hemd aus.» – «Oh, du bist wunderschön ...» – «Ich greife dir ...»

«Es erfordert schon einige Übung, zu tippen und gleichzeitig zu masturbieren», sagt Lisa Palac, Chefredakteurin der Cyberzeitschrift *Future Sex* und Produzentin der virtuellen Audio-CD «Cyborgasm», über die Sex-Hackerei. «Aber man kann es schaffen.»

Sexuelle Erregung, wenn sie am anderen Ende der Leitung erfolgreich erzeugt wird, verrät sich dann in einer zunehmenden Zahl von Tippfehlern. Alles andere jedoch überläßt die rudimentäre Sex-Technik der regen Phantasie; was in vielen Fällen durchaus besser sein dürfte. Außer vor Ansteckung durch Geschlechtskrankheiten schützt Cybersex nämlich seine Teilnehmer vor keiner Überraschung. Über Alter und Lebensform der Partner etwa ist nur so viel gesichert, daß sie, da sie sich ja schriftlich kundtun müssen, weder Vorschulkinder noch tot sind. Unklar bleibt, in Körpern welchen Geschlechts, welcher Rasse und welchen Alters die elektronisch geäußerte Lust sich versteckt und wo wiederum diese Körper selbst sich verbergen, in der Nachbarwohnung oder drei Kontinente weiter.

Weniger Schreibfleiß allerdings soll die realisierte Utopie der Teledildonik dereinst erfordern. Ihre Propheten träumen von einer Ekstase-Maschine, die den Cybernauten paarweise oder in größeren Gruppen die zuverlässige Flucht aus der lustlosen Realität ermöglichen soll. Dazu notwendig wären neben leistungsstarken Computern, die fotorealistische virtuelle Welten erzeugen, und rasanten Datenleitungen, die in Echtzeit übertragen, was in ihnen geschieht, vor allem Ganzkörperanzüge, gefühlsecht wie Kondome. Ihre Sensoren müßten einerseits jede Bewegung messen und übertragen und andererseits die taktilen Sensationen erzeugen, die die fernen Mitspieler oder ein fiktiver Softwarepartner stimulieren will.

Ist dergleichen erst einmal konstruiert – und praktikable Anfänge werden allerorten gemacht –, dann hätte die Menschheit, so hofft etwa Cyberpionier Howard Rheingold, «die erste ganzheitliche, integrierende, nichtpathologische Form von Ekstase» erschaffen und wäre damit in der Lage, «die in unserer zutiefst apollinischen Zivilisation lange unterdrückten dionysischen Energien zu befreien».

Wie solch virtueller Körperkontakt funktionieren könnte, das lassen der Einsatz von Computer-Simulationen in den asexuellen Sphären von Ausbildung, Forschung und Produktion vermuten. Beim Notfalltraining von Piloten und Polizisten, von Ärzten und Astronauten oder im Prototypendesign der Auto- und Flugzeugindustrie ist das Handeln in virtuellen Welten längst selbstverständlich: Bewehrt mit Videohelmen und High-Tech-Handschuhen, erfahren und erfühlen Auszubildende und Cyberdesigner von Computern generierte Objekte und manipulieren sie nach programmierter Lust und Laune.

Ebenfalls bereits beschränkt funktionsfähig ist Telepräsenz, das ferngesteuerte Handeln aus der virtuellen Realität heraus: Handgriffe und Handlungen, die Menschen in der physischen Sicherheit des Datenraumes vornehmen, führen vor Ort an ihrer Stelle mit

Videokameras bestückte Roboter aus, in brennenden Gebäuden etwa oder auf dem Meeresboden, im Weltraum, bei der Verbrechensbekämpfung oder gar an vorderster Front, wo traditionell die Hälfte aller verwundeten Soldaten verblutet, bevor sie zu den Feldkrankenhäusern transportiert werden können. Die amerikanische Armee, die große Summen in die Entwicklung von Tele-Operationstechniken investiert, hat den Prototypen eines Notfall-Lazaretts bereits erprobt, dessen Robot-Chirurg über Hunderte von Kilometern ferngesteuert werden kann.

Kommunikationsmittel und -wege, die vor Jahren noch hohen Kapitaleinsatz erforderten, werden zudem allmählich so erschwinglich, daß ihre Verwertung auf dem Konsumentenmarkt in greifbare Nähe rückt. Die Teleport Corporation offeriert etwa «Teledining»: Bis zu zehn Personen, die sich in verschiedenen Städten aufhalten, können sich zu einem virtuellen Essen treffen. Dazu verfügen sie sich an ihrem jeweiligen Aufenthaltsort in die dortigen «Telesuites», die Kombination einer pseudoitalienischen Kulisse mit einem rund 2,10 mal 1,20 Meter großen Rückprojektions-Monitor. Geschickt eingesetzte Spiegeltechnik läßt den Bildschirm als Verlängerung der Restaurantkulisse erscheinen und erzeugt bei den Teilnehmern den Eindruck, sie säßen in einem Raum am selben Tisch. Für die eingesetzte Netzwerktechnik ist IBM verantwortlich, die Qualität ist mit 30 Bildern pro Sekunde realistisch genug. Geplant ist die Installation von rund 120 solcher mehr oder weniger geschmackvollen Suiten in allen größeren nordamerikanischen Städten.

In entschieden geringerer technischer Qualität gehören «sexuelle Videokonferenzen» via Internet – im Prinzip elektronisch übertragene Partner-zu-Partner-Peepshows, bei denen die Beteiligten sich auf dem Bildschirm gegenseitig live beobachten können – ebenfalls längst zum Cyberalltag. Die Avantgarde jedoch treibt es zu Radikalerem, wie der Blick in Lisa Palacs *Future-Sex*-Magazin beweist, dessen Artikel und Anzeigen maschinelle Befriedigung aller Arten preisen.

Selbst in Deutschland existieren Pioniere, die unentwegt an der Gewinnung elektronisch vermittelter Lust werkeln. So wurde in

Köln das «CyberSM»-System entwickelt, ein Fernliebeapparatus, bestehend aus zwei Computern, Modems und knappen, Bikini-ähnlichen Sadomaso-Verhüllungen, die dank entsprechender Einsätze die erogenen Zonen stimulieren. Die Cybersex-PartnerInnen können unter verschiedenen attraktiven Körpern auswählen, mit denen sie sich auf dem Monitor des jeweils anderen dargestellt sehen wollen. Zur Sache kommt man, indem man das Bildschirmbild stimuliert, woraufhin der Cyberanzug am anderen Ende der Verbindung die entsprechenden Sensationen auslöst.

Gerade in Anbetracht der gegenwärtig recht primitiven Möglichkeiten zum technisch vermittelten Distanz-Sex scheint das allgemeine Bedürfnis nach virtueller Lustbefriedigung ungeheuer. Gefragt, ob er glaube, daß die Menschheit «neuroelektronischen Sex», wenn er denn möglich wäre, fleischlichen Kontakten vorziehen würde, antwortete William Gibson ohne zu zögern: «Selbstverständlich.» Und der *Spiegel* fragte seine Leser ängstlich: «Arbeitet die Evolution womöglich schon an einer neuen Spezies Mensch, die ihre Geschlechtsorgane nur mehr als Soloinstrument benutzt und die Befruchtung im Reagenzglas vollziehen läßt?»

Optimistischer stellt sich John Perry Barlow die Zukunft vor: «Ich meine, es wäre doch etwas Wundervolles, wenn wir über ein Kommunikationsmittel verfügten, das es mir ermöglichen würde, mit einem anderen, der weit weg ist, Liebe zu machen.» Der Arzt und VR-Experte Dave Warner stimmt ihm zu: «Diese Technologie könnte dazu benutzt werden, um Zuneigung und nicht allein Sex über die Entfernung zu vermitteln. Ich fände es toll, wenn ich jemanden umarmen könnte, quer über den Kontinent hinweg.»

Weniger selbstlos-liebe Konsequenzen möchte Bob Guccione, Herausgeber von *Penthouse*, aus der sich anbahnenden Paarung von Mensch und Maschine ziehen. Die Cybersex-Zukunft sieht er als eine Geldkuh mit großen Eutern, die sich endlos melken lassen.

«Im Cyberspace liegt eine große Betonung auf Sex», sagt er. «Neue Technologien werden immer von dem Interesse der Verwerter an Sex vorangetrieben. Man sehe sich nur die Filmkamera an. Das ist ganz natürlich.»

Die geschichtliche Wahrheit hat er zweifellos auf seiner Seite.

«Sex ist ein Virus», schreibt Gerard van der Leun, «der neue Technologien zuerst infiziert.» Kaum hatte Gutenberg die Druckerpresse in Gang gesetzt, spuckte sie schon Schweinereien aus; das gleiche passierte historische Sekunden nachdem die Lithographie die Vervielfältigung von Bildern ermöglicht hatte.

Der Fotoapparat hat uns Nacktes gleich aus seinen ersten Tagen überliefert, allein das Telefon konnte sich, vermutlich dank keuscher Fernmeldemonopole, eine Weile vor sexuellen Zustellungen retten – doch damit ist es bekanntlich vorbei. Die Videokassette scheint von vornherein zu keinem anderen Zweck erfunden worden zu sein, als um Pornos palettenweise in die Läden zu bringen, und die Videokamera erzeugte eine endlose Flut von Amateurpornos. Warum sollten der Cyberspace und die VR-Technik eine Ausnahme machen?

Bob Gucciones Utopie einer Verbindung von Computergrafiken mit ebenfalls computergesteuerter sensorischer Ganzkörperstimulation dürfte daher schneller Wirklichkeit werden, als die meisten glauben.

«Wir werden in der Lage sein, jeden gewünschten Effekt zu erzeugen», sagte er während einer *Online*-Diskussion: «Jeder wird Sex mit jedem haben können, den er begehrt. Schlafen mit Katharina der Großen, mit den Marilyn Monroes von Hollywood, alles so live wie unser Gespräch jetzt und vollkommen realistisch.»

«Fuzzy-Logic»-Entwickler und Extropianer Bart Kosko sieht das, wenn auch eher bedauernd, nicht anders: «In Zukunft», sagt er, «wird man sich das Pin-up-Girl nicht mehr in einer Zeitschrift anschauen, sondern sie in den Computer laden und sich mit ihr im Datenanzug vergnügen.»

Von dieser cyborgasmischen Zukunft sind Dirks fernübertragene Freuden allerdings noch weit entfernt. Abwechslung zum Selbstgetippten bieten allein erotische Kurzgeschichten, die andere CompuSexler an den elektronischen Schwarzen Brettern hinterlassen. Dirk schwärmt gerade von einer «Bullen-Bondage-in-Berlin»-Phantasie, die irgend jemand, von dem man nur weiß, daß er über ausreichende Deutschkenntnisse verfügt, in das «Adult Forum» von CompuServe geladen hat.

«Da wird eine junge amerikanische Touristin nachts auf einem Berliner Flughafen von einem Grenzpolizisten ‹bestraft›. Ich jage mal die besten Passagen durch.»

Border Guard: You did not want to comply wiz ze orders of a German police officer, Fraulein, don't complain now, zis is your own fault!
Tourist: <lip quivering>
Border Guard: <reaching over her> <fumbling with the top button of her blouse>
Tourist: <softly> please ... don't.
Border Guard: <slapping her> Haven't I made it clear that you are not to say No to me anymore?
Tourist: Ow! Yes!
Border Guard: You'll ASK me to fuck you hard, or your ass will be sorry for it!
Tourist: Ok ok. Just do it.
Border Guard: I don't hear a word, I'm waiting!
Tourist: Ow! Please fuck me!
Border Guard: <smile> See, you're learning!
Tourist: AHHhhhhhhhhhhhhhggggggggg!
Border Guard: <starting to ride her mercilessly>
Tourist: mmmmmmmm ... mmmmmmmmmmm
Border Guard: <moaning, groaning>
Tourist: <breathing rapidly> <muscles going wild>
Border Guard: Gott ... hast du eine enge Fotze, ahhhhh, das ist gut!
Tourist: <clenching hard>
Border Guard: <rapidly loosing control, going wild> Aaaaaah, Ahhhhh, gleich kommts mir!
Tourist: <screaming>
Border Guard: Mir koooommmts! AAAHHHHHHHHH!
Tourist: Oooooooooooo.

Wie die meisten Cybernauten fühlt auch Dirk sich als Avantgardist. Der stumpfen Masse von Computer-Illiteraten, die diese erotischen Wundergeräte bestenfalls für Buchführung, Adressenverwaltung oder zum Verfassen unfeuchter Schriftsätze nutzen, bringt er Verachtung entgegen. Dirk ist ein moderner Misanthrop. Er kennt erheblich mehr Leute, die er meucheln, als solche, mit denen er menscheln möchte. Mit seiner eifernden Liebe zur Elite steht er indes recht allein bei der amerikanischen Mehrheit, die er nachts in den Wartehallen zur Zukunft trifft. Ihr Ziel ist nicht elitärer Lebensraum im *Online*, sondern der elektronische «pursuit of happiness» als Menschenrecht: Cyberlust für alle.

«Vielleicht gleiche ich ein bißchen dem Grenzpolizisten <grin!>», gesteht Dirk, «und der wiederum ist sehr deutsch. Wir sind hier halt irgendwie böse und verbittert und gewinnen unsere Lust aus dem Unglück der anderen.»

18 Liebe ohne Ort. Unter Nomaden

«Mein Schlafzimmer daheim ist ganz aus dunklem Holz, im Stil eines französischen Landhauses. Die kühle Nachtluft weht durch die halboffene Terrassentür. Links neben der Tür habe ich einen dunkelgrün gekachelten Whirlpool gebaut. Um ihn herum ranken sich Schlingpflanzen und Blumen. Alles ist sauber und ordentlich. Auf dem Bett thronen drei, vier große Kissen vor dem unendlich weichen Federbett. Wie heute liege ich oft wach, in einem Hilton oder Sheraton oder Best Western, und träume von meinem Schlafzimmer am anderen Ende der Welt, von seiner warmen und erotischen Atmosphäre.»

Veronas eigenes Bett wartet irgendwo im fernen Europa, in ihm schlafen kann sie äußerst selten. Denn Verona ist eine Nomadin des Welthandels. Als Einkäuferin einer Firma, die ebenso Unterhaltungselektronik wie Steuerungssysteme für Maschinen von weit geringerer Friedfertigkeit herstellt, jettet sie 200 Tage im Jahr rund um den Globus. Ihre privaten Bedürfnisse befriedigen der *room service*, CNN und CompuSex.

Cyberanthropologisch ist Verona ein interessanter Extremfall, lebt sie doch die existentielle Ent-Ortung, von der das menschliche Verhalten in den Netzen und virtuellen Gemeinschaften zeugt, nicht nur im Cyberspace, sondern auch in der Wirklichkeit. Wie die Industrialisierung das soziale Geflecht zerstörte, das in der agrarischen Dorf-Ökonomie entstanden war, und statt dessen neue, um den großstädtischen Arbeitsplatz zentrierte Gemeinschaftsformen entstehen ließ, so erschafft das digitale Zeitalter virtuelle Gruppen und nomadische Gemeinden jenseits der alten Grenzen von Geographie, Nationalität, Rasse, Sprache oder Alter. Digitales Denken und Arbeiten findet im globalen «Welt-Raum des multinationalen Kapitals» (Frederic Jameson) statt – weshalb Wissensarbeiter «keine Länder kennen, nur Kunden» (Peter F. Drucker).

Diese wachsende Degeographisierung der digitalen Menschheit – politisch gleichbedeutend mit ihrer Entethnisierung beziehungsweise Entnationalisierung – signalisiert die Umkehr des langen Kulturprozesses der Diversifikation, seit dessen Ergebnis die Stämme und Nationen immer mehr trennt als eint. «Was für Jahrtausende auseinanderfloß», beschreibt Walter Truett Anderson in *Reality Isn't What It Used To Be* diesen Paradigmenwechsel, «begann wieder zusammenzufließen. Heute stehen all diese Kulturen Schulter an Schulter auf einem einzigen Planeten, der nun sehr klein erscheint ...»

Der ökonomische Sog produziert im Alltag seiner Protagonisten, was keine Politik oder Moral erzwingen konnte: einen zivilen Umgang über alle traditionellen Grenzen hinweg. Die blanken wirtschaftlichen Interessen des digitalen Zeitalters fordern so Kooperation statt Krieg, Kosmopolitismus statt Nationalismus.

Doch das ist natürlich nicht die Art und Weise, wie Verona selbst über ihr Leben denkt, schließlich reist sie als Zwischenhändlerin von Waffenelektronik in Sachen Massenmord. Im Gegenteil, ihr Kontakt mit den Völkern der Erde hat sie klare soziale und sexuelle Präferenzen entwickeln lassen, die von Rassismus nicht sehr weit entfernt sind.

«Ich bin eine große nordische Schönheit. Fast einsachtzig <g>.» Mehr will sie nicht verraten, auch nachdem ich ihr versichert habe, daß Thelo Velyrita nicht der Name eines, wie sie es ausdrückt, «knoblauchgeschwängerten griechischen Chauvis» ist.

«Was weiß ich», tippt sie mit berechtigtem Mißtrauen. «Wer XX-Chromosomen hat, wird *online* ständig angemacht, genauso wie im *rl.*»

Den Tag über müsse sie die Avancen irgendwelcher Dritte-Welt-Typen abwehren, die Frauen in ihrer Position nicht gewohnt seien. Da habe sie abends erst recht keinen Nerv mehr für testikulöse Attacken von der pubertären Art: «Wie ist deine Figur, laß uns unsere Phantasien teilen, ich möchte dich anketten, du sollst meine Füße küssen, mach deine Bluse auf, willst du mit mir in die *hot tub*? Wie ich das HASSE!»

Hot tub heißen private Kanäle, auf denen willige Partner miteinander in Clinch gehen können. Das Verhältnis von Frauen zu Männern liegt in den BBS irgendwo zwischen 1:8 und 1:20, was eigentlich Grund genug wäre, die Chauvi-Domänen zu meiden.

«Ich komme *nicht* hierher», sagt Verona, wobei die Sternchen nach E-mail-Konvention das «nicht» so fett wie möglich machen, «um mich als elektronische Nutte zu betätigen.»

«Sondern?»

«Um den Spaß zu finden, den ich will! Was nicht leicht ist. Woran man sehen kann, wohin es führt, wenn man den Kerlen den technischen Fortschritt überläßt ...» Sie denke aber nicht daran aufzugeben. Beruflich habe sie ja auch ihren Platz inmitten der Männer dieser Welt gefunden. «Ich bin es nur müde, mir immer wieder neue Partner zu suchen. Doch ab und zu brauche ich Sex. Und hier kann ich es, sooft ich will, mit denselben Typen treiben, egal, ob ich gerade in Hongkong, Seoul oder Singapur bin.»

Verona wartet auf John D. Er hat versprochen, gegen Mitternacht hereinzuschauen und es mit ihr zu machen. Mitternacht ihrer Zeit. Bei ihm in New York ist dann gerade Mittagspause. John D. ist spät dran, und Verona wird ungeduldig. Ende Dreißig ist sie, verrät sie unvermittelt, kurzhaarig und eher üppig, erfolgreich und erfolgreich geschieden, sterilisiert, energisch im Beruf, zärtlich und schutzbedürftig im Bett – außer wenn sie «%–|», also betrunken sei: «Was heute ein bißchen der Fall ist.»

Mehr als ein paar anzügliche Bemerkungen erntet sie mit ihrer Enthüllung nicht. Um diese Tageszeit ist wenig los in dem US-BBS, dessen Hochphase liegt um Mitternacht Ortszeit. In ein lokales Netz mag Verona aber nicht wechseln: «Asiaten und Araber törnen mich ab.»

Da endlich erscheint John D. Er ist in Eile. Eine dringende Arbeit, die keinen Aufschub duldet, erklärt er. Um den Auftrag nicht platzen zu lassen, müsse er dasselbe leider ihrem Rendezvous antun – John D. benutzt eine phantasievolle, nicht ins Deutsche zu übersetzende Kombination der Worte «blow» und «job».

Verona scheint inzwischen so chronisch aufgeregt, daß sie jederzeit in Brandenburg Ministerin werden könnte.

«Ich hatte vor Jahren mal eine tolle Erfahrung», sagt sie, kaum daß John D. ausgeloggt hat: «Mit zwei Schwänzen. Beide waren zugleich in mir, es war unglaublich gut, und ich hatte einen gigantischen Orgasmus!»

Beim CompuSex-Vorspiel gilt das geschriebene Wort, wie wenig wahr, schön und gut es im Zweifelsfall auch sein mag. Veronas frontale Mitteilung – halb Geständnis, halb Lockruf – verschafft ihr gleich drei willige Partner.

«Um ∗einen∗ Prinzen zu entdecken», sendet sie, «muß man oft eine Menge Kröten küssen <smile!>» – und verschwindet mit ihren neuen Gespielen, zwei interessierten Herren und einem, der zu allen Sklavendiensten bereit ist, solange er nur lauschen darf, eilig in eine *hot tub*.

19 Verbotene Freiheit. Von der Zukunft der Zensur

«Wir haben in den Siebzigern viel Gruppensex gehabt. <happy grin>», erzählen mir Patti und George mit dem leicht senilen Stolz der Veteranen. «Wir waren immer schon Pioniere, wir haben alles ausprobiert.»

In dieser Hinsicht scheinen sie sich bis heute treu geblieben. Unermüdlich wie einst Sisyphos rackern sich die Frühfünfziger ab, Tabus zu brechen, wo sie sie gerade antreffen. Doch alle frisch beseitigten Schranken baut die Gesellschaft der neunziger Jahre schneller wieder auf, als Althippies wie Patti und George sie abreißen können. «Wäre es nicht toll», fragen sie an, «wenn man in *rl* die Sachen, die einem nicht passen, genauso einfach anklicken könnte wie auf dem Computer und dann die Löschtaste drücken?»

Zum Beispiel würden sie gerne die Sittenwächter zum Verschwinden bringen, die den Cyberspace plötzlich als neues Betätigungsfeld entdeckt haben. Eine prüde Pornographie-Debatte, die spätestens seit den siebziger Jahren als abgehakt gelten konnte, bedroht nun die Freiheit an der letzten *frontier*.

«Wegen ein paar harmloser Bilderchen, wie man sie in jedem Pornoladen kaufen kann, wollen sie das weltweite Netz zensieren», schäumt George.

Er erzählt, daß vor einer Weile ein iranischer Mullah die amerikanische Regierung aufgefordert habe, Michael Jackson und Madonna auszuliefern, damit sie in Teheran für ihre in den USA veröffentlichten Obszönitäten zur Verantwortung gezogen würden. Damals habe man sich darüber halb totgelacht. Und *Time* wiegelte noch Mitte 1995 in einem Bericht über einschlägige amerikanische Internet-Zensurbemühungen ab: «Andere Länder auf dem Internet – Frankreich zum Beispiel – werden wahrscheinlich ebensowenig Interesse daran haben, die Mitteilungen ihrer Staatsbürger durch einen amerikanischen Zensor kontrolliert zu sehen, wie die Amerikaner daran interessiert sind, ihre Mitteilungen etwa von der saudiarabischen Regierung überwachen zu lassen.»

Der Chef des MIT Media Lab, Michael Negroponte, sah jedoch, ganz in Georges Sinne, schon frühzeitig den Ernstfall heraufziehen: «Die Frage der Bit-Polizei ist sehr bedeutsam, und wir wissen, wie bedeutsam, weil wir beobachten, wie das Rechtssystem hin und her zuckt wie halbtote Fische auf einem Dock.»

Ende 1995 war es dann soweit, einem der halbtot gewähnten Fische gelang der Sprung in die transatlantischen Wellen. Staatsanwälte aus der «Heimat des Bierhallenputsches», wie ein amerikanischer Kolumnist die bayrische Herkunft der Cyberzensoren kommentierte, zwangen CompuServe, seine in Connecticut stationierten Festplatten von angeblicher Internet-Pornographie zu reinigen; nach dem Motto: Heute zensieren wir Deutschland und damit die ganze Welt. Daß die bayrischen Moralhüter zu dem angeblichen Porno-Material auch die Mitteilungen von Behindertengruppen zählten, in denen die Probleme sexueller Selbsthilfe diskutiert wurden, machte die Brutalaktion nicht gerade beliebter.

«Aber für Kinder ist das nun mal nichts!» mischt sich Lana ein.

Patti und George scheinen sie gut zu kennen, auch ihre Argumente. «Der Cyberspace kann nicht moralisch besser sein als die Wirklichkeit», antwortet George. «Unsere Kinder müssen lernen, in einer freien, unzensierten Welt zu leben...»

«Es geht ja nicht nur um ein paar Bilder und Geschichten», wehrt sich Lana. «Ihr wißt genau, daß ein Haufen Pädophile versuchen, hier Kids aufzureißen...»

«Sicher», meint Patti, «doch Pädophile gibt's nun mal. Besser, sie treiben sich im Cyberspace herum als auf Kinderspielplätzen.»

«Am besten, Patti, sie treiben sich nirgends herum...»

«Lana! Willst du sie alle erschießen oder WAS?» fragt George etwas laut, weil in Großbuchstaben.

«Am meisten pumpen die Rechten sich sowieso wegen der Hunde auf», versucht Patti abzulenken.

«Was für Hunde?» frage ich.

«Die Schnüffler sind auf irgendwelche Geschichten gestoßen, in denen es um Sex mit Kötern geht», erklärt Patti. «Ich meine, wir haben auch zwei Hunde, und ich würde nicht wollen, daß sich irgendwelche geilen Kerle über sie hermachen. Aber, heh, das ist der Cyberspace, da haben Hunde sowieso nichts zu suchen...»

«Noch können wir *online* mit dem Feuer spielen, ohne befürchten zu müssen, daß wir uns die Finger verbrennen», sendet George. «Bald wird es damit vorbei sein. Dann werden wir gar nicht mehr wagen, offen über unsere Wünsche und Perversionen zu sprechen. Ich überlege jedenfalls, ob wir nicht besser unsere E-mail über anonyme Remailer verschicken, damit uns die Hexenjäger nicht auf die Spur kommen können.»

«Du bist paranoid, George, ein verwirrtes Phantom, das sich hinter seiner Tastatur verschanzt hat», schreibt Lana. «Du würdest dich glänzend mit Oliver Stone verstehen <smile>.»

«George hat recht. Wir müssen unsere Freiheit verteidigen!» sagt Michael5. «*Online* ist das letzte Paradies. Man kann hier alles tun, wozu man seit Jahren nicht den Mut hatte. Man kann passiv oder aggressiv sein, dumm oder witzig. Es ist alles egal. Keiner kennt einen, und keiner kümmert sich drum ...»

«Hi, Michael5. Wieder erholt <grin>?» begrüßt ihn Lana.

«Allzeit bereit, Süße ... Es macht einfach Spaß, sich neu zu erfinden, sich ein neues Leben zuzulegen, mit all den Gelüsten, die ich mir sonst nie gestatten würde. Später probiere ich dann manches mit meinem SO [= *significant other* = Partner] aus.»

«Ja, ich bin auch im Cyberspace ehrlicher und aufrichtiger, als wenn ich mit Männern im Bett liege», sagt Yvonne. «*Offline* kommt meinem Verstand immer wieder mein Körper in die Quere. Oder eben der Körper meines SO.»

«Muß nicht an dir liegen. Wie heißt noch mal das häßliche Ding, ganz am Ende des Penis?» fragt Lana. Und gibt gleich die Antwort: «Mann <smile>.»

«Manchmal wünsche ich mir, ich könnte meinen SO dazu überreden, hier mit mir einzuloggen», sagt Yvonne. «Damit er mal ausprobiert, was er mir in der ∗Realität∗ verweigert.»

«Frauen sind die geileren Tiere», wirft Jim2 ein. «Wäre manchmal selbst gern eine. Doch die Vorstellung, daß ich es in Korsett und Strapsen treibe, ist erheblich komfortabler, als es in Wirklichkeit zu tun.»

«Frauen, die klüger und stärker sind als die meisten Männer, haben es im Alltag schwer. Die Kerle versuchen alles, um uns runterzumachen», sagte Lana. «Im Cyberspace werden wir unsere Kraft entfalten können. Mächtige Dominas, die sich Dutzende von Sklaven halten.»

«Ihr solltet mich sehen», ruft Tom13, «ich bin eine achtzigjährige Lesbe mit einem Paar strammer Riesentitten!»

«Ich bearbeite deine Nippel», droht Lana. «Ganz langsam. Ich drehe und ziehe sie, bis sie so groß sind, daß ich daran meine Lederwaren aufhängen kann.»

Patti und George lieben Diskussionen wie diese, die langsam, aber sicher in C-Sex übergehen. «Besonders toll finden wir kuriose Themen. Neulich haben wir lange darüber diskutiert, ob Verkrüppelungen sexy sein können. Und ein andermal hat uns eine(r) detailliert die Freuden einer Geschlechtsumwandlung beschrieben.»

«C-Sex macht nicht alle Träume möglich», klagt Will. «Ich würde zum Beispiel gern einen Dreier machen. Mit meiner Frau und mir.»

«Du und deine Frau?» fragt Patti. «Das sind erst zwei!»

«Nein, meine Frau und mein Clone. Ich würde mich erst von mir selbst ficken lassen, und meine Frau würde zusehen. Und danach müßte sie es meinem Ebenbild besorgen.»

Sex mit sich selbst, dieser Wunsch paßt in das Weltbild von Patti und George. Denn wie C-Sex wäre auch die utopische Autokopulation «safer sex» – ein Palliativ gegen den Horror der Viren in Blut, Schweiß und Tränen, gegen die alles überschattende Furcht, daß nach dem Liebesaufschwung der Krankheitsfall komme.

«Wir sind bis oben hin voll mit Erregern. Ausnahmslos. Gesunden Sex können wir allein in Gedanken haben. Und um die zu äußern, sind die meisten von uns *offline* viel zu feige.»

Angesichts der globalen Durchseuchung phantasiert George künstliche Gespielen herbei, androide «Sexboter», von denen wohl nur noch die S&Mler «Rohboter» heißen würden.

Lana findet die Vorstellung, sich von einer Maschine befriedigen zu lassen, antigeil. Anlaß genug, dem C-Sex-Geplänkel eine neue Richtung zu geben. «Was wäre für euren Geschmack zu verrückt?» fragt sie in die simulierte Runde: «Gibt es was, das ihr nicht mal eurem SO zuliebe machen würdet?»

«Die meisten Sachen sind nur verrückt», meint Michael5, «wenn einer sie ausschließlich braucht. Ich meine, wenn er oder sie anders keinen Orgasmus kriegt.»

«Sonst finden wir das alles okay», stimmen JennyG. und KenBo zu. «Es macht doch Spaß, wenn mein SO Frauenkleider anziehen oder mich fesseln will oder verlangt, daß ich es ihm mit dem Vibrator besorge.»

«Bei mir liegt die Grenze am Wasser», sagt LizY. «All die Einläufe und Pipi-Sachen mache ich nicht mit. Das ist einfach eine Sauerei.»

«Gewagt bleibt alles», sagt Peter22, «wenn man es zwischendurch normal macht. Sonst wird das Gewagte gewohnt. Und Gewohnheit ist die Hölle.»

«Hey, JennyG. und KenBo!» beendet Patti das demoskopische Vorspiel: «Habt ihr Lust, mit uns zu kommen? George kaut schon eine ganze Weile wie verrückt an mir herum.»

20 Alles Ficktion. Denn die Kunst geht nach Geld

«Sicher, ich könnte das *Dekamerone* lesen oder die *Geschichte der O* und dabei onanieren, doch dann wäre ich ja alleine. Lesen macht asozial. Weshalb ich es mag. Aber nicht zum Sex, den liebe ich interaktiv.»

Bill unterrichtet Literatur an einem kleinen College. Nebenbei gibt er – unter weitgehendem Ausschluß selbst der interessierten Öffentlichkeit – eine winzige Literaturzeitschrift heraus. Er ist Anfang Dreißig, hat in Heidelberg und Berlin studiert und spricht ein wenig Deutsch. Seine E-mail-Diktion ist ebenso bestimmt wie überlegen.

«Die am meisten von Büchern faseln, lesen am wenigsten. Es gibt die Glorifizierer der Gegenwart und die Glorifizierer der Vergangenheit. Was die toll finden, interessiert mich nicht. Ich erwarte die Zukunft, und die größte Triebkraft für technische Neuerungen war schon immer der Sex!»

Was die Heraufkunft des Cyberspace bedeutet, dazu hat er eine eigenwillige soziologisch-evolutionäre Theorie. Das Leben in den globalen Netzen sei die einzige Möglichkeit, halbwegs hautnah schon heute die Zukunft zu testen – und wie stets seien es Randgruppen, die sich an den Vorgeschmack wagen: Einsame und Schüchterne, Häßliche und Übergewichtige, Blinde und Taube, zu Junge und zu Alte, zu Gebildete und sonstwie Behinderte.

«Den vom Computer erzeugten Sensationen gehört die Zukunft. Wir stehen kurz vor der Geburt einer neuen Form der Unterhaltung. Solange es Menschen gibt, gieren sie nach Mimesis, nach ‹fiction›, nach Phantasien, die sich als Wirklichkeit ausgeben. Dieses Jahrhundert brachte uns dann ‹faction›, Bücher wie ‹Kaltblütig› und Filme wie ‹JFK› oder ‹Forrest Gump›, in denen die Phantasie mit der Wirklichkeit unentwirrbar verschmilzt. Äußerst realistische Fiktion also. Das Beste aber kommt erst: die Paarung von Phantasie mit körperlicher Sensation. Hyperrealistisch. Eine neue Kunst. Ich weiß noch nicht, ob ich sie ‹fucktion› oder ‹Ficktion› nennen soll.»

Gerne schickt Bill jedem, der es wissen will, eine Erzählung, die er sich irgendwo heruntergeladen und so umgeschrieben hat, daß sie seine Vorstellungen von zukünftiger interaktiver «Ficktion» befriedigt:

«Letzte Nacht, nachdem ich gebadet und meine automatische Massage genossen hatte, fühlte ich mich ziemlich geil. Ich mußte heute erst spät zur Schule. Also schlüpfte ich in meinen Bodysuit und stöpselte mich an meinen Computer. Anders als die üblichen Anzüge, die schon recht gut dafür sorgen, daß der ganze Körper mitfühlt, hat meiner noch zusätzlich zwischen den Beinen eine Verbindung. Da kann ich den speziellen Schwanz-und-Eier-Handschuh anstecken, den mir Chrissy, meine ältere Schwester, zum Geburtstag geschenkt hat. Der besorgt mir dieses gewisse Extra-Gefühl.

Kaum hatte ich mich eingeloggt, sah, hörte und fühlte ich, daß in meinem Lieblings-Cyberspace eine wilde Swinger-Party in Gang war. Alles war extrem realistisch. Auch das Bild, das ich den anderen bot. Denn selbstverständlich hatte ich den Computer angewiesen, mein Äußeres so zu verändern, wie ich mich am liebsten sehe: Mitte zwanzig, muskulös, stark gebaut und am ganzen Körper kein einziger Pickel!

Unter all den schönen Menschen, die es in wilden Haufen miteinander trieben, faszinierte mich besonders eine Frau, die erst kurz vor mir den Raum betreten haben mußte. Sie trug ein durchsichtiges lila Kleid, das ihre üppigen, weißen Brüste und dunklen Nippel betonte. In der Körpermitte hatte es einen Schlitz, der den sorgsam frisierten Busch aussparte.

Schnell zog ich sie in eine Ecke, bevor die anderen sie entdeckten. Eine Weile wollte ich sie für mich allein. Während Pollys Finger meinen Körper erkundeten, verriet sie mir, daß sie sich von ihrem Arbeitsplatz, einer Umlaufbahn um den Mars, eingeloggt habe. Selbstverständlich glaubte ich ihr kein Wort. Sie konnte eine elektronische Tunte sein oder unsere ältliche Präsidentin. Doch wie gleichgültig: Die Illusion war perfekt, als sie ihr Kleid auseinanderschlug und ich langsam eindrang …»

Von den technischen Möglichkeiten ist Bills Utopie einer den ganzen Körper einhüllenden «Ficktion» nicht mehr allzuweit entfernt. Darauf legt er Wert. Denn mag der Cyberspace auch in manchem dem kommunistischen Reich der Gleichheit ähneln – wie die realexistierenden Sozialisten dessen Heraufkunft Jahr für Jahr weiter hinausschieben mußten, so lassen auch die vielverkündeten virtuellen Realitäten schon eine Weile auf sich warten –, ein entscheidender Unterschied besteht: Von den internationalen Unterhaltungskonzernen werden gegenwärtig viele Milliarden Dollar investiert. Finanziell besitzt der Entertainment-Teil des Cyberspace also bereits durchaus kapitalistische Realität, und selbst im gegenwärtigen Stadium seiner vollständigen Unterentwicklung erzielen ein gutes Dutzend Bulletin-Board-Systeme in den USA Gewinne von mehreren hunderttausend Dollar pro Jahr. Und ein paar hundert andere sollen 50 000 bis 150 000 Dollar abwerfen. Auf dem langen Marsch in den Cyberspace hat das *business as sexual* unter Adressen wie «The Backroom», «Night Life Adult BBS», «The English Palace» oder «Pleasure Dome» längst begonnen.

«‹Event Horizons› in Lake Oswege, Oregon, ist vielleicht das beste Beispiel», erzählt Bill. «Der Typ, der den Laden leitet, war früher Privatdetektiv und Journalist. Im Cyberspace hat er mit Computer-Horoskopen zum Runterladen angefangen. Dann ist er auf Nacktfotos umgeschwenkt. Jetzt hat er zig Telefonleitungen laufen und bringt es auf einen Jahresumsatz von dreieinhalb Millionen Dollar – das Ganze mit ein paar lausigen PCs.»

Selbstverständlich sei das Unternehmen barbarisch und banal und habe mit wahrer Televirtualität – also mit hyperrealistischen Simulationen, die über Fernleitungen vermittelt werden – so viel zu tun wie ein Hot Dog mit dem Abendmahl.

«Solange wir noch versuchen, uns Körperkontakte zu verschaffen, benutzen wir C-Sex als eine Art interaktive Wichsvorlage. Das Ziel muß sein, unsere Körper zu überwinden.»

21 Anonyme Intimitäten. Oder: Wer ist wer und wo ist Gott?

Wenn nicht ihr williges Fleisch, so doch ihr eigenes Selbst haben nicht wenige der geilen Cybernauten schon hinter sich gelassen. Wer Dirk und Oliver, Patti und George, Verona und Bill wirklich sind und was sie tun, wenn sie ausgeloggt haben und der Saft aus ihren Computern entwichen ist? Männlich oder weiblich, weiß, schwarz oder gelb, jung oder alt, behaart oder kahl? Ich weiß es nicht, denn im Cyberspace ist jedes Selbstbild retuschiert, jede Identität ein Ideal. Hier bist du, was du tippst.

Verona mag Hausfrau in Verona, South Dakota, sein und davon träumen, einmal im Leben nach Asien zu fliegen. Der Leipziger Student Dirk könnte als emeritierter Medizinprofessor in Wien wohnen – seine Deutschkenntnisse wie die der weiblichen Anatomie waren zweifellos fundiert. Patti und George stelle ich mir als halbwüchsige Geschwister vor, die in einer kalifornischen Vorstadt mit viel Intelligenz die Selbstverwirklichungserfahrungen ihrer hippieesken Eltern recyceln. Oliver wäre mir als Informatikprofessor sympathisch, der seiner Jugend und Unschuld nachsehnt. Und Bill? Ja, bei Bill, da vermute ich sogar, daß ich ihn kenne.

Sicher ist nur eins: *Ich*, Thelo Velyrita, ich existiere nicht. Leidlich hübsch, mäßig intelligent, von Beruf Tänzerin und auch sonst recht leichtfüßig, so habe ich mich meinen Opfern präsentiert: Thelo Velyrita – The Lovely Rita. Doch was änderte das schon? Wer ein paar hundert Stunden per Modem rund um den Globus gelustwandelt ist, gewinnt vor allem eine sinnliche Erfahrung: die von der Allmacht des Durchschnitts. Wenn es auf Sex hinausläuft, verkommen selbst originellste Individuen zu statistischen Fällen. Schlichtweg vergebliche Liebesmüh ist deshalb die Erforschung der HWIs, der Häufig Wechselnden Identitäten.

Auch zukünftiger Cyberspace dürfte nicht gerade zum Ort unangenehmer Wahrheiten und Selbstfindungen werden. Anhand von Fakten und mit Hilfe unserer kleinen grauen Zellen, so vorhanden, werden wir dort keine Identitäten ermitteln können. Nicht mal die eigene. Aber vielleicht SEINE?

Paul glaubt daran. Er träumt nicht von besseren Orgasmen, die nimmt er nur nebenbei mit. Seine Sehnsucht richtet sich auf Gott, auf die Verschmelzung von Kybernetik, Biogenetik und Mystik. Die Neurophysiologie, sagt er, habe entdeckt, daß sich im menschlichen Gehirn eine Schicht verberge, das «dorsal raphe nucleus». Durch sie hindurch machten wir die Erfahrung der Einheit mit Gott und dem Planeten. Als Teil der humangenetischen Programmierung sei dieses Stück Gehirn für den Durchbruch von der Oberflächenrealität zum Heil eingerichtet. Elektronische Stimulation könne die Region nun mit einem Neurotransmitter namens Serotonin überfluten und so die ersehnte Verbindung gezielt auslösen – zu höheren Sphären, zur All-Erfahrung.

«Wir müssen unsere Köpfe kontakten, mit menschlichen Interfaces, die es uns erlauben, unsere Gehirne an die endlosen elektronischen Kreisläufe anzuschließen und damit zugleich untereinander zu verbinden», fordert Paul, der von sich selbst in aller Bescheidenheit behauptet, er sei «ein Techniker des Jenseits im Diesseits»: «Dann erst können wir wieder traumhaft freie Territorien entdekken. Hier auf der Erde, in uns selbst.»

Nichts scheint in der Tat die Masse der Cybernauten stärker in die Netze zu treiben als eine unbestimmte Sehnsucht nach Kommunikation. *Online-Shopping* und die neuesten Nachrichten, Bibliotheken und Zeitschriftenarchive – all diese nützlichen Angebote werden nur von einer Minderheit genutzt. Die Massen strömen in die Quasselbuden des Cyberspace.

Für die unübersehbare Tendenz zur Gemeinschaftsbildung hat Paul eine einfache Erklärung parat: «In der Wirklichkeit vereinsamen wir. Das durchschnittliche Ehepaar, habe ich neulich gelesen, redet pro Woche gerade mal eine halbe Stunde miteinander. Materie trennt, *online* aber befreien wir uns von unserer polarisierenden Körperlichkeit und vereinigen uns spirituell.»

Obwohl viele Avantgarde-Cybernauten Pauls mystischer Mixtur skeptisch gegenüberstehen dürften, die psychologische Bedeutung der Netze haben sie so gut wie alle im eigenen Kopf erfahren.

«Ich bin immer weniger zufrieden mit den oberflächlichen gesellschaftlichen Kontakten», meint etwa Cybrarian – i. e. Cyber-Bibliothekarin – Reva Basch, Autorin des Buchs *Secrets of the Super Searchers*: «*Online*, besonders im ‹Well›, geht man den Sachen mehr auf den Grund … Da hat man tiefe, tiefe Gespräche über bestimmte Themen. Ich merke, wie das meine Beziehungen zu *Offline*-Freunden beeinflußt, vor allem mit Leuten, die ich eine Weile nicht gesehen habe. In vielen meiner *Face-to-face*-Beziehungen fehlen mir einfach die Tiefe und der Kontext und die Kontinuität. Ich glaube, daß sich die gesamte Qualität der zwischenmenschlichen Beziehungen verändert. Was die entstehende Modem-Gemeinschaft so viel intimer macht? Nun, zum Teil sicher die Anonymität, und zum anderen Teil die Asynchronität – man kann *offline* gutformulierte, überdachte Mitteilungen komponieren.»

Das massenhafte Psychobedürfnis nach anonymer Intimität und elektronischer Fernnähe geht über Klatsch und Tratsch und Flirt allerdings weit hinaus und reicht bis zu verzweifelten Hilferufen und Selbstmorddrohungen wie jener von Sara Reynolds. «Ich gebe auf», verkündete die damals fünfunddreißigjährige Verwaltungsangestellte Weihnachten 1994 über das Internet. Binnen Stunden erhielt sie eine Flut besorgter E-mail und elektronischer Tröstungen. «Ich wollte nicht, daß sich jemand verantwortlich fühlte, wenn ich tot wäre», sagt Sara Reynolds. «Deshalb dachte ich, ich warte damit ein Weilchen.»

«Virtuelle Therapie», von der *Los Angeles Times* zum «Selbsthilfeweg der neunziger Jahre» erklärt, ist ein durchaus weites Arbeitsfeld geworden, auf dem sich Hunderte von Freiwilligen wie die Psychotherapeutin Jean Hantman aus Philadelphia engagieren und auf dem sich auch kommerzielle Anbieter wie «ShrinkLink» tummeln. Es gibt spezielle Treffpunkte für Drogensüchtige, Depressive und Aidskranke, für Opfer sexuellen Mißbrauchs und für Menschen mit Eßstörungen.

«Ich habe sehr wenig Vorbehalte gegen diese Art Selbsthilfe», sagt Avidah Offit, Assistenzprofessorin für Klinische Psychiatrie an der Cornell University und Autorin des E-mail-Romans *Virtual Love*: «Ich bin der Ansicht, daß es eine sehr vereinigende, sehr wichtige neue Art und Weise ist, auf die sich Menschen untereinander über ihre Probleme verständigen können.»

Noch größer ist die Anhängerschar weniger rationaler Selbsthilfe im Cyberspace. Unwiderstehlich ziehen die Netze religiöse Menschen aller Spielarten an, Asketen und Paganisten, Häretiker, Hexenbewegte, Teufelsanbeter, Voodooisten, New Ager, Scientologen, fundamentalistische Moslems und fundamentalistische Christen. Um den epidemischen spirituellen Hunger zu stillen, haben sich in der Virtualität bereits über 700 Kirchen und Sekten etabliert.

«Vieles, was in der Computerwelt geschieht, besteht darin, Materielles zu nehmen und daraus Immaterielles zu machen», erklärt John Perry Barlow die Affinität zwischen Computern und Göttern. «Heute wird das Fleisch so gewissermaßen Wort.»

Seit jeher stehen körperlose Botschaften im Mittelpunkt spiritueller oder mystischer Kulte. Die geradezu magischen Modem-Möglichkeiten, über unendliche Distanzen mit anderen Lebewesen zu kommunizieren, direkt von Geist zu Geist, wecken daher mit einer gewissen Zwangsläufigkeit religiöse Assoziationen.

«Ich habe Seelendaten durch Silicon empfangen», erklärt Kevin Kelly kühn. «Ihr mögt überrascht sein, über welche Mengen von Seelendaten wir in diesem neuen Raum verfügen.»

Paul geht noch einen Schritt weiter: Der Cyberspace überträgt seiner Ansicht nach nicht nur Seelendaten, in ihm entwickelt sich eine neue, transhumane Kollektivseele.

«Die Evolution, die uns diesen neuen Lebensraum eröffnete, verfolgt damit ein klares Ziel – jeden mit jedem, alles mit allem zu verbinden. Auf unserem Planeten entsteht Stück für Stück ein gewaltiges pulsierendes Bewußtsein, das in seiner Gesamtheit viel mehr ist als die Summe seiner Teile. Wir erzeugen eine spirituelle Wahrheit in einem säkularen Universum!»

«Omega-Punkt?» schrieb ich ihm zurück: «Gaia-Hypothese? Pierre Teilhard de Chardin?»

«Ja. Dreimal ja», antwortete er: «Es hat dem Papst nicht geholfen, daß er den alten Mann in die Wüste Gobi verbannte. Alles, was Chardin beschrieb, wird jetzt Wirklichkeit: ‹Ist das nicht wie ein großer Körper, der geboren wird – mit seinen Gliedern, seinem Nervensystem, seinen Wahrnehmungsorganen, seinem Gedächtnis – der Körper in der Tat jenes großen lebenden Dinges, das gekommen ist, um die Sehnsüchte zu erfüllen, die in dem denkenden Wesen durch sein neuerlich erworbenes Bewußtsein geweckt wurden?›»

Schon Marshall McLuhan habe das erkannt. Was sei denn seine Vision eines globalen Dorfes anderes, fragt Paul, als ein evolutionärer Sprung des ökologischen Systems der Erde, die Entstehung eines Superorganismus? «Und zwar glaube ich, daß wir dieses Kollektivhirn dadurch verwirklichen werden, daß wir unseren Gehirninhalt auf die Netze laden.»

Direkt von Lustzentrum zu Lustzentrum werde die gegenseitige Erregung dann verlaufen, schwärmt Paul: reine Sprachkontakte und Bewußtseinsficks, die Verschmelzung von Simulation und Stimulation, vollständig klassen- und rassen-, grenzen- und schrankenlos. «Indem wir uns vernetzen, werden wir in unserer Gesamtheit, was kein einzelner von uns war: ein echter Gesprächspartner für Gott!»

«Und wenn wir uns mit ihm nichts zu sagen haben? Wie jetzt schon mit den meisten Menschen?»

Paul deckt diesen Einwurf mit einem Schwall euphorischer Worte zu. Der Anbruch des immerjüngsten Tags stehe bevor, die Befreiung von der Last des Alters, des Geschlechts, vom Alptraum unserer sterbenden Körper.

«Wir haben die Welt erobert, und der Sprung ins All scheint unserer Generation nicht mehr zu gelingen. Cyberspace ist daher unsere *final frontier* – die ultimate Herausforderung, die Große Grenze, die wir überschreiten müssen, um den Tod zu überwinden und Gott zu finden. Das ewige Leben ...»

Für einen Augenblick stoppt der Strom der Daten, dann folgt, als habe eine andere Hand die Tastatur ergriffen, ein letztes «<lol!>».

IV Cyberzombies

Auferstehen von den Toten

«Alles stirbt, mein Kind,
das ist von der Wahrheit ein Stück,
vielleicht jedoch find't,
was stirbt, später wieder zurück.»
Bruce Springsteen

22 Kalt in Kiel. Klaus Reinhards Todeswunsch

«Zu sterben, darin kann ich keinen Sinn entdecken», sagt Klaus Reinhard. Der Diplominformatiker ist 35 Jahre jung und wirkt mit seinen schlanken ein Meter achtzig alles andere als gebrechlich. Die Wahrscheinlichkeit, daß der Große Gleichmacher bei ihm bereits in der näheren Zukunft vorbeischaut, dürfte gering sein. Die meisten Männer in seiner Situation würden sich statt aufs Sterben mehr aufs Leben kaprizieren. Doch Reinhard ist Kiels einziger Kryoniker. Wie so viele Cyberianer träumt er davon, dem Tod ein kühl kalkuliertes Schnippchen zu schlagen. «Kryos» ist griechisch und heißt kalt. Für rund 60 000 Mark will Klaus Reinhard sich von einer US-Organisation namens Alcor einfrieren lassen – um unbehelligt von den Beschwernissen unserer rückständigen Gegenwart mit seinem Leben fortzufahren.

«Das Ende der Unfreiheit» und «Zeiten der Fülle» erwartet der Kieler – wiederaufgetaut – im zweiten Akt seines Daseins: eine «Ära des neuen Humanismus» ohne Armut, ohne Wehrpflicht, ohne Krieg. «Außerdem wird der einzelne zu höheren schöpferischen Leistungen fähig sein, weil er bei jugendlicher Vitalität zu den Einsichten des Alters gelangen kann.»

Reinhards intensive Beschäftigung mit dem eigenen Ableben und dem, was danach geschehen mag, kann sich daher nicht aufs Grübeln beschränken. Ihm muß es um aktive Vorsorge gehen. Für den Fall des Todesfalles liegt ihm an einer Variante, die gemeinhin als besonders elendig gefürchtet wird – langsames, schleichendes Sterben:

«Ich hoffe nur, daß der Tod mich nicht überrascht.»

Denn ein plötzlicher Exitus an der Waterkant könnte seine Chancen auf ein zukünftiges, wenn nicht ewiges Leben drastisch mindern. Gehängt, gepfählt, gevierteilt, enthauptet oder schlicht erschossen wurde in Kiel zuzeiten so gut und reichlich wie andernorts. Auferstehungen hingegen sind – im Gegensatz etwa zu Jerusalem, Lourdes und Hollywood – aus der ostseeumschlungenen Viertelmillionenstadt bis dato nicht vermeldet worden. Wie auch sonst kaum Bemerkenswertes. Der Umschlag an schrillen oder ungewöhnlichen Ideen fällt hinter dem handfester Güter rund um den Böllhörnkai weit zurück. Allenfalls Spuren dessen, was Asylanten aus dem Süden «deutschen Frohsinn» nennen, lassen sich im Dunstkreis zwischen Wehrbereichsverwaltung I sowie Wasser- und Schiffahrtsdirektion beobachten. Die tödliche Tristesse des Alltags im hohen Norden macht es wenig verwunderlich, daß viele Kieler – vom Mallorca-tollen Rentner bis zum meineidigen Ministerpräsidenten – zum Sterben das Weite im Rest der Welt suchen. Ungewöhnlich, ja außenseiterisch wie Klaus Reinhards Leben sein mag, im Tod will er ebenfalls die Stadt fliehen:

«Ich würde, wenn es irgend geht, in meinen letzten Lebenstagen nach Arizona fliegen», sagt Klaus Reinhard.

Und falls der Tod ohne jede Vorwarnung kommt?

«Dafür habe ich hier in Kiel mit einem Bestattungsinstitut eine Vereinbarung getroffen. Die legen mich sofort auf Eis, um weitere Schäden zu verhindern, und befördern mich in einem mit Trockeneis gefüllten Behälter in die USA.»

Getreu dem plattdeutschen Wahlspruch im Kieler Ratskeller: «Dat is noch lang nicht daan, dat fangt erst an to gaan», begänne dort, in Alcors Lager der lebenden Leichen, Klaus Reinhards «kryonische Suspension».

Suspension heißt laut Duden «zeitweilige Aufhebung». Sie findet, nach vorheriger Abkühlung des «Patienten», in einem Bad aus flüssigem Stickstoff statt. Kryoniker vergleichen die Suspension mit einer Rettungsaktion, die den Sterbenden statt ins Hospital um die Ecke, wo man ihm nach heutigem Wissensstand nicht mehr helfen kann, in die Zukunft transportiert. Und zwar um so viele Jahrzehnte oder nötigenfalls Jahrhunderte, bis unsere Nachfahren

Krebs, Aids und auch das Altern, die Krankheit des Lebens, besiegt haben werden.

Die Mehrheit der gegenwärtigen Schulmediziner hält das Konzept der kryonischen Zeitmaschine selbstredend für Humbug, Scharlatanerie, eine futuristische Version von Geldschneiderei, und jede andere Haltung der weißen Götter wäre ja selbst ein medizinisches Wunder.

Den gefrierfeindlichen Vorwürfen stellen die Kryoniker mehrere Argumente entgegen. Nicht das geringste lautet: Alcor ist eine Stiftung und darf nach amerikanischem Recht keinerlei Gewinn machen. Daß die aktiven Mitglieder meist ehrenamtlich tätig sind und die Jahresgehälter der Handvoll Festangestellten zudem mit rund 14 000 Dollar an der Armutsgrenze liegen, läßt weiterhin am Profitmotiv zweifeln.

Bliebe der Vorwurf der Scharlatanerie. Auf die Konservierungsmethode bezieht er sich ausdrücklich nicht. Denn daß die «Patienten», schwimmen sie erst einmal bei minus 196 Grad Celsius in den Stickstofftanks, tatsächlich der fernen Zukunft dekompositionsfrei, also ohne weiteren Zellverfall entgegentreiben, ist offizieller Forschungsstand von Kryobiologie und Kryogenik. Und diese gelten, im Gegensatz zur Kryonik, als exakte Wissenschaften.

Kryogeniker, die sich mit den Eigenschaften der Materie bei extrem niedrigen Temperaturen beschäftigen, haben beachtliche Ergebnisse bei der Nahrungsmittelkonservierung und im Energietransport erzielt. Noch weiter reichen die Erfolge der Kryobiologen. Die Kältekonservierung von Blut, Zellmaterial und menschlichem Samen ist derweil eine Standardprozedur. Trotz intensiver Bemühungen ist es aber bis heute keinem Kryobiologen gelungen, komplette Organe wie Nieren oder Herzen so tiefzukühlen, daß sie nach dem Wiederauftauen funktionsfähig wären.

Sind die Gefrierverfahren der Kryoniker im Prinzip unumstritten, so bleibt fraglich, wer oder was da konserviert wird. Ein Haufen totes Gewebe beziehungsweise ein lebloses, von Gefrierbrand geschädigtes Gehirn? Oder ein winterschlafendes Individuum samt Persönlichkeit und Gedächtnis?

«Der Glaube, Kryonik könne jemanden wiederbeleben, der eingefroren wurde», sagt etwa Arthur C. Rowe, Direktor des kryobiologischen Rote-Kreuz-Instituts in New York, «ist so ziemlich dasselbe wie die Idee, aus einem Hamburger wieder eine Kuh zu machen.»

Die kryonische Utopie sieht das weniger kleinklein. Sie lebt von dem Glauben, daß wir am Vorabend einer der größten technischen Revolutionen der menschlichen Existenz stehen. Gewaltige wissenschaftliche Fortschritte werden in den kommenden Jahrzehnten und Jahrhunderten der Menschheit die Kontrolle über ihr eigenes Schicksal geben. Die Genforschung schickt sich an, die Todesstrafe aufzuheben, die heute unser aller Existenz bedroht. «Wir werden kein hilfloses Vieh mehr sein», heißt es in einer kryonischen Broschüre, «das sich von einem gleichgültigen Universum zur Schlachtbank führen läßt.»

Doch selbst wenn das Leben dereinst ewig währte: Wer Krankheiten heilen und den Alterungsprozeß am Zeitgenossen aufheben kann, vermag noch lange nicht, die Tiefkühlleichen aus den kryonischen Tanks ins Leben zurückzuzaubern. Klaus Reinhards Chancen scheinen gering.

Woher rührt sein totaler Wille zur ewigen Existenz?

«Ich glaube, niemand stirbt gerne», sagt er.

«Aber nicht jeder zieht dem Normalgrab eine kapitale Roßkur mit anschließender Tiefkühlung vor...»

«Gut. Da ist ein besonderer Schock, aus der Kinderzeit.» Klaus Reinhard atmet tief durch: «Meine Großmutter ist gestorben. Und alle fanden das ganz natürlich. Die taten so, als wäre der Tod etwas Unvermeidliches.»

«Ist er das nicht?»

«Meine Großmutter wollte nicht sterben!» Und leiser: «Was ich viel natürlicher fand.»

Reinhards Widerwille gegen das Sterben wuchs, als auch er bald darauf schwer krank wurde. Er erkannte: «Die Wahrscheinlichkeit ist gering, daß die Medizin in meiner Lebenszeit, sagen wir mal in den nächsten 50 Jahren, den Durchbruch zum unbegrenzten Leben schafft. Ich mußte also etwas finden, um die Zeit zu überbrücken.»

Im Schulunterricht lernte er, daß bei den Temperaturen, die flüssiger Stickstoff erzeugt, alle chemischen Reaktionen aufhören. In Science-fiction-Romanen las er von der dazu passenden Anwendung: dem Einfrieren ganzer Raumschiffbesatzungen, die so den lichtjahrelangen Trip zu anderen Sonnensystemen verschlafen, um dort auftaufrisch anzukommen. Klaus Reinhard beschloß, der Kryonik mehr Aufmerksamkeit zu widmen. Im Kieler Amerika-Haus besorgte er sich die Adresse von Alcor. Am Ende seines privaten Forschungsprojekts schrieb er gar ein Buch: *Wie der Mensch den Tod besiegt. Technische Verfahren zur Unsterblichkeit.*

Das längst vergriffene Werk erschien 1987 in Wien, jener geheimnisvollen Stadt, die recht eigentlich um den Zentralfriedhof herumgebaut ist und deren Ureinwohner eine intimere Beziehung zum Tod haben als die schon lebend kalten Norddeutschen. Ausführlich schildert Reinhard darin verschiedene Verfahren, mit deren Hilfe «alle im Gehirn eines Menschen gespeicherten Persönlichkeitseigenschaften, Erfahrungen und Erinnerungen» aufgezeichnet und «diese Gehirninformationen in das Gehirn eines neu erschaffenen Körpers» übertragen werden könnten. Für die Zeit, bis eine solche «Seelenübertragung» technisch möglich sei, schlägt er die Einrichtung von zentralen Sammelstätten für provisorisch tiefgekühlte Schädel vor:

«Ein Dormitorium von der Größe eines Würfels mit dreißig Meter Kantenlänge nimmt eine Million Gehirne auf, wobei der Platzbedarf für ein Gehirn großzügig mit dreißig Zentimeter mal dreißig Zentimeter mal dreißig Zentimeter veranschlagt wird.»

Menschheitsgeschichtlich sieht Reinhard die zukünftige Immortalität als eine normale und fällige Entwicklungsstufe an. «Unsterblichkeit», zitiert er zustimmend den Transhumanisten F. M. Esfandiary alias FM-2030, «ist lediglich eine weitere Phase der Evolution und nicht spektakulärer als der aufrechte Gang oder die Fähigkeit des Sprechens; und sicherlich viel weniger aufsehenerregend als etwa das Auftauchen des Lebens aus der unbelebten Materie.»

Was er sich von der Unsterblichkeit ganz persönlich erhofft? Klaus Reinhard zögert, als gebe es da Dinge, die er lieber nicht beim Namen nennen möchte.

«Ich will ganz neue Erfahrungen machen», sagt er dann.

«Welche?»

«Das kann man sich heute gar nicht alles vorstellen.»

Genauer beschreibt Keith Lofstrom seine Hoffnungen in der Zeitschrift *Cryonics*. Er möchte dereinst erzählen können, «wie es war, in einer Gesellschaft mit Sozialisten, Homosexuellen-Feinden, religiösen Fanatikern, Fleischfressern und all den anderen Verirrten zu leben, von denen ich mal annehme, daß sie in hundert Jahren verschwunden sein werden...»

«Könnte das neue Dasein nicht darin gipfeln», frage ich Klaus Reinhard, «in jener fernen Epoche als Steinzeitmensch bestaunt und wie ein Zirkustier vorgeführt zu werden?»

«Die Alternative finde ich schlimmer.»

«Welche Alternative?» wende ich begriffsstutzig ein.

«Für immer tot zu sein.»

Zu einigen neuen Erfahrungen kam Klaus Reinhard bereits in diesen, seinen ersten Lebzeiten – als sich bei Bekannten und Verwandten herumsprach, daß er seinen Körper Alcor als Organspende vermacht und zudem eine Lebensversicherung zugunsten der US-Stiftung abgeschlossen hatte.

«Die halten Sie für etwas Besonderes, für außergewöhnlich?»

«Also, ähh, das kann man sagen...» Klaus Reinhard lacht.

Seine unermüdlichen Versuche, in Kiel weitere Kryoniker anzuwerben, sind bislang fehlgeschlagen. Der Einwand, dem er am häufigsten begegnet, zeugt von einer typisch deutschen Verzagtheit der Zukunft gegenüber.

«Die haben Angst vor dem, was sein wird. Die meinen, das werde alles schlimmer», sagt Klaus Reinhard. «Dabei zeigt die Geschichte einen klaren Trend zur Verbesserung. Das Leben in der Zukunft wird entschieden angenehmer sein als in der Gegenwart.»

«Wozu nicht viel gehört», stimme ich zu.

«Wenn alle so denken würden...», sagt er mit einem leichten Seufzen.

Seine eigenen Eltern zeigten sich hartnäckig uneinsichtig und verweigern den Sprung ins kalte Wasser beziehungsweise in den Stickstoff. Der Vater schätzt die Wahrscheinlichkeit für zu gering ein, daß kryonische Zeitreisende je wieder aus dem Tank herauskommen und das Licht der neuen Welt erblicken werden. Die Mutter hingegen argumentiert religiös.

«Sie glaubt noch», sagt Klaus Reinhard, «an eine Art von Seele.»

«Und hat Angst, tiefgekühlt die himmlische Ewigkeit zu verpassen?»

«Nein, das nicht. Selbst wenn sie eine Milliarde Jahre lang leben würde, ist das in den Begriffen eines Gottes und der Ewigkeit ein kurzer Augenblick. Das Nachleben käme eben ein bißchen später.»

«Warum verweigert sie dann das kryonische Experiment?»

«Weil sie es doch für überflüssig hält», sagt Klaus Reinhard. «Da sie meint, ohnehin das ewige Leben zu haben...»

Diese oder eine ähnlich defätistische Ansicht hegen die Bewohner der Alten Welt eher als die der Neuen. Klaus Reinhard ist nicht nur Kiels einziger Kryoniker. Er stellt glatte 50 Prozent aller bundesrepublikanischen Alcor-Mitglieder dar. Was die Kryonik angeht, gibt ganz Mitteleuropa ein Musterbeispiel für Unterentwicklung. Das Zentrum der Bewegung liegt in den USA. Dort residieren sämtliche Organisationen, die gegenwärtig technisch zur kryonischen Suspension in der Lage sind: TransTime im nordkalifornischen Oakland, BioPreservation im südkalifornischen Rancho Cucamonga, das Cryonics Institute in Michigan sowie Alcor in Phoenix.

Die Stiftung ist der unbestrittene Marktführer. Mit 1995 knapp 400 lebenden und 28 suspendierten Mitgliedern erzielt sie weltweit einen Marktanteil von gut 75 Prozent. Die überwiegende Mehrheit der Alcorianer sind Amerikaner. Hochburgen der Gefrierfreunde bilden mit je 13 Mitgliedern auch Australien und Großbritannien, wo Alcor in Sussex sogar eine eigene Tiefkühl-Dependance unterhält. Kanada mit zehn und Spanien mit sechs Kryonikern rangieren im hinteren Feld. Die Schlußlichter setzen Japan und Deutschland mit je zwei Kühl-Kandidaten.

Die Möglichkeiten, sich in deutschen Landen nach allen Regeln der Gefrierkunst suspendieren zu lassen, sind dementsprechend beschränkt. Doch zwischen der waidwunden Flucht des Sterbenden nach Phoenix und einem Tod in Kiel, der in den Händen eines willigen, aber ungeschulten Leichenbestatters endgültiger werden könnte als geplant, bietet sich Klaus Reinhard eine dritte Chance.

«Wenn es mit mir zu Ende geht, kann ich mir ein Rettungsteam aus Phoenix hierher bestellen. Die warten an meinem Krankenbett. Und nach meinem Tod können sie sofort den ersten Teil der Gefrierschutzbehandlung vornehmen...»

23 Deanimation. Erste Schritte ins ewige Eis

«Eine Sache, die Kryoniker gemeinsam haben», sagt Tanya Jones, «ist die ungeheure Sturheit, mit der sie am Leben hängen.»

Die resolute Blondine weiß, wovon sie spricht: Als Leiterin von Alcors Letzte-Hilfe-Team hat sie so manche Nacht vergeblich darauf gewartet, daß ein Kryo-Patient in spe seinen Todeskampf aufgab. Sollte Klaus Reinhard das Pech haben, in den nächsten Jahren zu sterben, wäre es wohl Tanya Jones, die zusammen mit einigen Helfern aus Arizona an die Förde geflogen käme, um ihn vom Leben ins Eis zu begleiten.

Voraussetzung dafür, daß Alcor diesen Aufwand für lohnend hält, ist allerdings eine halbwegs geeignete Todesart. Mord oder Selbstmord zögen überall auf der Welt unweigerlich eine Autopsie nach sich. Das Skalpell des Leichenbeschauers würde zerschnippeln, was für die Ewigkeit am Stück bleiben muß. Gleichermaßen fatal könnten sich schwere Gehirnschäden infolge eines Unfalls auswirken.

«Unter kryonischen Gesichtspunkten optimal», meint Alcor-Präsident Stephen Bridge, «wäre ein langsamer Krebs ohne Metastasen im Gehirn.»

Ist der Einsatz beschlossen, versucht das Suspensionsteam, drei oder vier Tage vor dem erwarteten Ableben des Patienten mit dem Krankenhaus Kontakt aufzunehmen. So viel Zeit wird in der Regel benötigt, um bürokratische und ideologische Widerstände zu brechen.

Kaum in Kiel gelandet, weisen Tanya Jones und ihre Leute deshalb der Krankenhausleitung den Vertrag vor, mit dem Klaus Reinhard seinen kompletten Körper samt Organen Alcor gespendet hat. In meist zähen Verhandlungen versuchen sie Arrangements zu treffen, die es ihnen erlauben, ihren «Patienten» binnen weniger Minuten nach Eintritt des klinischen Todes zu übernehmen. Im Idealfall verpflichtet sich das Krankenhaus zu einer Todeserklärung im Eilverfahren, räumt dem Team einen Raum in unmittelbarer Nähe des Sterbezimmers frei und gewährt ständigen Zugang zum Patienten.

Sobald sich bei ihm erste Anzeichen der Agonie einstellen – Verfärbung der Extremitäten etwa oder extreme Atemnot –, weicht Tanya Jones nicht mehr von Klaus Reinhards Seite. Im Nebenraum wartet das Team mit dem «Mobile Advanced Life Support System» (MALSS), einer Art fahrbaren High-Tech-Operationstisch, hochgerüstet mit diversen Geräten zur künstlichen Versorgung und Beatmung.

Die Energiereserven in den Zellen des menschlichen Gehirns sind äußerst limitiert. Für das kryonische Verfahren hängt daher alles daran, so schnell wie möglich mit der erneuten Versorgung von Klaus Reinhards totem Körper beginnen zu können. Ungefähr zehn Minuten nachdem die Durchblutung des Gehirns ausgesetzt hat (Ischämie), treten chemische Reaktionen auf, von denen die Zellen geschädigt werden. Wann der Verfall irreversibel wird, ist umstritten. Menschen, deren Herz stillstand, sind wiederbelebt worden, ohne daß größere Gehirnschäden zu beobachten gewesen wären – in seltenen Fällen nach einer Stunde und später.

«Wo die absolute Grenze liegt, weiß die Forschung nicht», sagt Stephen Bridge. «Die medizinischen Möglichkeiten verbessern sich ständig. Vielleicht wird man in 50 Jahren Menschen nach fünf oder sechs Stunden reanimieren können?»

Vorerst freilich ist größte Eile geboten. Wenn der Herzstillstand eintritt und die Krankenhausärzte Klaus Reinhard aufgeben, heben die Alcor-Helfer ihn aus dem Sterbebett und in die eisgefüllte Plastikwanne des MALSS. Eine Pumpe läßt das Tauwasser um die sterblichen Überreste zirkulieren. Die Körpertemperatur soll schnellstens abgesenkt werden. Die Herz-Lungen-Maschine des MALSS preßt mit ihrem schweren, gepolsterten Arm rhythmisch auf den Brustkorb.

«Das funktioniert nicht so gut wie das menschliche Herz», sagt Stephen Bridge, «aber besser als die üblichen Wiederbelebungsbemühungen per Handbetrieb.»

Viele Chefärzte verbieten den Alcor-Leuten operative Eingriffe auf dem Krankenhausgelände. Spätestens also, sobald das MALSS in einen bereitstehenden Transporter geladen ist, nimmt Tanya Jones einen Luftröhrenschnitt vor und führt einen Tubus ein. Sauerstoff wird in Klaus Reinhards Lungen gezwungen und das Blut durch den Körper gepumpt. Die – notdürftige – Versorgung der Gehirnzellen ist erneut hergestellt.

Während der Fahrt durch die Kieler Straßen zu den Räumen des Bestattungsunternehmers, dessen Unterstützung sich Klaus Reinhard noch zu Lebzeiten gesichert hat, werden dem leblosen Körper intravenös Nährlösungen (Glukose) zugeführt sowie an die 20 verschiedene Medikamente injiziert. Sie sollen unter anderem den metabolischen Bedarf des reanimierten Kreislaufs reduzieren (Sodium Pentobarbital), den Blutdruck stabilisieren (Narcan), das Anschwellen des Gehirns verhindern (Dextrose) und Muskelzucken unterdrücken (Metocurin).

Nach Ansicht der Schulmedizin ist Klaus Reinhard gestorben. Ein für allemal. In den Augen des Alcor-Teams, das sich im Wettlauf mit der Zeit um die Konservierung seiner Person bemüht, ist er jedoch lediglich «deanimiert». Entseelt. Vorübergehend.

«Obwohl wir die Position der Mediziner für falsch halten», sagt Stephen Bridge, «sind wir natürlich sehr dankbar für die Möglichkeiten, die sie uns eröffnet.» Ohne ein «offizielles» Ableben der betreffenden Alcor-Mitglieder nämlich wäre die kryonische Praxis nicht denkbar. «Da wir keine Ärzte sind, dürfen wir Lebende nicht behandeln. Und wir könnten es uns sowieso nicht leisten.» Stephen Bridge lacht. «Wären unsere Patienten vor dem Gesetz nicht tot, bräuchten die Gesellschaften ihre Lebensversicherungen, mit denen wir die Suspensionen finanzieren, ja nicht auszuzahlen.»

24 In Limbo. Der unbekannte Tod

Das Schwinden der großen Gewißheiten macht keinen Halt vor unserem Körper. Nicht nur, was als krank oder gesund gilt, unterliegt dem Wandel der Zeiten und Zivilisationen. Auch der Tod ist so todsicher nicht. Vom natürlichen Ende eines gesunden Lebens, für das er in der Antike hingenommen wurde, ist er dem modernen Denken zur Krankheit schlechthin geworden. Die entscheidende Umwertung vollzog sich im Gefolge der industriellen Revolution. Zuvor besaß Gesundheit ihren Wert als Integrationsleistung – Ausdruck eines harmonischen Verhältnisses zwischen Innen und Außen, zwischen den Regungen des Individuums sowie Natur und Gesellschaft. Die Rede vom «gesunden Menschenverstand» bewahrt diese Auffassung von Gesundheit als einer körperlichen und spirituellen Tugend. Ihren vollendeten Ausdruck fand sie in einem segensreichen Tod, der als Spiegel des Lebens gedacht wurde: Das Sterben verriet – rechtfertigte oder tadelte – die jeweilige Existenz. Im Mittelalter modifizierten und verstärkten die monotheistischen Religionen noch die antike Auffassung von der Natürlichkeit des Todes durch das Motiv der Erlösung: Befreiung von den Sünden, Rettung aus dem Reich der Schmerzen in die Gärten der Seligen, leibliche Auferstehung im Paradies.

Erst mit der Unterwerfung und Inbesitznahme der materiellen Welt erschien das teils harmonisierende, teils fatalistische Bild von Krankheit und Tod zunehmend überholt. Wie alle Natur verwandelte sich auch Gesundheit in einen Besitzstand. Sie stellte nun kein Verhältnis zwischen dem einzelnen und seiner Umwelt mehr dar, sondern ein Gut, das ein jeder besaß oder eben nicht und das sich – in der nun institutionalisierten Medizin – ohne Rücksicht auf den Rest der Welt beherrschen und verwalten, gewinnen und verlieren ließ.

Dem aufklärerisch-technischen, in letzter Konsequenz mechanischen Gesundheitsbegriff entspricht der verbreitete Irrglaube an Spritzen, Tabletten und operative Reparaturen, die jedes Leiden, jeden Schmerz beseitigen könnten. Zum Todfeind der technizistisch orientierten Gerätemedizin mußte der Tod selbst werden. Das natürliche Ende des Lebens begreift sie als etwas Unnatürliches und sucht es um jeden Preis und so lange irgend möglich zu bekämpfen. Da es sich in der Realität nicht wirklich besiegen ließ, wurde das Sterben aus ihr weitgehend verbannt. Hinter den verschlossenen Türen der Intensivstationen wütet der Kampf um so unerbittlicher.

In den Sielen einer Technik zu sterben, die ihre hilflosen Patienten – von Apparaturen weniger am Leben gehalten als am Sterben gehindert – bis zum letzten Augenblick als senile Idioten oder bewußtlose Zombies dahinvegetieren ließ, wurde unser aller Perspektive. Sie potenzierte die Angst vor dem Tod. Für die Mehrheit der Lebenden ist er heute einzig ein Fluch, eine Krankheit, die intelligente Individuen voller Sehnsüchte und Wissen, voller Leidenschaft und Gefühl in ein Stück Müll verwandelt, für dessen Entsorgung sich Religionen anheischig machen, deren Tröstungen die wenigsten noch beim Wort nehmen mögen. Diesem Schrecken im medizinischen Umgang mit unserem Leben zu entkommen, scheint heute in zweierlei Richtung denkbar. Vorwärts und rückwärts.

Daß der einzelne seine Gesundheit als privates Eigentum besitze, daß er, und sei er auch vollgepumpt mit Medikamenten, gesund in einer ungesunden Umwelt leben könnte, gilt ganz allgemein wieder als der Humbug, der es immer war. Rückbesinnung auf den Gedanken einer harmonischen Integration zwischen den individuellen Immunsystemen und dem sozioökonomischen Komplex fordern Anhänger «alternativer» Medizinen, von der Kräuterkunde bis zum Schamanismus.

Die Sehnsucht nach einem «grundlegenden Bewußtseinswandel», dem viele mehr zutrauen als einer besinnungslosen Fortentwicklung technischer Möglichkeiten, verschonte den Tod nicht. Seine radikale Realisierung findet er in Erweckungsbewegungen wie der CBJ, benannt nach den Initialen der Vornamen ihrer Gründer Charles Paul Brown, Berna Deane und James Russell Strole. CBJ, ironischerweise gleichfalls in Phoenix beheimatet, verfügt weltweit über 15 000 Anhänger. Sie streben eine Bewußtseinserweiterung namens «Zellulares Erwachen» an, die das – uns angeblich kulturell eingetrichterte – «Todesprogramm» per positives Denken außer Kraft setzen soll.

«Die meisten Menschen», sagt James Strole, «ermuntern sich gegenseitig zum Sterben, nicht bewußt, aber unbewußt. Wir programmieren einander, von Kindheit an, dafür, daß man eines Tages zu sterben hat, und wir bereiten uns darauf vor, weil wir in einem Glaubenssystem leben, das behauptet, der Tod sei unvermeidlich.»

Für einen Irrtum halten auch die Kryoniker diese fatalistische Einstellung zum Tod, die sie «Deathism», also «Todismus» schimpfen – in ihren Augen ein veralteter Aberglaube, zu dessen irrationalen Erscheinungsformen die Verklärung des Sterbens als notwendig oder gar wünschenswert sowie die Verachtung allen Immortalitätsstrebens gehört. Anders als die CBJler wollen sie jedoch die Begrenzungen gegenwärtiger Gerätemedizin nicht durch Rückbesinnung und Abkehr von der Technik, sondern in Richtung Zukunft überwinden.

«Der Tod ist ein ungelöstes Stück Ingenieursarbeit, eine große Herausforderung», faßt Alcor-Mitglied und Extropianer-Pin-up-Queen Ramona Machado die gängige Ansicht zusammen: «Kryonische Suspension ist ein Notplan für den Fall, daß es der Menschheit zu meiner Lebenszeit nicht mehr gelingen sollte, den Tod zu besiegen.»

Die Forschung haben die Befürworter der Athanasie, wie die Kryoniker ihren Kampf gegen den Tod im Gegensatz zur Euthanasie nennen, insofern auf ihrer Seite, als die Gerontologie in jüngster Zeit von der langgehegten Vorstellung abgekommen ist, daß menschliches Sterben die Folge unvermeidlicher Abnutzung sei. Inzwischen steht fest, daß das Altern unserem genetischen Code einbeschrieben ist und von ihm minutiös gesteuert wird. Ein gentechnischer Umbau dieses Todesprogramms scheint prinzipiell möglich, wenn auch praktisch in recht weiter Ferne. Uns sterbliche Zeitgenossen, die wir es so lange nicht treiben werden, bis dahin zu konservieren, entbehrt deswegen nicht der phantastischen Logik.

Die Frage aller Fragen allerdings lautet: Enthält der Zellhaufen, den die Kryoniker nach langer Präparation in ihre Stickstofftanks stülpen, rekonstruierbares menschliches Leben? Die Antwort darauf hängt wiederum von der auf eine andere Frage ab: Wann ist der Mensch tot?

Eine gültige Antwort ist die Schulmedizin bislang schuldig geblieben. Lange Zeit galt der Herzstillstand als ausreichendes Todesindiz. Der indes wurde in den vergangenen Jahrzehnten weitgehend reversibel. Von daher trat der Gehirntod immer mehr in den Vordergrund. Nach neueren Versuchen, den Tod zu definieren, ist ein Mensch dann verstorben, wenn seine Fähigkeit, bewußt zu denken, unwiederbringlich verlorengegangen ist; das heißt, der Schwerpunkt der Überlegungen verlagert sich damit vom Tod des Körpers auf den Tod der Persönlichkeit.

Eine jederzeit gültige Todesdefinition ließ sich jedoch aus dem Versagen der höheren Gehirnfunktionen bislang ebenfalls nicht ableiten. Zum einen stellen nicht stets alle Partien des Gehirns ihr Funktionieren gleichzeitig ein, zum anderen ermöglichen es Fortschritte in der Intensivmedizin, den Kreislauf eines gehirntoten Patienten weiterhin in Gang zu halten. Wie tot allerdings ist ein Mensch, dessen Neokortex zwar nicht mehr aktiv ist, dessen Stammhirn hingegen arbeitet und dessen Herz weiterhin schlägt? Und ist nicht auch der Ausfall des Gehirns oder einzelner seiner Teile, solange keine physische Zerstörung vorliegt und die neuronalen Strukturen noch intakt sind, im Prinzip so reversibel wie heute schon der Herzstillstand?

«Wir sehen den Tod nicht als ein Ereignis, sondern als eine Kette von Ereignissen an, die sich zumindest teilweise wieder rückgängig machen lassen», sagte Stephen Bridge. «Wir wissen, daß ein Skelett ein für allemal tot ist. Und wir wissen, daß einer, der gesund durch die Gegend läuft, lebt. Dazwischen aber existieren viele Stadien, über die wir bislang nicht genug wissen. Ein Haufen Fälle, die die Ärzte heute aufgeben, werden sie vermutlich schon in ein paar Jahren problemlos wieder ins Leben zurückholen und heilen können. Was bedeutet, daß nicht alle, die für tot erklärt werden, schon wirklich und endgültig tot sind. Sie sind es nur nach gegenwärtiger Ansicht.»

Zu welchem Zeitpunkt und in welchem Zustand einer für gestorben gilt, entscheidet sich heute in der Tat wesentlich nach dem Zufall, wo und unter welchen Umständen er seine letzten beziehungsweise vermeintlich letzten Atemzüge macht. In der afrikanischen Steppe würde man ihn bereits begraben, während man auf der technisch hochgerüsteten Intensivstation eines großstädtischen Krankenhauses weiterhin um sein Leben kämpft, und das ja nicht selten mit Erfolg.

Wie manipulierbar der Tod geworden ist, zeigt besonders seine vorläufige Herbeiführung: Da sich ein blutleeres Herz leichter operieren läßt, werden bei gewissen Eingriffen am offenen Herzen die Patienten gezielt unterkühlt. Sie verbringen so auf dem Operationstisch 20 und mehr Minuten ohne Kreislauf, ohne Herzschlag oder meßbare Gehirnströme – und werden dann aus diesem Zustand, der eigentlich der Definition von Tod entspricht, ins Leben zurückbefördert.

Auf der anderen Seite erklären Ärzte in Deutschland alljährlich Tausende, deren Herzen schlagen, für gehirntot und beginnen mit der Ausschlachtung ihrer Leiber zugunsten von Organtransplantationen. In Japan dagegen, dessen Gesetze weniger vom kopfzentrierten deutschen Idealismus und mehr vom Schintoismus beeinflußt sind und folgerichtig den Gehirntod nicht anerkennen, wird die Demontage von Sterbenden, deren Herz noch arbeitet, als Mord betrachtet. Dort muß der endgültige Pumpenstillstand abgewartet werden – was in der Regel eine Weiterverwertung der Organe verhindert.

Die Beispiele zeigen: Der Umgang der modernen Medizin mit dem Tod kennt keine wissenschaftstheoretische Begründung, nur eine Praxis – beziehungsweise viele Praktiken. Die Regeln, nach denen verfahren wird, sind durch Beobachtung und Erfahrung ermittelt. In dieser pragmatischen Hinsicht unterscheidet sich der gegenwärtige Tod dramatisch von dem, was vor einigen Jahrzehnten als gestorben durchging.

Solange eine gültige Theorie des Todes fehlt, besitzen wir also lediglich die Gewißheit, daß die gegenwärtige Grenze zwischen Leben und Tod keineswegs endgültig ist. Sie wird vom medizinischen Fortschritt Stück für Stück weiter verschoben werden. Die kryonische Behauptung, daß die meisten Menschen, die heute sterben, noch lebensfähig sind, weshalb man sie für eine spätere Zeit konservieren sollte, in der die Medizin fortgeschrittener ist, läßt sich insofern nicht grundsätzlich vom Tisch fegen.

Dem *Trial-and-error*-Verfahren der beiden pragmatischen Todesbestimmungen in der modernen Medizin – Herzstillstand oder Aussetzen der Gehirnströme – will Alcor-Mitglied Ralph Merkle, Nanotechnologe an der Spitzenforschungseinrichtung Xerox Parc, nun ein theoretisches Fundament verschaffen. Sein Vorschlag: die informationstheoretische Definition des Todes. Sie geht von der Prämisse aus, daß die materielle Grundlage der menschlichen Persönlichkeit in den Zellen und Strukturen des Gehirns liegt. Als tot soll daher ein Mensch nicht schon gelten, wenn sich in seinem Gehirn keinerlei Aktivitäten mehr messen lassen, sondern erst dann, wenn dessen Zellen und Strukturen unwiderruflich zerstört und die im Gehirn gespeicherten individuellen Informationen – Erinnerungen, Erfahrungen, Hoffnungen und Verhaltensmerkmale – so weitgehend verloren sind, daß an eine Wiederbelebung oder Rekonstruktion der betreffenden Person nicht mehr zu denken ist.

Fehlt der gängigen medizinischen Praxis eine Theorie des Todes, so entbehrt Merkles Theorie der Fähigkeit zur Praxis. Der Stand der medizinischen Technik bietet keine Möglichkeit, einwandfrei zu ermitteln, wann ein Mensch «informationstheoretisch tot» ist.

«Gegenwärtige Ergebnisse unterstützen, aber beweisen nicht die Hypothese», schreibt Ralph Merkle, «daß der informationstheoretische Tod erst nach ein paar Stunden Ischämie eintritt.»

Wollen sie halbwegs sichergehen, mit dem Körper ihrer Patienten auch deren Persönlichkeit einzufrieren, bleibt den kryonischen Gefrierspezialisten deshalb vorläufig nichts anderes übrig, als sich auf Teufel komm raus zu beeilen.

25 Letzte Hilfe. Nächste Schritte ins ewige Eis

«Ich lasse nur meinen Kopf einfrieren», sagt Klaus Reinhard. Selbst überzeugteste Kryoniker leugnen nicht die gewaltigen Gefrierschäden, die bei der gegenwärtigen Suspensionstechnik entstehen. Sinnvoll erscheint vielen daher, die Menge der eingefrorenen und schwer reparaturbedürftigen Humanität gering zu halten. Häufiger als Ganzkörperkonservierung (Tarif: 120 000 Dollar für Kontinentalamerikaner, 10 000 Dollar Aufschlag für Auswärtige) wählen Alcors Kunden «Neuropräservation» (50 000 beziehungsweise 60 000 Dollar). Bei dieser Discount-Lösung, die der Kieler Kandidat vor Jahren zum Rezessionspreis von 35 000 Dollar ergatterte, kommt der Kopf ab und ins Tiefkühl-Töpfchen, während der Restleib den Weg alles Irdischen antritt.

«Beim Stand der Gefriertechnologie», meint Klaus Reinhard, «wäre die Heilung meines alten Körpers später genauso kompliziert wie seine Neukonstruktion durch Klonen.»

Die Sofortmaßnahmen bei Neuropräservationen konzentrieren sich jedoch nicht aufs Gehirn, das Alcor-Team leistet letzte Hilfe am Komplettkörper. «Wenn wir den Kopf jetzt abtrennen», sagt Stephen Bridge, «kappen wir dabei eine Vielzahl von Verbindungen zum Gehirn. Und die wiederherzustellen würde kostbare Zeit fressen. Die vorhandenen Körperanschlüsse geben uns eine simple Möglichkeit, die Gehirnzellen zu versorgen.»

Nicht mehr als dreißig Minuten sollen zwischen der Abfahrt des Transporters vom Krankenhaus und seiner Ankunft in dem provisorischen Operationssaal des Leichenbestatters vergehen. Dessen Ausstattung gleicht der des Alcor-Teams. Warum also wurde für viel Geld das MALSS eingeflogen?

«Wir können die Apparate der Leichenbestatter leider nicht benutzen», sagt Tanya Jones. «Der Druck, den etwa die Pumpen auf die Arterien ausüben, variiert zu stark.»

Stephen Bridge nickt: «Für Bestattungszwecke kommt es nicht so genau drauf an. Die Leichen sollen bloß für die paar Tage gut und gesund aussehen, bis sie beerdigt sind.»

«Bei uns hängt aber alles daran», sagt Tanya Jones, «daß die Arterien nicht platzen. Sonst können wir die notwendigen Substanzen nicht länger ins Gehirn pumpen.»

Sobald der Patient von dem Transporter in den provisorischen Kieler OP-Saal gebracht ist, öffnet Tanya Jones den Oberschenkel und verbindet seine Arterie mit einer speziellen Blutpumpe. An die Stelle des Eigenbluts des Patienten tritt Milliliter für Milliliter Viaspan, eine Lösung, die normalerweise zur Konservierung von Körperteilen für Transplantationen benutzt wird. Übliche Organspenden wie Herzen und Nieren halten sich in ihr 18 bis 24 Stunden frisch. Der Lärm der Pumpe verhindert im Verein mit den anderen Lebenserhaltungsgeräten jedes Gespräch. Nach rund vier Stunden ist der Blutaustausch beendet. Klaus Reinhards Körpertemperatur liegt nun um die zwei Grad Celsius und soll dort für die nächste Zeit stabilisiert werden.

Der Abtransport des Patienten zum Alcor-Hauptquartier steht unmittelbar bevor. Sein lebloser Körper wird in eine metallene Kiste gehievt, deren Inneres mit einer polsternden Gummischicht verkleidet ist. Die Metallkiste wird mit Trockeneis aufgefüllt und dann in einer schützenden Holzkiste verstaut. So verpackt, tritt Klaus Reinhard, der Mann, der in die Kälte wollte, seine vorerst letzte Reise an. Sie führt in die Wüste.

26 Überleben, aus des Vogels Phönix Perspektive. Kryonische Sonderlingssammlung

Science-fiction-Fans werden in Phoenix von Déjà-vu-Erlebnissen heimgesucht. Der Sinkflug führt über karge Natur hinein in die sonnenverbrannte Stadtlandschaft, ein Konglomerat aus Bahnen und Blöcken, hinter dem rot die Schattenrisse befremdender Felsformationen drohen. Zu enden scheint die Landung in der kitschfuturistischen Coverzeichnung eines Perry-Rhodan-Heftchens. Phoenix gleicht einer stinknormalen Raumstation auf einem bizarr geformten Planeten. Einer Raumstation allerdings, deren Klimaanlage ausgefallen ist. Im Winter läßt sich die smogige Hitze unter schweren Wasserverlusten ertragen. Im Sommer jedoch schmilzt die sturmerprobte norddeutsche Seele hoffnungslos dahin.

Das Acoma-Gebäude liegt im funkelnagelneuen Air Park des vorstädtischen Scottsdale, einige Autominuten vom Sky Harbor Airport entfernt. Hierher ist die Stiftung erst Anfang 1994 gezogen – auf der Flucht vor kalifornischen Erdbeben. Alcors neues Hauptquartier ist ein industrieller Flachbau aus viel Beton und kaum Design. Wo er klotzt, gab es vor ein paar Jahren nur Sand, Kakteen und dürres Ranchland. Jetzt summen auf den Grünflächen die Sprinkler. Hinter ihnen flirrt die Luft, leer und vogelfrei.

«All die Jahre in Kalifornien, in Riverside, war der Phönix schon unser Symbol», sagt Stephen Bridge. «Irgendwie war es uns vorherbestimmt, hier zu enden.»

Wer stirbt, zahlt seine Schulden, heißt es bei Shakespeare. Der Vogel Phönix aber, so will es die Sage, verweigert die finale Bilanz. Den Tod benutzt er lediglich als Transitstation. Alle 500 Jahre verbrennt er sich selbst, um aus seiner Asche wieder zu erstehen – bunter und besser gelaunt denn je. Welcher Ort also könnte der kryonischen Reanimation aus dem Eis zugleich näher und ferner liegen als Phoenix, die Millionenstadt in der arizonatischen Wüste?

«Ich will neue Menschen treffen, reisen, andere Erfahrungen machen», erklärt Stephen Bridge seine Leidenschaft fürs Ewige. «Natürlich würde ich lieber einfach weiterleben und nicht erst eingefroren werden. Doch da das noch nicht geht...»

Wir sitzen im Büro des Alcor-Präsidenten. Stephen W. Bridge ist ein mittelgroßer Mann Mitte Vierzig. Mit ruhigen Bewegungen erzählt er, wie er in den siebziger Jahren als Bibliothekar in Indiana erste Kunde von der kryonischen Praxis erhielt.

«Ich hatte einiges über Kryonik im 21. und 22. Jahrhundert gelesen. Aber ich hatte keine Ahnung, daß es Menschen gab, die das tatsächlich praktizieren!»

Sein kryonisches Erweckungserlebnis fand auf einer Party des örtlichen Science-fiction-Clubs statt.

«Da traf ich diesen Mann!» Stephen fährt, wie um sich zu beruhigen, über den rötlichen Schnauzer, der sauber und ordentlich unter seiner Nase klebt: «Und plötzlich war es, als wäre draußen auf dem Rasen ein Raumschiff gelandet, und ein Fremder kommt zur Tür und sagt: ‹Hi, da sind wir.›»

Ein paar Tage später gründeten Stephen und der Fremde, von dem er nichts weiter erzählen mag, ihren eigenen Kryonik-Club. Jahre später vereinigte der sich mit der Alcor-Gruppe. Sie war 1972 im kalifornischen Riverside entstanden, als Abspaltung von der älteren Cryonic Society of California, und hatte bereits vier Jahre später ihre erste Suspension durchgeführt.

Der Name Alcor wurde mit Bedacht gewählt. Er stammt von einem fernen Stern im Großen Bären. Mit bloßem Auge erkennen kann ihn einzig, wer über außergewöhnliche Weitsicht verfügt. Und besondere Menschen zog Alcor in der Tat an. Davon zeugt nicht zuletzt die lange Reihe von Skandalen und Prozessen, die den zwanzigjährigen Weg des Vereins begleiteten. Das, worum es dabei ging, lief immer wieder auf zweierlei hinaus: Moral und Geld. Vor allem Geld.

Denn Reanimation ist nicht nur eine gewagte, sie ist auch eine teure Sache. Alcors jährlicher Finanzbedarf summiert sich auf rund 300000 Dollar. Von den Beiträgen der Mitglieder und Patienten in spe – Jahresgebühr 324 Dollar, Familienangehörige und Studenten 162 Dollar – lassen sich die laufenden Kosten nicht decken. Dazu sind außerordentliche Spenden erforderlich.

Die meisten Alcorianer gehören zur technischen Intelligenz, viele sind Informatiker und Naturwissenschaftler und verfügen bloß über mittlere Einkommen. So bleibt es den prominenteren Mitgliedern überlassen, Alcors Ruhm und damit seinen Marktwert zu mehren. Neben Ralph Merkle und Timothy Leary wirkten in den vergangenen Jahren zu diesem Zweck der Schauspieler David Pizer, der als Hauptdarsteller in Werbespots zu einiger Bekanntheit kam, sowie der Science-fiction-Bestsellerautor Charles Platt, der als skeptischer Journalist 1987 die Kryoniker besuchte und sich bekehren ließ. Ein kryonischer Wettbewerb in dem populären Wissenschaftsmagazin *Omni*, zu dem Platt den Text schrieb, trug Alcor allein im Januar 1994 über 20 neue Aufnahmeanträge ein.

Für das Gros der Einnahmen sorgen gleichwohl wenige Begüterte. Zu den superreichen Alcorianern zählt etwa Don Laughlin, 300 Millionen Dollar schwerer Gründer der nach ihm benannten Spielerstadt in Nevada. Und besonders verdient macht sich ein seit Jahren suspendiertes Mitglied, dessen gesetzlicher Tod seine Einnahmen keineswegs schmälerte: Dick Clair.

Der Autor und Produzent von populären Fernsehserien hatte bis Mitte der achtziger Jahre drei Emmies und einiges Geld eingeheimst, als Aids seiner Karriere ein vorgezogenes Ende bereitete. «Der Tod zieht einen runter», sagte Clair, der seinen Humor in langen Tingeltangel-Jahren als Stand-up-Comedian trainierte. Er entschloß sich zur Ganzkörpersuspension und erwählte die Alcor-Stiftung zum Alleinerben seines Vermögens von über einer Million Dollar plus eines Vielfachen an Fernsehauswertungsrechten.

Auf dem Sterbebett aber änderte der Siebenundfünfzigjährige, umgeben von Tiefkühl-Gegnern, den letzten zum allerletzten Willen und beschenkte die Verwandtschaft mit der Hälfte aller TV-Tantiemen. Während ihr teurer Patient bereits in einem der Stickstofftanks vor sich hintrieb, focht Alcor 1988 unter großem Presserummel das späte Testament an – Clair litt in den Stunden vor seinem klinischen Tod unter einer Gehirnentzündung und konnte nicht mehr besonders klar denken.

«Wenn mein Klient nicht Alcor wäre, sondern eine sozial akzeptiertere Gruppe», sagte damals Anwalt David Epstein, «wäre dieser Prozeß ein klarer Durchmarsch.»

Die Exotik der kryonischen Utopie und Praxis schmälerte die juristischen Erfolgsaussichten in dem an sich todsicheren Fall von verwandtschaftlicher Erbschleicherei. Nach sechs Monaten Rechtsstreit gab Alcor auf. Die schnöde Hälfte von Clairs Nachlaß, die der Stiftung blieb, nährt sie jedoch bis heute nicht schlecht. Die Serien des Suspendierten, darunter «Mama's Family», «It's a Living» und «The Facts of Life», laufen unentwegt auf den Kabelkanälen und spielen Tantiemen ein; allein «The Facts of Life» alljährlich rund 800000 Dollar.

Noch größeres Aufsehen als der Streit um Dick Clairs Erbe erregten in der breiten Öffentlichkeit die moralischen und juristischen Querelen um die Suspensionen selbst. Den Höhepunkt bildete 1988 ein staatsanwaltlicher Mordverdacht. Er führte zu einigen Verhaftungen und löste die polizeiliche Suche nach einem Kopf aus.

Der verschollene Schädel gehörte Dora Kent. Ihr Sohn Saul Kent ist Alcor-Gründungsmitglied und Autor des Buchs *The Life Extension Revolution* («Die Lebensverlängerungs-Revolution»). Als es mit seiner Mutter zu Ende ging, ließ er die Dreiundachtzigjährige aus dem Altersheim ins damalige Alcor-Labor in Riverside transportieren. Saul Kent, als Vitaminmittelchen-Händler zu Wohlstand gekommen, wollte der Mutter im Wortsinne das Geschenk ihres Lebens machen: Neuropräservation zwecks späterer Wiedererweckung.

«Aber war Mama tot, als sie ihren Kopf verlor?» mußte das Nachrichtenmagazin *Time* sich und seine Leser drei Monate später fragen.

Der Staatsanwalt hatte ermittelt, daß Dora Kents Totenschein ein Arzt ausgestellt hatte, der erstens Alcor-Mitglied war und zweitens die Verblichene zwar lebend gekannt, sie als Leiche hingegen nie gesehen hatte. Bei der daraufhin angeordneten Autopsie des enthaupteten Körpers stieß der Leichenbeschauer in Dora Kents Blut auf eine hohe Konzentration von Barbituraten (Nembutol). Das Alcor-Suspensionsteam beteuerte, die Sedativa seien erst nach dem Exitus und aus Gründen der Zellkonservierung verabreicht worden.

Teamchef Dr. Jerry Leaf, derweil selbst verstorben und tiefgekühlt, sagte aus: «Mrs. Kents Brustkorb wurde geöffnet, und ich beobachtete mit eigenem Augenschein, daß es keine Bewegung ihres Herzmuskels gab.»

Um die Todesursache zweifelsfrei ermitteln zu können, forderte der Leichenbeschauer nun den Kopf der Toten an – was Dora Kent nicht mehr um die Ecke, jedoch gewiß um die Ewigkeit gebracht hätte. Mehrere Alcor-Mitglieder verschwanden kurzfristig; einige tauchten mit Dora Kents Kopf ab, andere wanderten ins Gefängnis. Vergeblich durchsuchte die Polizei das Alcor-Lager. Woraufhin der düpierte Staatsanwalt einen Schritt weiter ging: Er beantragte, alle eingelagerten Leichen aufzutauen und, sicher ist sicher, vom Leichenbeschauer auseinandernehmen zu lassen. Die Kryoniker sahen sich am Rande des Abgrunds. Alcor-Mitglied und Extropianer Keith Henson klagte einem Reporter der *Los Angeles Times:* «Was der Staatsanwalt vorhat, ist, als würde ein Kerl mit Machete auf die Intensivstation stürmen und ankündigen, er werde dort unsere Verwandten kleinhacken.»

Alcor wehrte sich mit einer einstweiligen Verfügung – und gewann. Der zuständige Richter Victor Miceli verbot die Massenauftauung mit dem Argument, es verstoße gegen die verfassungsmäßigen Rechte eines jeden Amerikaners, ihm die gewünschte Konservierung seiner sterblichen Überreste zu verweigern.

Mit diesem Urteilsspruch wurde der spektakuläre Fall, nachdem er wochenlang die Presse beschäftigt hatte, ebenso stillschweigend begraben wie Dora Kents Restkörper. Und Saul Kent widmete sich neuen zukunftsträchtigen Unternehmungen. Zu ihnen gehört die Gründung eines «ewigen Trusts» in Liechtenstein, der Erspartes auf Hunderte von Jahren einfriert und damit Kryonikern eine echte Langzeitanlage offeriert. Laufzeit: bis zur Wiedererweckung des Kontoinhabers. Rendite: die Mindesteinlage von 10000 Dollar wächst im ersten Jahrhundert bereits auf rund 21 Millionen Dollar und verspricht so eine Zukunftssicherung, die selbst anspruchsvolleren Zeitreisenden die wirtschaftlichen Ängste nehmen sollte.

Trotz des juristischen Siegs im Fall Dora Kent blieb Alcors Situation prekär. Getreu der Logik, daß alles, was nicht ausdrücklich verboten ist, als erlaubt zu gelten hat, bestätigte das Urteil zwar den Alcorianern ihre «license to chill», ihre Tiefkühlgenehmigung. Kryonik ist in Kalifornien genausowenig ein Verbrechen wie im Rest der Welt (mit der Ausnahme des kanadischen Bundesstaats British Columbia, in dem die Tiefkühlkonservierung humaner Überreste gegen bestehendes Recht verstößt). Die Behörden von Riverside gaben sich jedoch weiterhin alle erdenkliche Mühe, den kryonischen Überlebenskünstlern zu bedeuten, wie unerwünscht sie waren. Der Stadtrat verweigerte die Erlaubnis zu Tierexperimenten, Gesundheitsamt und Baubehörde forderten kostspielige Umbauten.

«In vielerlei Hinsicht», klagen die Alcor-Leute, «stellen die Gesetze und Verordnungen und die Bürokraten, die sie blind durchsetzen, ein ebenso großes Hindernis für den kryonischen Fortschritt dar wie der Mangel an staatlich geförderter Forschung.»

Den endgültigen Entschluß zur Abwanderung lösten dann allerdings keine behördlichen Schikanen, sondern geologische Erkenntnisse aus.

«Riverside liegt direkt bei der Sankt-Andreas-Spalte», sagt Stephen Bridge. «Man schätzt, daß es nach dem erwarteten Big Bang, dem Großen Erdbeben, dort 120000 Obdachlose geben wird. Wir wären niemals in der Lage, unseren wöchentlichen Stickstoffnachschub heranzuschaffen. Mal abgesehen davon, daß unser Lager zerstört werden könnte und wir unsere Patienten verlören. Allein der Gedanke daran war uns unerträglich: Unsere Lebensarbeit wäre umsonst gewesen!»

Die Mehrzahl der Alcor-Mitglieder wohnt weiterhin in Kalifornien. Die Stiftung wollte deshalb nicht allzu weit wegziehen. Die Wahl fiel schließlich auf den Fluchtraum Phoenix. Er zählt zu den erdbebensichersten Gebieten des Westens, und er verfügt, was ebenfalls sehr wichtig ist, über einen internationalen Flughafen, der ganzjährig «wetterfest», das heißt frei von Schnee, Eis und Nebel bleibt.

27 Kryo-Pop. Kulturindustrielles tiefgekühlt

Der Transporter, mit dem das Alcor-Team am Frachthafen des Sky Harbor Airport erscheinen wird, um die Kiste mit dem angekühlten deutschen Patienten abzuholen, ist ein fast musealer weißer Krankenwagen, der des Teufels Nummer «69» trägt. Zwischen Klaus Reinhards klinischem Tod in Kiel und der Ankunft in Phoenix dürften 36 bis 72 Stunden vergangen sein. Vorsichtig werden die schwere Tiefkühlfracht und das separat verschickte MALSS über die automatische Heberampe in den Transporter verladen. An seiner Front steht in Spiegelschrift das Wort «Ambulance». Sirene und Blinklicht jedoch sind gesetzestreu stillgelegt worden. Sagt Stephen Bridge.

Und Scott Herman murmelt leise: «Von wegen. Die gehen noch ganz wunderbar.»

Der zweiunddreißigjährige Elektriker ist ein stämmiger, kräftiger Mann, dem das Manövrieren des MALSS und der schweren Kiste mit menschlicher Fracht wenig Probleme bereitet. Er gehörte auch zu dem Dutzend Helfern, die das betagte Gefährt in vielen Arbeitsstunden umgebastelt haben, den sehr speziellen Bedürfnissen der Kryoniker gemäß.

Wie er zu Alcor kam? Scott grinst: Wie die meisten – weil die Gegenwart seinem Traum nicht genug Raum gab und er nach einem Weg in die Zukunft suchte.

«Ich wollte zu fernen Planeten reisen. Immer schon», sagt er. «Aber um in das Astronautenprogramm der NASA aufgenommen zu werden, muß man mindestens eine Promotion in Raketenbau oder so vorweisen. Bis ich soweit sein könnte, wäre ich 50. Und damit zu alt.»

Vor ein paar Jahren dann stieß Scott auf die gesuchte Zukunftsperspektive; in Stanley Kubricks «2001 – Odyssee im Weltraum»: Eingefroren tuckert in der All-Saga die Crew durch Zeit und Raum, bis der ferne fremde Planet erreicht ist und alle, die in der künstlichen Eiszeit überlebt haben, aufgetaut werden. Scott sah den Film und sofort seine Chance:

«Da habe ich beschlossen, mich einfrieren zu lassen. Für eine Zeit, in der Weltraumreisen Routine sind und man keine besondere Astronautenausbildung mehr braucht.»

An seinem behaarten Handgelenk baumelt die silberne Kette mit der Identifikationsplakette, die alle Alcor-Mitglieder tragen. Sie bittet eventuelle Nothelfer, sofort über eine gebührenfreie Nummer (800-367-2228) mit Alcor Kontakt aufzunehmen, und gibt erste Anweisungen, wie und wie vor allem nicht Letzte Hilfe geleistet werden soll:

«Im Todesfall siehe Rückseite für Biotesis-Protokoll. Verabreiche a-1484.»

«Die Anweisungen versteht jeder Arzt», sagt Scott. Er nimmt die

Kette ab und hält sie mir hin. Halb treuherzig, halb grimmig schaut er zu, während ich das eingestanzte medizinische Kauderwelsch auf der Innenseite der Plakette studiere:

«Bitte anrufen und nach weiteren Instruktionen fragen. 5000 u heperin spritzen und CPR machen, während Körper mit Eis auf zehn Grad Celsius gekühlt wird. pH bei 7.5 halten. Keine Autopsie! Keine Einbalsamierung!»

Scott schließt die Kette wieder um den Arm. Nicht eine Spur von Ironie schwingt in seiner Stimme, als er sagt: «Ich freue mich darauf, Außerirdische zu treffen. Wirklich.»

Daß ein Werk der Science-fiction sein Leben veränderte, hat Scott Herman mit vielen gemeinsam, die zur Kryonik fanden. Tiefgekühltes und aufgetautes Leben ist ein zentrales Motiv in den populären Zukunftsvisionen, von Arthur C. Clarkes klassischem «2001» bis zu William «Käpt'n Kirk» Shatners Cyber-SF-Fernsehserie «Tekwar». Ihr Held ist Ex-Insasse eines Zuchthauses der Zukunft, in dem Kriminelle im Wortsinne auf Eis gelegt werden. Kryonische Suspension spielt gleichfalls im Kinohit «Demolition Man» eine Hauptrolle sowie in zahlreichen neuen Unterhaltungsromanen, darunter *Chiller* von Sterling Blake und *Host* von Peter James. Ganz oben auf der Bestseller-Liste rangierte gar Allan Folsoms *The Day After Tomorrow* (1994). In ihm dient die Kryonik den Welteroberungsplänen alter Nazis, die sich beim erneuten Anlauf zum Tausendjährigen Reich ewiges Leben dadurch verschaffen wollen, daß sie ihre Tiefkühl-Köppe auf arische Zuchtkörper verpflanzen. Höhepunkt des ebenso spannenden wie absurden Thrillers: An der Eigernordwand rollt Adolfs Eisbirne in die ewigen Gletschergründe.

Der Kryonik-Boom in der Unterhaltungsindustrie ist nur die bunte Begleiterscheinung einer größeren, schrilleren Invasion: Von den Rändern der High-Tech-Avantgarde-Szene dringen Motive der Cyberpunk-Fiction und der Cyberphilosophie ins orientierungssüchtige Massenbewußtsein und beeinflussen zunehmend das Alltagsdenken. Besonderen Anklang finden dabei Versuche, die unzulänglichen physischen und intellektuellen Möglichkeiten menschlicher Wesen durch chemische, chirurgisch-technische, elektronische oder gentechnische Hilfsmittel und Methoden zu erweitern.

«Schon bald wird unsere gegenwärtige Lebensform so antiquiert und dunkel wirken wie das Mittelalter», sagte Derek Ryan, verantwortlich für die Mitgliederbetreuung bei Alcor. «Du hast sicher von den Extropianern gehört? Innerhalb des extropischen Denksystems läßt sich nämlich der gewaltige Fortschritt, dessen Zeuge wir sind, am besten und klarsten verstehen.»

Derek ist ein recht schwergewichtiger und recht intelligenter Mann Mitte zwanzig. Seine Dienstzeit in der US-Armee hat er in Frankfurt und vorwiegend mit der Lektüre von Science-fiction- und Cyberpunk-Literatur verbracht. Im Magazin der Nationalen Raumfahrtorganisation entdeckte er eine Alcor-Anzeige.

«Die Kryonik ist lediglich eine, wenn auch eine wesentliche Facette im Prozeß sich unentwegt steigernder Extropie», sagt Derek und schiebt mir *Extropy: The Journal of Transhumanist Thought*, das Mitteilungsblatt der extropianischen Bewegung, über den Tisch.

Wovon die Artikel darin handeln, hat Freeman Dyson am besten auf den Begriff gebracht: «Die Menschheit sieht für mich nach einem großartigen Anfang aus», schreibt er. «Aber sie bedeutet keineswegs das letzte Wort.»

Charakteristisch für das extropianische wie für fast jedes Cyberbewußtsein ist eine große Ungeduld, ein Hang zum irrealen oder zumindest surrealen «Utopia Now». Nicht nur eilen, wie bei jeder Utopie, die Gedanken der Realität weit voraus. Cyberdenken führt sich habituell die Zukunft als gegenwärtig vor Augen. Darin den ästhetischen Avantgarden des 20. Jahrhunderts verwandt, verweigert die Cyberszene in hohem Maße Einsicht in die objektive Differenz zwischen den utopischen Forderungen und dem Stand der Technik. Phantasiert man den Fortschritt nicht dreist herbei («Vaporware»), so pflegt man zumindest das je Fortgeschrittenste aus der fiktiven Perspektive eines kolonialen Zeitreisenden zu betrachten: In ihr erscheint die Gegenwart retardiert und von verachtenswerter Rückständigkeit.

Die Hoffnung auf außer- oder überirdische Hilfe, so verrückt sie für das Normalbewußtsein sein mag, taucht im radikalen Zukunftszauber daher mit fast logischer Konsequenz auf. Als etwa Klaus Reinhard 1987, also noch vor den meisten gen- und nanotechnischen Durchbrüchen, seine Seelenübertragungsschrift verfaßte, schien eine technische Realisierung der Wiedererweckungspläne erheblich entfernter als heute. Ungeduldige Adepten beruhigte er deshalb mit dem Verweis auf mögliche intergalaktische Entwicklungshilfe.

«Der Traum vom unbegrenzten Leben könnte aber auch viel schneller verwirklicht werden, als wir uns das heute vorstellen. So ist nicht auszuschließen, daß uns in der Zukunft intelligente Wesen von anderen Sternen dabei helfen, denn im Weltall existieren vielleicht Zivilisationen, die der unseren weit überlegen sind.»

Diese ETIs (extraterrestrische Intelligenzen), vermutete Reinhard, dürften die Seelenübertragung nicht nur als Weg zu Unsterblichkeit perfektioniert haben, sondern ebenfalls als Mittel zur Fortbewegung: Die ETIs funken ihre digitalisierten Seeleninformationen zu ihren Lichtjahren entfernten Außenstationen, wo sie in die Leergehirne von Klon-Körpern überspielt werden.

«Die Seelenaufzeichnung und -übertragung machen Reisen zu anderen Sternen sehr angenehm.»

Fiktion und Fakten mischen sich im Cyber-Zukunftszauber, im Denken wie im Handeln seiner Anhänger, als sollte die alte romantische Sehnsucht nach Aufhebung der Grenze zwischen Leben und Kunst nun auf technisch höherem Niveau realisiert werden. In der Praxis führt der direkte Kurzschluß zwischen Science-fiction und Technik zu dem Phänomen einer eigentümlichen Bastlermentalität, die in positiver Hinsicht an die legendären Erfinder des 19. Jahrhunderts gemahnt. Und in negativer an durchgeknallte Heimwerker, die aus den Trümmern des Realen nicht Modelle der Zukunft, sondern diese selbst zusammenzukleben versuchen.

«Die Zukunft ist kein Ort, an den wir einfach reisen können», sagt Alcorianer Thomas Donaldson, dem es ein kalifornisches Gericht verboten hat, sich bei lebendigem Leibe einfrieren zu lassen: «Die Zukunft ist etwas, das wir erst aufbauen müssen.»

Manche nehmen das wörtlicher als andere und beginnen den

Aufbau der Zukunft gleich heute und mit den eigenen Händen. Alcor ist eine der aktiveren und erfolgreicheren Pioniergruppen dieser «Basteln-wir-uns-die-Zukunft»-Szene – mit einem Bibliothekar und Science-fiction-Fan als Präsidenten, einem verhinderten Astronauten als Hauselektriker, einer Amateur-Science-fiction-Autorin als Anführerin des Suspensionsteams und einem Extropianer als Leiter der Mitgliederbetreuung.

In der hochentwickelten Bay Area um San Francisco hat das 21. Jahrhundert bereits begonnen, und um die idyllische Psi-Kapitale Santa Fe in New Mexico herum haben die Gurus alternativer Bewußtseinsveränderung ihr globales Hauptquartier aufgeschlagen. Alcor in Phoenix residiert nicht nur in der geographischen Mitte. Das kryonische Anliegen selbst steht im Zentrum des Zukunftsdenkens.

Die gewaltige Kluft zwischen dem imaginären Cyberreich, in dem alles schon zu haben ist, und einer Wirklichkeit, die mit dramatischen Lieferschwierigkeiten zu kämpfen hat, läßt auch überzeugte Cyberianer, Extropianer und Transhumanisten fürchten, die eigenen Jahre könnten nicht hinreichen, um den Anbruch der Goldenen Zukunft noch zu erleben. Die Verlängerung der menschlichen Lebensspanne stellt folgerichtig ein vorrangiges Ziel jeden Cyberstrebens dar.

«Ich habe keine Lust, zu der letzten Generation zu gehören, die sterblich ist», sagt Derek Ryan. «Niemand weiß, wie lange die wissenschaftliche Forschung brauchen wird. Wenn ich die wahrscheinlichen Fortschritte der nächsten drei, vier Jahrzehnte in Rechnung stelle, sollte meine Lebenserwartung um die hundert Jahre liegen. Aber vielleicht genügt das nicht? Vielleicht gelingt die Stillstellung des Alterns erst ein paar Jahre nach meinem Tod?» Derek lacht. «Das schien mir doch ein ironisches und grausames Spiel zu sein, was das Universum da mit mir spielen könnte.»

Die ideale Überlebensversicherung gegen ein solches Schicksal, meint Derek, bietet die Kryonik.

28 Eiszeit. Kleine Geschichte der Kryonik

«Ich wünschte, man könnte eine Methode zur Konservierung ertrunkener Personen entwickeln, so daß sie später wieder zum Leben erweckt werden könnten», schrieb Benjamin Franklin 1773. «Ich selbst würde mich am liebsten in einem Faß Madeira-Wein aufbewahren lassen …»

Die wissenschaftliche Vorgeschichte der Kryonik begann ein Jahrhundert später, als es dem Schweizer Raoul Pictet und dem Franzosen Louis P. Cailletet 1877 unabhängig voneinander gelang, Sauerstoff zu verflüssigen. Wenig später wurde die Verflüssigung von Stickstoff möglich. Fast ein weiteres Jahrhundert dauerte es, bis die Idee der kryonischen Suspension moderne Gestalt annahm. Zwar waren bereits Ende der vierziger Jahre am National Institute for Medical Research in London die ersten erfolgreichen Kryopräservationen unternommen worden. Sie und die folgenden Versuche beschränkten sich jedoch auf die Einlagerung von Sperma und Gewebeproben in Glycerol. Den ganzen Menschen als Tiefkühlobjekt faßte erst Anfang der sechziger Jahre der amerikanische Physikprofessor und SF-Fan Robert T. W. Ettinger ins Auge. Er gilt derweil als Gründervater der Kryonik. Der berühmt-berüchtigte Kern seines Pamphlets *The Prospect of Immortality* («Die Aussicht auf Unsterblichkeit», 1964) lautet:

«Wir müssen nur dafür sorgen, daß unsere Körper nach dem Tod in entsprechenden Kühltruhen gelagert werden, bis eine Zeit gekommen ist, in der die Wissenschaft uns helfen kann. Was immer uns heute tötet, ob das Alter oder eine Krankheit, und auch wenn die Gefriertechniken zur Zeit unseres Todes noch sehr primitiv sein sollten, früher oder später werden unsere Freunde in der Zukunft der Aufgabe gewachsen sein, uns wiederzubeleben und zu heilen.»

Der erste Mensch, der mit Professor Ettingers fixer Idee Ernst machte, war der kalifornische Arzt Dr. James Bedford. Am 12. Januar 1967 starb er an Krebs.

«Damals gab es keine feste kryonische Organisation», sagt Stephen Bridge.

Alcors Präsident führt mich durch das Hauptquartier der Stiftung und zugleich durch die Geschichte der Kryonik. Im Eingangsbereich ist ein liegender weißer Tank ausgestellt, einem Propangasbehälter nicht unähnlich.

«Das ist Dr. Bedfords zweite Suspensionskapsel. In ihr lag der Patient waagerecht. Heute arrangieren wir das senkrecht», sagt Stephen Bridge. «Senkrecht ist sicherer.»

«Stehend? Warum?»

«Auf dem Kopf stehend!» sagt Stephen. «Falls nämlich unverhofft ein Leck eintreten sollte, wären zuerst die Füße ohne schützende Stickstoffkühlung. Und auf die können wir eher verzichten als auf unseren Kopf.»

Über dem weißen Tank hängen Fotos von Dr. Bedford. Die Szene gleicht ein wenig einem der Straßenrand-Schreine, die in südlichen Ländern an die Verkehrstoten gemahnen.

«Die Leute, die Dr. Bedford eingefroren haben, waren eine lose Gruppe, die einzig zu diesem Zweck zusammenkam», erzählt Stephen Bridge weiter.

Zunächst sorgte eine Firma in Arizona, die die ersten kryonischen Container baute, für die Kühlung des Patienten. Später übernahm Dr. Bedfords Familie diese Aufgabe – und verschwand aus dem engen Kosmos der Kryoniker.

«Anderthalb Jahrzehnte hatte niemand eine Ahnung, was aus Dr. Bedford geworden war.»

Reporter, die an einem Bericht über Alcor arbeiteten, stöberten den Verschollenen schließlich auf; in einer kleinen Mietlagerhalle.

«Alle zwei Wochen nahmen sich seine Frau oder sein Sohn oder seine Schwiegertochter einen Tag frei, fuhren zu dem Lager hinaus und warteten auf den Laster, der den Stickstoffnachschub anlieferte.» Stephen Bridge schüttelt lachend den Kopf: «Die taten das aus Anhänglichkeit, obwohl sie selbst nicht so recht an die Kryonik glaubten. Und sie machten es gegen den Widerstand der anderen Familienmitglieder, die das Experiment abbrechen und den Alten endlich begraben wollten, um das Vermögen unter sich aufzuteilen.»

Ein Großteil des Geldes, das Dr. Bedford für seine Konservierung bestimmt hatte, war bereits im Kampf gegen die familiären Kühl-Gegner für Anwalts- und Gerichtsgebühren verbraucht worden. Um die Zukunft des ersten kryonischen Patienten schien es schlecht bestellt. Da nahm Alcor den Pionier unter seine Obhut.

«Mehrere unserer Mitglieder spendeten», sagt Stephen Bridge stolz. «Seit 1989 haben wir Dr. Bedford in unserem Lager. Sie können ihn nachher sehen.»

In den zweieinhalb Jahrzehnten, die seit Dr. Bedfords Tiefkühlung vergangen sind, konnte die Kryotechnik gewaltige Fortschritte verbuchen. Vieles von dem, was schon möglich ist, klingt nicht weniger utopisch als das Einfrieren von Menschen. Ganze Rinderherden lassen sich zum Beispiel im Handgepäck von Kontinent zu Kontinent transportieren – als tiefgefrorene, zehntelmillimeterkleine Embryonen, die am Ziel der Reise aufgetaut und Surrogatkühen zum Austragen eingepflanzt werden. Ob das am Tag der Ankunft, eine Woche, Jahrzehnte oder Jahrhunderte später geschieht, macht in praktischer Hinsicht keinen Unterschied.

Beim Experimentieren mit dem Gefrieren ausgewachsener Tiere erzielten die Forscher ebenfalls Erfolge. Meist folgten sie Vorbildern in der Natur: Spinnen oder Frösche etwa können – dank körpereigener Kühlschutzmittel – einige Tage mit Temperaturen unter null Grad überleben. Forscher von BioTime haben dementsprechend 1992 das Blut eines Beagle durch das Kühlmittel ersetzt, welches auch beim Einfrieren von Alcors Patienten benutzt wird. Der Beagle wurde dann auf ein Grad Celsius heruntergekühlt, vier Stunden in diesem Zustand belassen und ohne erkennbare Schäden reanimiert. Ein ähnliches Experiment führten Alcor-Mitglieder mit einem Hund namens Dixie durch.

Die Probleme, die eine Kryopräservation ausgewachsener Tiere mit anschließender Reanimation bereitet, potenzieren sich beim Menschen. Zwar lebt eine erkleckliche Zahl von gesunden Individuen unter uns, die einmal auf minus 196 Grad eingefroren waren – als Embryos. Die könnnen heute ebenso wie Sperma auf Vorrat und auf unbegrenzte Zeit eingelagert werden. Weltweit bieten Hunderte von Kältebanken diesen Service für menschliches (Erb-)Gut an. Körperteile ausgewachsener Humanoiden werden gleichfalls für Transplantationen regelmäßig eingefroren: Haut und Augenhornhaut, Blut und Teile der Bauchspeicheldrüse.

Bei ganzen Organen jedoch stößt die Gefriertechnik bislang an ihre Grenzen. Nieren etwa lassen sich lediglich zwei bis drei Tage eisgekühlt (aber ungefroren) aufbewahren. Das amerikanische Rote Kreuz versuchte über Jahre hinweg, eine neue Technik – genannt Vitrifikation (Vergläserung) – zu vervollkommnen. Sie würde, dem Verfahren der Glasherstellung ähnlich, die zerstörerische Bildung von Eiskristallen im Gefrierprozeß verhindern.

«Das Forschungsprojekt wird jetzt am Naval Medical Research Laboratory weiter verfolgt», sagt Stephen Bridge. «Einer der Wissenschaftler, Dr. Gregory Fahy, scheint sehr dicht daran zu sein, Kaninchennieren vitrifizieren zu können. Ein Erfolg würde eine gewaltige Wende für Nierenübertragungen in den USA bedeuten. Die Hälfte aller Organe, die für Transplantationen zur Verfügung stehen, werden nämlich nicht verpflanzt, weil man sie entweder nicht schnell genug zu den Empfängern bringen kann oder weil man nicht den richtigen Empfänger zur Hand hat. Wenn man die Nieren erst einmal einfrieren könnte ...»

Auch für Neuropräservationen, wie sie Alcor praktiziert, brächte die Vitrifikation entscheidende Fortschritte. Da verschiedene Gewebe und Organe des Körpers auf das Einfrieren unterschiedlich reagieren und einen individuellen Gefrierplan erfordern, bliebe die Tiefkühlung kompletter Menschen ohne Gefrierbrandschäden allerdings weiterhin schiere Utopie.

29 Angebohrt. Vorletzte Schritte ins ewige Eis

Der frischgeschrubbte Operationstisch hat Wannenform. Die hohen Ränder hindern das Tauwasser und die diversen Körperflüssigkeiten des Patienten am Abfluß in Richtung Boden. Alcors Operationssaal liegt zwischen den Büroräumen und der Halle, in der die suspendierten Patienten gelagert werden. Ist Klaus Reinhard erst einmal hier angekommen, läßt sich sein Weg in die Tiefkühl-Zukunft kaum mehr aufhalten.

An der Längsseite des OPs steht ein Computer. Vor ihm sitzt «Patienten-Pfleger» und Hausphilosoph Mike Perry. Für Alcor hat der promovierte Informatiker ein Programm geschrieben, das die Infusion des Frostschutzmittels in die Blutbahn steuert und sein Eindringen ins Gehirn berechnet.

Tanya Jones, die Leiterin des aus 12 bis 15 Personen bestehenden Suspensionsteams, kontrolliert ein letztes Mal die Ausrüstung: die stationäre Herz-Lungen-Maschine, das Radiometer, den Vorrat an Medikamenten und Frostschutzmittel, das Handwerkszeug für den professionellen Chirurgen, der von Alcor angeheuert wird, um in den schwierigen Phasen der Operation das Skalpell zu führen. Denn Tanya Jones, klein, schmal und von intellektueller Eleganz, ist nur Do-it-yourself-Medizinerin. Während ihres Informatikstudiums hat sie sich intensiv mit Statistik, Wahrscheinlichkeitsrechnung und Science-fiction beschäftigt. Bis heute schreibt sie selbst Geschichten aus der Zukunft. Ihr Geld verdiente sie als Assistentin eines Senators, danach arbeitete sie in London für das Pentagon. Ihre Leidenschaft aber gehört dem Universum.

«Ich will wissen, wie es funktioniert. In den nächsten tausend Jahren möchte ich am liebsten nichts anderes tun als lernen, lernen, lernen. Daten absorbieren.»

Vor vier Jahren hörte sie zum ersten Mal von Alcors Existenz. Und war begeistert: «Ich wollte immer die Freiheit, mein eigenes Schicksal zu bestimmen. Vor allem, wie lange ich lebe.»

Tanya Jones kündigte ihren Job und zog nach Kalifornien, um in Alcors Nähe zu sein.

«Alle hier sind überdurchschnittlich intelligent und wenig karrierebewußt», sagt sie. «Das macht die Atmosphäre einfach angenehm. Keine Intrigen, kaum Feindschaften. Dabei haben wir nicht viel gemeinsam – außer, daß wir alle unsterblich werden wollen.»

«Als ‹libertarians› läßt jeder jeden gelten», stimmt Stephen Bridge zu. «Obwohl kaum einer mit dem anderen in Fragen übereinstimmt, die nicht mit Kryonik zu tun haben.»

Und Derek Ryan sagt: «Wir sind alle für die Zukunft offen. Jeder allerdings für eine andere.»

Tanya Jones arbeitete eine Zeitlang als freiwillige Helferin, dann wurde sie Leiterin des Suspensionsteams und fest angestellt.

«Ich bin so schnell in diese Position aufgerückt», sagt sie stolz, «weil ich eine große Fähigkeit zu systematischem Denken habe und ein Team organisieren kann ...»

Und weil Dr. Leaf, ihr Vorgänger, überraschend einer Herzattacke erlag. Seine Neuropräservation war Tanyas Feuerprobe.

«Es war fürchterlich», sagt sie und meint nicht die Suspension, sondern das feindliche Verhalten der Verfügungsgewaltigen des Krankenhauses, in das Dr. Leaf von einem Notarzt eingewiesen worden war. «Da lag unser Freund auf der Bahre und verrottete vor sich hin, und wir konnten ihn nicht retten.» Tanya holt tief Luft: «Es tat so gut, ihn endlich auf unserem Operationstisch zu haben.»

Daß das Erlebnis tiefere psychische Spuren hinterließ, davon zeugen mehr noch als Tanyas Worte die zahllosen Griffe zu der großen Nickelbrille, die ihr schmales Gesicht umrahmt.

«Ein Freund von mir war tot. Aber die Kryonik gibt uns Hoffnung. Eines Tages werde ich vielleicht wieder mit ihm sprechen können.»

Die Operation, die ein solches Rendezvous in der Zukunft möglich machen soll, dauert knapp zwei Stunden. Die Brust des Patienten wird geöffnet, der Mietchirurg legt einen Herz-Bypass an und kappt die Verbindungen zur Lunge ab. Ein effektiverer Blutkreislauf wird so direkt vom Herz zum Gehirn und zurück etabliert. Erneut muß ausgetauscht werden, was durch Klaus Reinhards Adern fließt. An die Stelle des in Kiel eingepumpten Organkonservierungsmittels tritt nun das Frostschutzmittel Glycerol. Rund fünf Stunden dauert die Perfusion. Alle fünfzehn Minuten werden den Arterien und Venen Proben entnommen, um die pH-Werte und die bereits erreichte Glycerol-Konzentration zu messen. Die Perfusion gleicht einer Gratwanderung. Einerseits ist eine hohe Sättigung des Gehirns mit dem Frostschutzmittel wünschenswert. Andererseits besteht die Gefahr einer Vergiftung der Zellen.

Ungefähr eine Stunde nach Beginn der Glycerol-Zufuhr bohrt

der Chirurg ein Guckloch in den Schädel des Patienten. Es dient der Beobachtung möglicher Ödeme beziehungsweise Gehirnschwellungen. Bei idealem Verlauf kann das Team durch die Öffnung beobachten, wie sich das Gehirn vom Schädel zurückzieht: ein gutes Zeichen für die Trockenlegung der Zellen. Am Ende einer erfolgreichen Perfusion hat sich zwischen Schädeldecke und Gehirn eine Kluft von zwei bis drei Zentimetern aufgetan.

«Woher nehmen Sie die Sicherheit, mit dem gegenwärtigen kryonischen Verfahren die Persönlichkeit ihrer Patienten zu konservieren?» frage ich. «Und nicht nur einen Haufen toter Gehirnzellen?»

Tanya Jones lächelt. Mehr freundlich als mitleidig. «Wir wissen in der Tat sehr wenig darüber, wie das Gehirn funktioniert», sagt sie. «Die entscheidende Frage, die wir uns stellen müssen, lautet aber: Was macht uns unterschiedlich? Denn wir wollen nicht Leben an sich, sondern einen ganz bestimmten Menschen erhalten.»

Ihr Blick sieht unvermittelt durch meine Augen hindurch, als gedenke sie, die Beschaffenheit meiner grauen Zellen gleich jetzt zu begutachten.

«Für mich», fährt sie mit einer Bestimmtheit fort, die auf intensive Lektüre schließen läßt, «liegt das Besondere jedes Menschen in der Kombination von Erb- und Erlebnisstruktur, von einmaliger DNA mit einmaligem Daten-Input.»

30 Patienten-Identität. Kopfkundiges

«Das Gehirn», sagt der Molekularbiologe James Watson, Mitentdecker der physischen DNA-Struktur, «ist das komplizierteste Objekt, auf das wir im Universum bislang gestoßen sind.»

Gerade deshalb steht es natürlich im Zentrum der Cybersehnsüchte. Wollen die Kryoniker den Gehirninhalt konservieren, um damit das Individuum vor dem Tod zu retten, so planen Robotiker den Bau künstlicher Gehirne, die schneller schalten als biologische. Die Cyberpunks träumen davon, die biologische Speicherkapazität mittels ROM-Chips zu erhöhen, um das langwierige Erlernen von Fremdsprachen oder Expertenwissen überflüssig zu machen, und die Extropianer beabsichtigen gar, ihre Persönlichkeit zwecks größerer Selbstentfaltung auf elektronische Speichermedien zu kopieren.

Doch nicht nur Christen dürften sich fragen: Ist die Seele ein Stück Fleisch? Haben Bewußtsein und Persönlichkeit eine materielle Grundlage, einen festen «Ort» im Gehirn? Denn bestünde keine klare Relation zwischen der Materie des Gehirns und unserem immateriellen Bewußtsein, wären natürlich alle Versuche, individuelle Gehirninhalte zu konservieren oder auf andere Medien herunterzuladen, bereits theoretisch unmöglich.

Was aber das Bewußtsein ist; wodurch unsere Wahrnehmungen und Entscheidungen, unsere Erkenntnisse, Gefühle und Träume bestimmt werden; was also die Persönlichkeit ausmacht, diese Überlegungen beschäftigen die Menschheit, solange sie bewußt denken kann.

Aristoteles nahm an, daß Geist und Bewußtsein im Herz residieren, da es dort am wärmsten sei. Plato tippte zwar richtiger auf den Kopf, allerdings aus den falschen Gründen: weil der so perfekt geformt sei, perfekt jedenfalls im Sinne von Platos Sphärentheorie. Bei Anbruch der Neuzeit waren Naturwissenschaftler und Philosophen sich dann im Prinzip einig, daß der Schädel dem Verstand seinen Raum gebe. Wie aber Gehirnmasse und menschlicher Geist miteinander in Einklang zu bringen seien, darüber debattierte man jahrhundertelang erbittert. Aller Streit lief stets auf dasselbe hinaus: Waren Verstand und Geist beziehungsweise «Seele» spirituelle Kräfte, aller Materie fremd, von ihr kategorial getrennt und womöglich von Gott gegeben? Oder war menschliches Bewußtsein lediglich das ableitbare Ergebnis physischer Prozesse und insofern naturwissenschaftlich erklärbar?

Erst die elektronischen Fortschritte der vergangenen Jahre ließen die Bewußtseinsforschung den notwendigen historischen Sprung machen: von der Philosophie zur Naturwissenschaft, von der Spekulation zur «Meßbarkeit». Erstmals ist es jetzt möglich, die wuchernden Theorien durch den direkten Blick ins funktionierende

Gehirn zu überprüfen. Statt durch philosophische Reflexion oder psychologische Deduktion suchen Wissenschaftler mit Hilfe hochsensibler Mikroelektroden, MRI (Magnetic Resonance Imaging) oder PET (Positron Emissions Tomography) die Antwort auf das alte Rätsel, indem sie die verschlungenen «Wege» verfolgen, die Gedanken, Erinnerungen und Gefühle durch unsere Hirne nehmen.

Von einer einheitlichen Theorie des Bewußtseins ist die Forschung zwar noch immer weit entfernt. Doch keinen Zweifel gibt es mehr daran, daß das, was wir als Bewußtsein erfahren, seine materiellen Grundlagen in dem Netz von Neuronen hat, speziellen Nervenzellen, von denen sich in jedem menschlichen Gehirn so viele befinden wie Sterne in der Milchstraße: einhundert Milliarden.

Allein die Großhirnrinde, die alles birgt, was unsere Persönlichkeit definiert, von den Zentren für Sinnesempfindungen und Willensbildung bis zum Sprachzentrum, enthält zehn Milliarden solcher Neuronen. Untereinander gehen sie rund eine Billion Verbindungen ein, sogenannte Synapsen.

«Wenn wir pro Sekunde eine Verbindung zählen würden», sagt der amerikanische Neurobiologe und Nobelpreisträger Gerald M. Edelman, «wären wir mit dem Zählen erst 32 Millionen Jahre später fertig.»

Edelman hat eine Theorie der Entwicklung des menschlichen Bewußtseins vorgeschlagen, die sich an Charles Darwins Gedanken der natürlichen Selektion orientiert. Sie gründet auf dem Faktum, daß die synaptischen Strukturen des Gehirns genetisch nicht vorgegeben sind. In jedem Gehirn bilden sie, lehrt Edelman, das Ergebnis eines individuellen Ausbildungs- und Selektionsprozesses, der erst mit dem Tod endet. Solange ein Mensch lebt, bleibt die Molekularstruktur seines Gehirns in ständiger Bewegung. Jedes sensorische Erlebnis, jeder Gedanke zeitigt meßbare Auswirkungen auf das neuronale Netzwerk, welche als Folge außerordentlicher Erlebnisse und Erfahrungen bisweilen sogar recht radikal ausfallen können. Dabei werden, meint Edelman, unzählige Zellverbindungen ausprobiert, und jene, die im Umgang mit der hereinstürzenden Reizflut den größten Erfolg haben, bleiben erhalten.

Wo aber im Gehirn diese Erfahrungen und Erinnerungen gespeichert werden, war lange umstritten. Bei der Suche nach einem solchen Ort stießen die Neuro-Forscher auf eine krasse Differenz zwischen der hohen Zahl von Gehirnzellen und der Kapazität des menschlichen Gedächtnisses. Sie ist mit gerade mal einhundert Megabyte vergleichsweise gering. (Die physisch erheblich kleinere Festplatte des Laptops, an dem ich arbeite, faßt bereits die zehnfache Datenmenge.) Die Beobachtung dieses Mißverhältnisses zwischen körperlichen Voraussetzungen und tatsächlich gespeicherten Informationen führte zu der Erkenntnis, daß Gedächtnispartikel überhaupt keinen festen «Ort» im Gehirn einnehmen.

Nicht in einzelnen Zellen, sondern jeweils in vielen, im Netz der Synapsen ruhen Daten und persönliche Erinnerungen. Was wir als Bewußtsein und individuelle Identität eines Menschen begreifen, wäre demnach dem neuronalen Netz seines Gehirns einbeschrieben.

Selbstverständlich erklärt eine solche «Verortung» des Bewußtseins noch lange nicht sein Entstehen. Wer aber behauptet, Seele und Bewußtsein existierten nicht getrennt von ihrer fleischlichen Grundlage, unterliegt dem Zwang, die Relation zwischen Materie und Bewußtsein zu charakterisieren: wie es sich plötzlich aus der Verbindung von Nervenzellen ergeben kann, die selbst kein Bewußtsein aufweisen. Führende Forscher, darunter der AI-Experte Marvin Minsky, spielen mit einem Modell des spontanen «Erscheinens» («emergence»). Ihm zufolge entstünde die neue Qualität «Bewußtsein» aus der spezifischen Verbindung nichtbewußter Elemente, so wie sich etwa die neue Qualität des «Eingeschlossenseins» aus der spezifischen Anordnung einzelner Wände ergibt, die jede für sich allein diese Eigenschaft nicht besitzen.

Doch derlei Fragen müssen die Kryoniker nicht kümmern. Ihnen geht es ja nur darum, das bereits vorhandene einmalige Bewußtsein eines Sterbenden beziehungsweise die Materie zu bewahren, in der dieses Bewußtsein gespeichert wird. Nach dem gegenwärtigen Forschungsstand ist das die synaptische Struktur.

«Die Essenz einer Person, mein Selbst», schreibt Hans Moravec, «ist das Muster und der Prozeß, der in meinem Gehirn und Körper abläuft, nicht die Maschinerie, die diesen Prozeß ermöglicht. Wenn der Prozeß erhalten wird, werde ich erhalten. Der Rest ist einfach Brei.»

Die komplizierte synaptische Struktur, bestehend aus zig Milliarden einzelner Nervenzellen und ihren Querverbindungen, über den Tod eines Menschen hinaus dauerhaft zu konservieren ist allerdings eine Aufgabe, an der weniger wagemutige Bastler als die Kryoniker verzweifeln könnten.

31 Up, up and away, my beautiful balloon. Die Neuro-Präservation

Vollverkabelt und die Genitalien schamhaft bedeckt, liegt der nackte Patient auf dem Operationstisch. Nach vier Stunden erreicht die Konzentration des Glycerols allmählich die angestrebten Höchstwerte. Bei den letzten Suspensionen, die Tanya Jones vorgenommen hat, verblieben nur mehr um die 15 Prozent des Wassers im Gehirn.

«Das richtet beim Gefrieren noch genug Schaden an den Zellmembranen an», sagt Stephen Bridge. «Wir arbeiten daran, den Prozentsatz weiter zu verringern.»

Nach dem Ende der Glycerol-Perfusion werden dem Rückenmark Gewebeproben entnommen. Sie erlauben es, den genauen Konzentrationsgrad des Glycerols zu bestimmen. Hätte sich der Patient zu einer Ganzkörper-Präservation entschlossen, so würde ihm die Brust wieder zugenäht, sein Leib in eine Plastikplane eingewickelt und langsam in ein Silikon-Trockeneisbad getaucht, das in einer Art Badewannensarg vorbereitet wird. Die angestrebte Abkühlung auf minus 27 Grad dauert darin ungefähr 36 Stunden. Danach wird der Körper in einen Plastikschlafsack gehüllt und Zentimeter für Zentimeter in ein Stickstoffbad gesenkt. Nach zwei Wochen wäre die Endlagertemperatur von minus 196 Grad erreicht.

Doch Klaus Reinhard will es anders, und daher wäre nun der Moment gekommen, an dem er den Kopf verlieren muß. Seine Abtrennung vom Rumpf nimmt der Chirurg zwischen dem fünften und sechsten Rückenwirbel vor. Anschließend heftet er den offenen Nacken zum Schädel hin mit einer Art Hautstapler zusammen. Der so verschlossene Schädel wird in ein neuartiges, automatisches Gefriersystem gesteckt. Es wurde von Scott Herman, Mike Perry und anderen Helfern eigens für Alcor entwickelt und ähnelt einer Jumbo-Camping-Kühlbox. Von dort wird der Kopf nach anderthalb Tagen in den Standard-Neurokühler überführt, eine Art chromglänzenden Spaghettitopf.

Klaus Reinhards Gehirn erhält jetzt seine letzte Kühlung. Die Endlagertemperatur stellt die Biologie still. Hunderte, wenn nicht Tausende von Jahren wird im Innern des so konservierten Schädels keinerlei Veränderung stattfinden. Seine Eiszeit beginnt, und mit ihr das lange Warten auf die Wiedererweckung.

«Natürlich gibt es keine Garantie, daß die Kryonik funktioniert», sagt Tanya Jones. «Aber besser eine kleine als gar keine Chance auf Unsterblichkeit.»

32 Auferstehung aus dem Eis. Techniken der Unsterblichkeit

Außerhalb der eisigen Heimstatt des Patienten läuft das Leben weiter. Jahre verstreichen, Jahrzehnte, vielleicht Jahrhunderte. Heute unheilbare Krankheiten werden heilbar. Den Genforschern gelingt es, das Wachstum von Zellen zu kontrollieren. Der Alterungsprozeß kann angehalten werden. Nanotechniker entwickeln winzige Roboter, die Materie Atom für Atom zu manipulieren vermögen. Mit ihrer Hilfe lassen sich kranke oder beschädigte Körper Zelle für Zelle reparieren. Bereits vollzogene Alterung kann nun rückgängig gemacht werden. *Forever young* und unrettbar gesund, erinnern sich die Menschen der Zukunft – allen voran natürlich (über)lebende Alcor-Mitglieder – der tiefgefrorenen Chrononauten aus unserer Gegenwart. Damit schlägt auch Klaus Reinhards Stunde.

Die Rekonstruktion seines Gehirns beginnt in der «Revival Unit», einer halb organischen, halb anorganischen Maschine. Die

Temperatur des Kühl-Kopfes wird auf minus 130 Grad erhöht. Die «künstliche Intelligenz» der Wiederbelebungsapparatur steuert von Ferne mikroskopisch kleine Reparatureinheiten. Sie räumen die Blutbahnen von Eis frei, bis neue Kühlflüssigkeit ungehindert zirkulieren kann. In ihr navigieren dann gerade zellgroße, sich selbst vermehrende Bioroboter und beseitigen die Gefrierschäden an den Zellen. Dabei entnehmen sie ebenfalls DNA-Proben. Aus ihnen wird die intakte, «jugendliche» Sequenz rekonstruiert. Sobald sie bekannt ist, setzen Reparatur-Enzyme im Schädel die Reprogrammierung der DNA in Gang. Gleichzeitig liefert die Analyse der Zellen alle notwendigen Informationen, um für Klaus Reinhard im Bio-Labor einen neuen, mit seinem alten teils identischen, teils genetisch verbesserten Körper heranwachsen zu lassen. Ist die Reparatur der Gehirnzellen abgeschlossen, wird der – verjüngte – Schädel mit dem rekonstruierten Körper vereinigt.

In einem Raum, der weitgehend jenem Kieler Krankenzimmer gleicht, in dem Klaus Reinhard Jahrzehnte oder Jahrhunderte zuvor seine letzten Atemzüge tat, wacht er sanft wie aus einer Narkose auf. Die Kulisse aus der vertrauten Vergangenheit soll den Zukunftsschock mildern. Im Bestfall erblicken die Augen des Reanimierten zuerst, wen sie vor ihrer Kryo-Konservierung zuletzt gesehen haben: Tanya Jones. Von ihr erfährt der reanimierte Kryonaut, in dessen Bewußtsein nur Stunden vergangen sind, seit er in Kiel entschlief, wo und wann er sich befindet: am Ende des 21. Jahrhunderts und in einer Station, die um die Erde kreist.

So jedenfalls will es die «spekulative Theorie der Wiederauferstehung», eine Alcor-Utopie aus der Werbebroschüre *Cryonics. Reaching for Tomorrow*, der diese Schilderung weitgehend folgte. Damit das Alcor-Märchen dereinst wahr wird, müssen zwei «Techniken der Unsterblichkeit» (weiter)entwickelt werden: Genmanipulation und Nanotechnologie. Die jüngsten Fortschritte auf beiden Gebieten scheinen den Alcorianern vielversprechend genug.

Seit 1952 wissen wir, wie die DNA, einem biologischen Computerprogramm gleich, in rund 100 000 Genen mit insgesamt drei Milliarden Bits die Bauanleitung zum fertigen Menschen liefert. Die DNA-Dekodierung schreitet überraschend schnell voran. Statistisch gesehen wird jeden Tag ein Gen identifiziert – von jenen, die unsere Augenfarbe bestimmen, bis zu jenen, die für Brust- oder Darmkrebs verantwortlich zeichnen. Wir sind Zeitgenossen einer biomedizinischen Revolution, und die meisten von uns werden es noch erleben, daß das gesamte genetische Verzeichnis der Menschheit auf einer CD-ROM erhältlich ist. Bei einer Umfrage des Magazins *Wired* schätzten 1994 führende US-Gentechniker, daß das «Projekt Genome» – die Kartographierung der DNA – zwischen dem Jahr 2000 und 2005 abgeschlossen sei. Eine grobe Landkarte, entwickelt in Paris von Dr. Daniel Cohen, kann sich der Interessierte schon heute via Internet auf den Heimcomputer herunterladen.

Während das Projekt Genome also in absehbarer Zeit eine genetische Blaupause zum Um- und Nachbau des menschlichen Körpers liefern wird, überschreiten bereits die gegenwärtigen Möglichkeiten der Gentechnik das, was – laut Umfrage von *Time* – die meisten Menschen für wünschenswert halten.

1993 haben etwa amerikanische Forscher getan, worauf in Deutschland bis zu fünf Jahren Gefängnis stehen: Sie klonten 17 menschliche Embryos so lange, bis es 48 waren. Da die Kryo-Konservierung solcher Embryos derweil eine Routineprozedur ist – Zehntausende von ihnen schwimmen in den Kältebanken der entwickelten Länder und warten darauf, daß ihre potentiellen Eltern sie zwecks Austragung auftauen lassen –, behindert kein technisches Problem mehr eine rudimentäre Form des Klonens von einzelnen Exemplaren des Homo sapiens: Von jedem Kind, das heute gezeugt wird, ließe sich eine exakte Embryo-Kopie einfrieren und bei Bedarf aktivieren: um frühverstorbenen Nachwuchs zu «ersetzen», um immunverträgliche Organe für einen Kranken heranzuzüchten oder gar um einen jungen «Ganzkörper-Ersatz» für das Gehirn des alternden «Originals» zu schaffen.

Für die nächsten Jahrzehnte erwarten Forscher zudem ausreichend Erkenntnisse, um Zellen zum gezielten Wachstum zu animieren. «Tissue Engineering» und Knochen-Morphogenese, das «Nachwachsen» bestimmter Gewebe und Körperteile nach Unfällen und Krankheiten, sind Nahziele der Biotechniker.

«Wir stellen uns das ein bißchen vor wie einen Ersatzreifen», sagt

Hari Reddi von der John-Hopkins-Universität. Ende der achtziger Jahre gelang es ihm und seinem Team, die ersten Wachstumsfaktoren zu isolieren. «Im Jahre 2010», sagt er heute, «wird einer, der eine neue Hüfte braucht, sich einfach sein eigenes Ersatzteil wachsen lassen können.»

Am Ende dieser Entwicklung könnte nicht nur die Rekonstruktion ausgestorbener Gattungen aus ihrer DNA à la Jurassic Park stehen, sondern selbstredend auch die Rekonstruktion eines «verstorbenen Körpers» aus der DNA des kryonisch «überlebenden» Schädels.

Für Alcor und Neuro-Patienten wie Klaus Reinhard rangiert die Produktion eines neuen Körpers jedoch erst an zweiter Position der Dringlichkeitsliste. Vorrangig ist die Reparatur der Gefrierschäden am Gehirn des Kryonauten. Für sie sind Fortschritte in der Nanotechnologie entscheidend.

Ihren Namen bezieht diese jüngste High-Tech-Branche von der kleinsten Einheit auf dem Nanometer. Ein Nano entspricht ungefähr einem Milliardstel des Normalmeters; ein typischer Virus zählt um die einhundert Nanometer. Ziel der Nanotechnologie ist die Manipulation der Materie auf dem atomaren Level. Einer der ersten, der dieser Absicht die Fähigkeit zur Realisierung zuerkannte, war der spätere Nobelpreisträger Richard Feynman.

«Soweit ich erkennen kann», meinte er bereits 1959, «sprechen die Prinzipien der Physik nicht gegen die Möglichkeit, die Dinge Atom für Atom zu bewegen.»

Ernst machte mit diesem Gedanken zuerst Eric Drexler. In seinem bahnbrechenden Buch *Engines of Creation* entwickelte er 1987 das Konzept molekularer Maschinen. Da unter atomarer Perspektive sich ein Tisch und ein Gehirn lediglich durch die verschiedene Anordnung ihrer Atome unterscheiden, könnten solche Molekular-Roboter sowohl sich selbst replizieren als auch – nach Multiplikation auf Milliardenzahl – aus den Atomen eines gleichgültigen Rohmaterials jede Struktur der materiellen Welt nachbauen oder reparieren, gleich ob es sich um Gegenstände oder Lebewesen handelt. Voraussetzung dafür wäre einzig und allein die Kenntnis des jeweiligen atomaren Bauplans.

«Für die nächste Epoche des Informationszeitalters», meint IBM-Vizepräsident und Chefwissenschaftler J. A. Armstrong, «werden Nanoforschung und Nanotechnologie genauso revolutionäre Auswirkungen haben wie die Forschung und Technologie auf der Micron-Ebene in den frühen siebziger Jahren.»

In der Praxis allerdings ist die Nanotechnologie von der Produktion solcher Molekular-Maschinen ein ganzes Stück entfernt. Wissenschaftlern von IBM ist es zwar in den späten achtziger Jahren mit Hilfe eines Elektronenmikroskops gelungen, die Bausteine der Materie einzeln zu bewegen: Sie «nahmen» 35 Xenon-Atome und arrangierten sie zu dem Wort «IBM». Und MIT-Forscher entwikkeln gegenwärtig neue Computergenerationen mit Quantum-elektronischen Geräten, deren Durchmesser ein Dreitausendstel des menschlichen Haares umfaßt. Doch so unvorstellbar winzig das bereits ist, die kleinste Maschine, die in der dreidimensionalen Realität existiert, ist immer noch rund eintausendmal zu grob, um einzelne Atome zu manipulieren.

Mit einem Robotarm, nur 4000 Atome groß, arbeiten Eric Drexler und Ralph Merkle in Xerox Parc – auf einer Silicon Graphics Workstation und in einem Chemie-Simulationsprogramm. Das virtuelle Arrangement bestätigt immerhin die theoretische Stabilität solcher Konfigurationen, von denen sich Merkle nicht zuletzt gewaltige Fortschritte in der Bekämpfung von Krankheiten verspricht.

«Die heutigen medizinischen Geräte sind groß und plump. Betrachten Sie das feinste chirurgische Skalpell aus der Sicht einer Zelle: Es zerreißt das Gewebe, es wirkt wie ein Knüppel, es ist eher ein Instrument der Zerstörung», sagt er. «Mit der Nanotechnologie werden wir chirurgische Instrumente bekommen, die molekular sind in ihrer Größe und in ihrer Präzision, und zum ersten Mal werden wir auf der Ebene intervenieren können, auf der der Schaden entsteht. Zum ersten Mal werden wir direkt heilen können, in der gleichen Weise, wie die Zellen sich selbst heilen.»

Größere Entwicklungssprünge erwarten viele von der 200 Millionen Dollar schweren japanischen Nanotechnologie-Initiative. Mit allerersten praktischen Anwendungen der Nanoforschung rechnet Ralph Merkle in zwei Jahrzehnten. Niemand aber wagt zu schätzen, wieviel Zeit vergehen wird, bis Nanomedizin praktische Realität ist und Nanoroboter, kaum größer als ein Virus und mit der Rechenkraft eines heutigen PC, in unseren Blutbahnen kreisen werden, um dort Krebszellen Atom für Atom zu eliminieren, den Alterungsprozeß zu stoppen und irgendwann die Gehirne derer zu rekonstruieren, die in Alcors Tanks des Todes treiben.

Denn unter nanotechnologischer Perspektive stehen zwischen den Kryonauten und ihrem ewigen Leben lediglich ein paar Milliarden Atome, die an die falsche Stelle gerutscht sind.

33 Ewiges Leben. Vor- und Nachteile

Auch die Unsterblichkeit hat ihre Geschichte. Die Todesdrohung, die bis heute über der menschlichen Existenz schwebt, beflügelte die Phantasie über Jahrtausende hinweg. Welche Gestalt die Utopie des ewigen Lebens dabei annahm, verrät einiges über die jeweilige Epoche. Die Geschichte der Unsterblichkeit erscheint so als ideologisches Komplement einer Sozialgeschichte des Alltagslebens.

«Manche Leute wollen durch ihre Werke oder durch ihre Nachfahren Unsterblichkeit erreichen», sagte Woody Allen einmal und brachte die leidige Angelegenheit damit auf den aktuellen Stand: «Ich möchte Unsterblichkeit einfach dadurch erreichen, daß ich nicht sterbe.»

Kryonik ist der jüngste und modernste Ausdruck, den die selbst nicht krepieren wollende Immortalitätsutopie gefunden hat. Den Tagtraum vom Bad im Jungbrunnen modifiziert die Moderne zur Zelldusche und bedenkt deren Konstruktion klaren Kopfes. In dem Wunsch, das Leben in jedem Sinne in die eigene Hand zu nehmen, reagiert die technische Intelligenz auf eine Welt, die sich Gott nur tot denken kann und die Ewigkeit einzig als Fortsetzung der Gegenwart mit besseren Mitteln. Daß die Qualität des ewig gegenwärtigen Lebens dabei in der Quantität verlorenginge so wie heute schon die Weisheit im Wissen und das Wissen in der Information, diesen kulturkonservativen Einwand können die kryonischen Unsterblichkeitsbastler nicht begreifen.

«Warum soll das Leben nicht ewig weitergehen?» sagt Derek Ryan. «Ich sehe keinen Vorteil darin zu sterben.»

«Und der Vorteil, auf immer weiterzuwirbeln? Worin besteht der?»

«Man hat doch alle Optionen!» Derek schaut mich aus seinen großen runden Augen mitleidig an. «Du kannst dein Leben jederzeit ändern und von vorne anfangen. Neue Freunde, neue Ziele, neue Begierden. Der Tod nimmt dir diese Chancen.» Derek schüttelt den Kopf. «Jedenfalls, soweit wir wissen. Wenn du andere Informationen hast, sag mir Bescheid.»

«Du hast keine Angst, all die neuen Freunde könnten dir langweilig werden, weil sie sich nach einer Weile als auch nicht interessanter erweisen, als es die alten waren?»

«Kann ich mir kaum vorstellen.» Derek macht ein Gesicht, als würde er die Möglichkeit für einen Moment in Erwägung ziehen. «Vielleicht in einer fernen Zukunft, wenn wir Menschen alles über das Universum in Erfahrung gebracht haben werden. Vielleicht könnte ich dann einmal gelangweilt werden. Und mich umbringen. Aber erst, wenn es keine offenen Fragen mehr gibt. Und damit ich mir da ganz sicher sein kann, möchte ich darüber unbedingt mit einem größeren, leistungsfähigeren Gehirn nachdenken, als es mir heute zur Verfügung steht.»

Alt und verbreitet wie die Sehnsucht nach Unsterblichkeit ist die Furcht vor ihr. In den Angstmythen, vom endlos vergreisenden Tithonos über den «ewig wandernden Juden» bis zum «Fliegenden Holländer», spielen die Schrecken des Ewiggleichen eine Hauptrolle. Gegenwärtige Argumente gegen die Unsterblichkeit hingegen meiden solch existentielle Argumentation. Heute zeigt sich die Abwehr gegen das potentielle Ummodeln des natürlichen Zirkels von Werden und Vergehen lieber im ökonomischen oder sozialpolitischen Gewand. Und das nicht ohne Grund: Zweifellos ist der gesamte Lebensrhythmus moderner Gesellschaften vom Sterben seiner Mitglieder abhängig – der Arbeits- und Wohnungsmarkt nicht weniger als die politische Szene. Brächte die Unsterblichkeit einer

Monarchie immerhin einige Vorteile, so bedeutet ewiges Leben für das demokratische Ideal des unablässigen Wechsels eine ebenso ewige Bedrohung.

Besonders rational wähnen sich jene Kassandras, die von Unverantwortlichkeit sprechen, da uns angeblich bereits heute schon der Untergang durch Übervölkerung drohe. Die zusätzliche Belastung durch Leute, die nicht sterben und Platz machen wollen, fehle da gerade noch. Die Argumente der Kryoniker halten dagegen: Erstens erhöhten ein paar hundert oder tausend Tiefgefrorene den Milliarden-Menschen-Mansch kaum; zweitens würden technische Fortschritte die Kapazität des Raumschiffs Erde in den kommenden Jahrzehnten mühelos auf zehn Milliarden Menschen pushen; und drittens schaffe, wie einst die Übervölkerung Europas die Besiedlung der Neuen Welt in Gang brachte, Bevölkerungswachstum plus Kryonik die Voraussetzungen für eine Besiedlung des Weltalls.

Ernster genommen werden von den Apologeten humaner Immortalität andere Befürchtungen, die sich auf drohenden Stillstand richten: des sozialen Fortschritts und im Endeffekt damit der Evolution des Homo sapiens. Die Entwicklung der Gesellschaft wie die der Rasse haben ihre Basis in einer Art Wettlauf der Generationen, wobei die nächste im Prinzip stets die vorherige überholt. Das individuelle Leben zeigt sich in diesem Rennen als Teil einer langen Entwicklungslinie, in der gleiches Genmaterial sich in immer neuen, tendenziell adaptierteren Strukturen realisiert. Die Entwicklung der Gattung verläuft als Stationendrama, in dessen Handlung Generationen auf- und wieder abtreten. Stünden alle demnächst gleichzeitig auf der Bühne, geriete das Drama zu schlichtem Gedränge.

Lebten wir also ewig, gefröre dann nicht die Welt auf einem überfüllten Status quo?

Stephen Bridge schüttelte den Kopf. «Ich glaube das Gegenteil», sagt er. «Die menschliche Rasse als Ganzes kann nur überleben, wenn Leute mit einer höheren Lebenserwartung die grundlegenden Entscheidungen treffen. Vieles, was heute angerichtet wird, geschieht doch bloß, weil sich die Leute sagen, daß sie die Folgen nicht mehr werden ausbaden müssen. Jemand, der Hunderte von Jahren lebt, muß sich dreimal überlegen, ob er die Luft verpestet. Er kann sich ausrechnen, daß er nicht bloß andere, sondern auch sich selbst schädigt. Und er muß befürchten, noch zu erleben, daß man ihn zur Rechenschaft zieht.»

«Überleben ist eine Sache ...»

«... die Voraussetzung!» sagt Stephen Bridge.

«... Weiterentwicklung, Evolution ist eine andere ...»

«Wer länger oder ewig lebt, wird sich nie bescheiden!» Die Augen des Alcor-Chefs leuchten: «Sein Gehirn wird ja so jung bleiben wie sein Körper. Wir werden unsere Evolution nicht länger dem Zufall überlassen.»

Solange die Entwicklung des Lebens naturwüchsig verlief, mußten Lebewesen, die Produkte von «zufälligen» Genkombinationen, sterben, um Raum für neue Kreationen zu schaffen. In der biologischen Evolution heißt Überleben nicht das Überleben des einzelnen Lebewesens, sondern des genetischen Materials. Gene sind, wenn eine Spezies nicht ausgerottet wird, ewig; das Individuum sterblich. In der soziokulturellen Evolution hingegen spielen «Meme» die Rolle der Gene.

Die Wortschöpfung, die auf Richard Dawkins zurückgeht, verwendet das griechische Wort für «Gedächtnis» und meint Wissens- und Erfahrungskomplexe, kulturelle Replikatoren, die in individuellen Gehirnen und sozialen Organisationen oder in Büchern, Computern und anderen Datenspeichern «überleben» wie Gene in der Sukzession von Körpern.

«Während die Sterblichkeit mehrzelliger Organismen für die biologische Evolution notwendig ist, ist sie für die memetische Evolution nicht mehr nötig», heißt es unter dem Stichwort «Die Zukunft der Evolution» in der *Principia Cybernetica Web*: «Im allgemeinen Interesse von Evolution macht das Töten von Menschen keinen Sinn mehr. Beim gegenwärtigen Stand der Evolution, der Evolution der menschlichen Kultur, ist das menschliche Gehirn und seine auf Memen basierende Kultur die Quelle von Schöpfungskraft und nicht ein Gegenstand für Experimente. Sein Verlust durch Tod läßt sich nicht rechtfertigen; er ist eine evolutionäre Absurdität. Die Unsterblichkeit menschlicher Wesen steht auf der Agenda der Kosmischen Evolution.»

Das ist Stephen Bridge aus dem Herzen gesprochen: «Wir haben die Entwicklung der menschlichen Rasse in der Hand», sagt er, glücklich lächelnd. «Wir werden zum Beispiel unser Gedächtnis erweitern.»

«Dürfte dringend notwendig sein», stimme ich ihm zu. «Die heutige Kapazität reicht schwerlich für ein ewiges Leben hin. Allein die Unzahl von Verwandten, wer soll sich deren Namen alle merken?»

«Gut, man wird auswählen müssen», sagt Stephen. «Zwischen den Verwandten und Freunden, die man im aktiven Gedächtnis haben will, und jenen vielen anderen, die man nur im Back-up, als Sicherheitskopie aufbewahrt.» Er lacht. «Vielleicht wäre das ein Verwendungszweck für den Blinddarm? Eine Art Biospeicher? Dort könnte man die alten Erinnerungen aufbewahren, an die man nicht mehr so oft dranmuß.»

34 Tanks des Todes. Ein Blick

Das Alcor-Zwischenlager für Verwandte und Freunde, an die im Augenblick niemand oft dranmuß, verbirgt sich im hinteren Teil des Acoma-Gebäudes. Die fast fünf Meter hohe Halle dient der Aufbewahrung der Suspensionstanks. In den Isolierbehältern, allesamt Spezialanfertigungen aus glitzerndem rostfreiem Stahl und bis zum Rand mit flüssigem Stickstoff gefüllt, treiben die knapp dreißig «deanimierten» Alcor-Mitglieder. Die sechs schlanken, knapp drei Meter hohen Thermosflaschen auf Rädern heißen «Bigfoot Dewars». Sie enthalten die Ganzkörper-Patienten sowie in ihrer Mitte tiefgefrorene Haushunde und -katzen, auf die ihre Besitzer auch in der Zukunft nicht verzichten mögen. Die Spaghettitöpfe mit den Schädeln der Neuro-Präservierten ruhen in den kleineren truhenähnlichen Kühlern.

«Die Dewars sind hervorragend isoliert», sagt Stephen Bridge. «In ihnen ist es rund 220 Grad Celsius kälter als hier in der Halle.»

Er legt die Hand auf einen der «Bigfoot Dewars» und tätschelt ihn liebevoll, als gelte die Bewegung weniger dem Metallkanister als dem Hintern des oder der Suspendierten: «Nichts zu spüren!»

Im Nebenraum parkt die Alcor-Ambulanz. Die hohen Tore der Lagerhalle bleiben – «aus Sicherheitsgründen» – stets verschlossen. Nachts schiebt zudem ein Freiwilliger Wache. Neben den Dewars bollert eine riesige Eismaschine.

«Während der Suspensionen brauchen wir eine Menge Eis», sagt Stephen. «Wenn wir da erst jedesmal die Spirituosenläden der Umgegend abklappern müßten ...»

Leicht ratlos stehen wir um die Container mit den Leichen beziehungsweise deanimierten Patienten herum. Zwei Leitern, ein paar leere Kartons mit der Aufschrift «Künstliche Nieren» – außer den Dewars und viel ungenutztem Platz bietet die Lagerhalle dem Auge wenig. Der Phantasie um so mehr.

«Wir haben vierhundert lebende Mitglieder», sagt Stephen Bridge. «Wir sind auf Zuwachs eingerichtet.»

Während der Alcor-Präsident an die Hundertschaften lebender Leichen denken mag, deren Dewars sich dereinst in der Lagerhalle drängen werden, versuche ich mir vorzustellen, wie diese kühlen Stahl-Sarkophage auf die Menschen der Zukunft wirken mögen. Eine eigentümliche Mischung aus archaisch gestylten Kultobjekten und Mülleimern für Industrieabfälle?

Unter die Kategorie Sondermüll, erfahre ich, fallen die Körper der Suspendierten in der Tat.

«Sie sind voller Frostschutzmittel», erklärt Tanya Jones, «die Überreste der Neuro-Präservierten können wir deshalb nicht einfach begraben. Am besten und billigsten ist noch Verbrennung. Was wir, falls die Neuros keine andere Verfügung getroffen haben, in der Regel auch mit ihren Leibern tun.»

«Was ist das für ein Gefühl», frage ich die Suspensionschefin, «hier jeden Tag zu stehen und zu wissen, daß demnächst der eigene Kopf in einem dieser Töpfe schwimmt?»

«Furchterregend!» lacht Tanya Jones. «Natürlich verdränge ich diesen Gedanken. Ich bin jung. Ich werde da in nächster Zeit nur landen, wenn ich einen Unfall habe oder sehr krank werde. Und bis ich 60 oder 70 bin, haben wir vielleicht ganz andere Möglichkeiten zu überleben ...»

Das Wohlbefinden der Köpfe und Körper, die in den Dewars eingelagert sind, kontrollieren automatische Flüssigkeitsmesser, wie sie in den Benzintanks von Automobilen Verwendung finden. Nähert sich der Pegel der Minimummarge, wird Alarm ausgelöst. Im Schnitt jede Woche füllt Patienten-Pfleger Mike Perry nach, was verdunstet ist.

Zu diesem Zweck zieht er jetzt einen Rollwagen mit Stickstoffflaschen heran. Während Stephen Bridge ihm die Leiter hält, klettert er auf einen der beiden Neuro-Dewars. Die Deckelklappe dieses Sargs auf Rädern sichert eine gewaltige Kette. Perry öffnet das Schloß und zerrt die Klappe hoch. Weißer Stickstoff-Nebel steigt auf und erzeugt den Eindruck: Doktor Horror bei der Arbeit.

«Alles recht ungefährlich», sagt Mike Perry. «Sieht nur so gespenstisch aus.»

«Die größte Gefahr», pflichtet ihm Stephen Bridge bei, während er den silbernen Schlauch der Stickstoffflasche hochreicht, «besteht darin, sich Frostbeulen zu holen.»

Im Stickstoff-Nebel unterhalb der Klappe taucht blaues Styropor auf. Mike Perry hebt es aus dem Dewar und schiebt den Schlauch hinein. Für einen Augenblick läßt sich ein halbes Dutzend der Spaghettitöpfe mit den eingefrorenen Köpfen erkennen. Zwei tragen die Patientennummern A 1171 und A 1367.

«Wer waren die beiden?» frage ich.

Mike Perry schweigt beharrlich. Stört ihn das Präteritum?

«Wer sind die beiden?» wiederhole ich die Frage.

«Wir betrachten das als indiskret», sagt Stephen Bridge. «Eine Verletzung der Privatsphäre unserer Patienten.»

Bei seiner Antwort muß ich versonnen gelächelt haben. Vielleicht ist meine Zunge, in Vorfreude auf die Abfassung dieses Berichts, gar genüßlich über die Lippen geglitten? Stephen jedenfalls zeigt sich plötzlich gar nicht mehr freundlich.

«Viele Leute versuchen, auf unsere Kosten komisch zu sein», sagt er streng.

Nicht ganz zu Unrecht verdächtigt, streiche ich schuldbewußt all die schlechten Witze, die mir bereits vor einer Weile in den Notizblock geflossen sind: von den kalten Füßen, die jeder hier bekommt, über «Techno-Ötzis» und «fröhliche Eiszeit» bis zum kühlen Kopf, den man sich bei Alcor auf Dauer bewahren lassen kann.

«Für uns sind die Suspendierten keine gesichtslosen Toten», sagt Stephen Bridge, und seine Augen schauen so kalt, daß mir der Arsch auf Grundeis geht. «Zwei unserer Angestellten haben Verwandte in den Dewars, ich persönlich kenne vier Leute sehr, sehr gut. Das sind unsere Väter und Mütter, Töchter und Söhne. Mal abgesehen davon, daß eines Tages wir alle selbst in diesen Tanks landen werden. Vielleicht auch Sie?»

Oder weder er noch ich.

Die Konservierung der Persönlichkeit, von Erfahrungen und Sehnsüchten, Eigenheiten und Wissen des Suspendierten, erfordert notwendig den Erhalt des Gedächtnisses. Das jedoch ist bekanntlich ein fragiles Stück Natur.

«Gewisse Gedächtnisverluste werden sich kaum vermeiden lassen. Je mehr Erinnerungen verlorengehen, desto weniger bleibt von der jeweiligen Persönlichkeit übrig», sagt Tanya Jones. «Wir versuchen deshalb, denkbar viele persönliche Informationen außerhalb des Gehirns zu speichern.»

Zu diesem Zweck legen die Kryoniker eine Art Museum ihres Lebens an. Sie führen Tagebuch, bewahren Korrespondenz auf, besprechen Tonbänder. Mary Margaret Glennie fotografierte zudem die Enthauptung ihres deanimierten Ehegatten: «Damit Jim sich später an etwas erinnern kann.» Und Dick Clair füllte seine Garage und drei Zimmer seines Hauses mit Kisten voller Memorabilia, von Tagebüchern bis zu Essensquittungen. Alcor übertrug er die Aufgabe, die Dokumente nach seinem Tod auf Mikrofilm zu bannen und für seine Wiedererweckung zu archivieren.

«Ich sammle die Briefe, die ich meiner Mutter schreibe. Und ich beschrifte die Familienfotos, damit ich später weiß, wer wer ist», sagte Tanya Jones. «Man muß einfach alles mit in die Zukunft nehmen, das uns einen Hinweis darauf wird geben können, wer wir einmal waren.»

«Dieses Material lagern Sie ebenso ein wie die Leichen?»

«Wie die Patienten!» verbessert mich Tanya Jones und nickt.

«Das erinnert an die Grabriten der Pharaonen …»

«Diese Assoziationen haben viele», sagt Tanya Jones. «Tim Leary meint sogar, den Pharaonen ging es in der Tat um die Speicherung von Körper und Persönlichkeit.»

«Die ägyptischen Grabmale sind in dieser Hinsicht sehr interessant», lese ich später bei dem Cyberphilosophen nach. «Ich betrachte sie als Reanimationskapseln. Sie haben die damals entwikkeltste Technik benutzt. Und heute können Mikrobiologen von den Bio-Resten die DNA gewinnen. Der ägyptische Plan hat also funktioniert. In zehn Jahren werden wir die Pharaonen klonen können! Das Problem besteht natürlich darin, daß diese Klone keine Erinnerungen haben würden. Deshalb haben sie auch ihre Software mitgeschickt, in Form von Juwelen und Kunstwerken. Ich bewundere diese Voraussicht!»

«Aus den Memorabilien, die Sie sammeln, soll der wiedererweckte Patient sich gewissermaßen selbst rekonstruieren?» frage ich Tanya Jones.

«Ja», sagt sie. «Ich kann ja nicht wissen, wenn ich morgen in die Suspension gehen müßte, als was für ein Mensch ich wieder herauskäme …»

«Sie könnten eine andere sein …?»

Tanya Jones rückt versonnen ihre Nickelbrille zurecht. Die Augen dahinter schauen plötzlich endlos tief. «Ich könnte eine ganz andere sein …!»

V Der Cyborg-Prophet

Mit Max More nach Extropia

«Die einzige Chance, die Grenzen des Möglichen zu erkunden, besteht darin, ein Stück weit über sie hinaus in das Unmögliche vorzudringen.»
Arthur C. Clarkes zweites Gesetz

35 Körperbau. Worte, die Fleisch werden

«Ich brauche einen neuen, posthumanen Körper», sagt Nancie Clark. «Vermutlich sogar mehrere, je nachdem, was gerade im Angebot ist. Ich will da durchaus mit der Mode gehen.»

Nancie ist mittelgroß, sie hat halblange schwarze Haare und ein schmales, römisch wirkendes Gesicht. Wenn man von ihren gewölbten Oberarmmuskeln absieht, ist sie elfenschlank. Unter den Menschen, die ihre wenig idealen Gestalten in der neongrellen, vollklimatisierten Spiegelflucht foltern, stellt sie zweifelsfrei die schönste Ausnahme dar. Warum also will sie den durchtrainierten, alterslos scheinenden Leib, in dem sie gerade steckt, gegen einen anderen eintauschen?

«Nicht gegen einen, gegen mehrere!» Nancie winkelt die Arme, stemmt langsam das Paar Hanteln, und ihre Oberarme schwellen weiter an. Dabei sagt sie, schwer ausatmend: «Mehr ist mehr.»

Und mehr ist gut. Aufwärts und willkommen in der extropianischen Irrealität.

Aktuelle Position: nordamerikanischer Kontinent, Westküste, ein Fitness-Club in Marina del Rey bei Los Angeles. Zeit: 51:10 h nach dem ersten Kontakt.

Nancie liebt das Mehr so sehr wie seinen Philosophen. Der heißt Max More und stemmt ein paar Meter weiter Gewichte, zu deren Transport Normalsterbliche sich eines Gabelstaplers bedienen würden.

Max nannten ihn seine englischen Eltern, weil er vor 31 Jahren in Bristol so gewaltig aus dem Mutterleib schlüpfte, daß als Name für ihn nur die Abkürzung von Maximum in Frage zu kommen schien. Doch das Größte war Max schon als Kind nicht groß genug. Seine Unzufriedenheit begann bei seinem eigenen Körper, weshalb er sich aufs Bodybuilding verlegte, und reichte über die soziale Enge des eben gar nicht so großen Großbritannien bis zu dem dort herrschenden intellektuellen Kleinmut. Mitte der achtziger Jahre siedelte Max deshalb von Oxford, wo er Philosophie studierte, nach Kalifornien über, und kaum hatte er den Boden des Gelobten Landes betreten, tat er zweierlei.

Erstens erwählte er sich wie vor ihm R. U. Sirius, St. Jude, Queen Mu und hunderttausend andere, die im amerikanischen Westen ihr Leben von neuem beginnen, einen Namen, der besser zu ihm paßte. Dabei steigerte Max O'Connor, wie er bis dahin hieß, eiskalt das Maximale, mit dem ihn seine Eltern versehen hatten: Max More (i. e. Mehr). Und zweitens begründete er zusammen mit einem Anwalt künstlernamens Tom Morrow *Extropy*, ein «Journal für transhumanistisches Denken».

Seinen Extropianismus nennt Max More eine «Lebensphilosophie». Ihr Ziel ist nichts Geringeres als die Überwindung der gegenwärtigen menschlichen Form und ihrer Begrenzungen. Zu diesem Behufe soll die Evolution des Homo sapiens mit Hilfe von Wissenschaft und Technologie beschleunigt werden. *Extropy* und seine heute rund fünftausend Leser, die meisten von ihnen Naturwissenschaftler, Programmierer und Ingenieure, beschäftigen sich vorrangig mit Lebensverlängerungs- und Unsterblichkeitstechniken, Smart Drugs, Nanotechnologie, maschineller Intelligenz, elektronischer Wirtschaft und freien Weltraumgesellschaften. Ideen wie diese schienen, als Max More im amerikanischen Westen eintraf, in der Luft zu liegen.

«Viele von uns können in unseren Notizen und Tagebüchern nachschlagen, daß wir im Grunde immer schon Extropianer waren», sagt etwa John McPherson, «aber vor 1988 hatten wir noch keinen Namen dafür.»

Cyberguru Timothy Leary brachte dann bei einem Dinner in seinem Hollywooder Haus den Extropianerhäuptling mit der TV-Moderatorin, Malerin und Schauspielerin Nancie Clark zusammen. Es war Liebe auf den ersten Blick. Der allerdings fiel auf jeweils nur einen begehrenswerten Körper.

«Du gedenkst dich zu multiplizieren, Nancie?» frage ich sicherheitshalber nach.

«O ja, auf jeden Fall ...», antwortet sie leichthin, als müsse das eigentlich jeder wollen: «Einer meiner neuen Körper soll einer Gazelle gleichen, größer, schneller und gelenkiger, als ich jetzt bin. Und ein anderer könnte leuchtende Haut wie ein Chamäleon haben, damit ich meine Farbe nach Lust und Laune wechseln kann.»

«Willst du bloß deinen Körper multiplizieren? Oder gleich dein komplettes Selbst?»

Nancie hält mitten in der Bewegung inne. «Über die Frage muß ich nachdenken ...», sagt sie zögernd. Die Hanteln schweben wie schwerelos auf halb acht. Allein die winzigen Schweißtropfen, die sich auf Nancies gerunzelter Stirn bilden, verraten Anstrengung: «Solange ich irgendwo bin, will ich dort natürlich die einzige Nancie Clark sein. Aber ich hätte nichts gegen Duplikate, die zur selben Zeit an anderen Orten arbeiten, wo ich nicht bin; wie es Dämonen tun.»

«Läufst du dabei nicht Gefahr, dir selbst Konkurrenz zu machen? Wenn du einen Job willst, schnappt ihn dir glatt eine deiner Doppelgängerinnen weg, mal abgesehen von alldem, was die mit deinen Freunden anstellen könnten ...»

«Du hast recht», nickt Nancie eins. «Ich will natürlich keinen Ärger mit meinen Subpersönlichkeiten. Was meinst du, Max?»

Der stöhnt still auf einer Streckbank. Seine sommersprossigen Arme, jeder zur Schulter hin dicker als eine Kindertaille, bearbeiten ein Paar Drahtseile mit dampfmaschinenartiger Regelmäßigkeit.

«Ich habe kein dringendes Bedürfnis, mich zu vervielfältigen», preßt er mit einer britisch-akzentuierten Bescheidenheit hervor, die an Arroganz grenzt. «Ich mag es, von meiner Sorte der einzige zu sein.»

Seine hellblauen Augen starren dabei leer und geradeaus zur Decke, an der sein Spiegelbild hängt. Max Mores heftiger Einspruch immerhin ist sehr im Sinne ihrer gemeinsamen Ideale. «Wenn zwei Extropianer in allem übereinstimmen», heißt es über den Individualismus der Bewegung, «dann ist zumindest einer von ihnen kein Extropianer.»

«Mir reicht es, einen Haufen Implantate und goldene Haut zu bekommen und um die zwei Meter zwanzig groß zu sein», sagt Max More. «Obendrein werde ich natürlich meine neuronale Chemie perfekt programmieren und damit meine Emotionen und mein Denkvermögen kontrollieren. Denn ich glaube nicht, daß ich mein Gehirn schon bis zum Jahr 2100 auf eine nichtbiologische Basis umgestellt haben werde.»

Heute, knapp 105 Jahre vor der Zukunft, mit der wir gerade spielen, ist Max More erst um die 1,85 Meter groß, und golden sind allein seine schulterblattlangen Haare, die er zu einem Pferdeschwanz gebunden trägt und die mit jedem Kraftstoß wippend den Boden unter seiner Streckbank berühren. Doch seine Physis – von einem britischen Reporter einmal als «leicht teutonisch» beschrieben: «wie ein junger Siegfried, oder war es Roy?» – läßt so wenig zu wünschen übrig wie seine phantastische und zugleich kühle Intelligenz.

«Kein Geheimnis ist heilig, keine Grenzen existieren, die sich nicht in Frage stellen ließen. Kein Unbekanntes kann sich dem erfinderischen menschlichen Verstand verbergen», prophezeit er. Und die ganze Menschheit ruft er auf: «Laßt uns unsere alten Formen sprengen! Hinweg mit unserer Unwissenheit, unserer Schwäche und unserer Sterblichkeit. Die Zukunft gehört uns!»

Der promovierte Philosoph ist der unangefochtene Vordenker der Bewegung. Mit «Dynamischer Optimismus: Epistemologische Psychologie für Extropianer» hat er 1991 ihren Kultessay verfaßt, und er formulierte auch ihr Grundgesetz, die «Extropianischen Prinzipien», welche nach dem Vorbild von Computerprogrammen regelmäßig aktualisiert werden und Versionsnummern tragen. Gegenwärtig gültig ist Fassung 2.5. Sie fordert in 3000 nicht unkomplizierten Worten zum Kampf gegen die Entropie in all ihren Erscheinungsformen auf.

Wörtlich meint der Begriff in der Wärmelehre das Abfallen der Energiedifferenzen und den Hitzetod, der dem zweiten thermodynamischen Gesetz zufolge alle geschlossenen Systeme früher oder später ereilt. Wobei die Betonung auf «geschlossene Systeme» liegt. Denn nach Max More stellen die Erde, das Sonnensystem, die Galaxis und sogar das Universum offene Systeme dar. Für sie gelte daher das zweite Gesetz der Thermodynamik nicht, schließt er, jedenfalls nicht unbedingt: Leben muß nicht in Entropie enden, es könnte idealiter ein Prozeß sich ausweitender Extropie sein, und das beste Beispiel dafür gebe die menschliche Evolution selbst ab.

«Aufwärts müssen wir!» sagt er. «Nach oben hin sind unser aller Möglichkeiten unbegrenzt.»

Nur als Folge unnötiger Verzagtheit entstehe Entropie, zumal kulturelle, weshalb sich Max Mores Kampf zuvörderst gegen das Versickern des ursprünglichen Elans aller Zivilisationen, gegen Dekadenz, Resignation, Selbstbescheidung richtet sowie gegen das Versinken jugendlichen Lebens in Verkalkung, Alter, Tod.

«Es ist Entropie, die unsere Autos kaputtgehen, unsere Computer durchschmoren, unser Fleisch verfallen läßt. Entropie ist der Erzfeind menschlicher Hoffnung!»

Das probate Gegenmittel: ein unerbittlicher Wille zur Veränderung aller Verhältnisse und zur Ausweitung der eigenen intellektuellen und körperlichen Fähigkeiten. Ganz oben in der extropianischen Werteskala rangieren Vitalität, Intelligenz, Kreativität und Individualismus. Max More und die Seinen votieren gegen jede Form von Kontrolle, die wissenschaftliches und wirtschaftliches Wachstum behindert, und sie opponieren jeder Autorität, die intellektuelle Energien bremst.

Extropianismus stellt so die passende Philosophie zur Praxis technischer Aufrüstung dar. Die Mehrzahl der Mitglieder stammt aus dem amerikanischen Westen, aus den «Hauptstädten des Technofetischismus und der Todesverneinung», wie die Silicon-Valley-Regionalzeitung *Metro* vermeldete. 80 Prozent aller Extropianer sind männlich, und mit Ausnahme von Robert Anton Wilson finden sich unter Max Mores prominenteren Anhängern ausschließlich Naturwissenschaftler, darunter Marvin Minsky, Eric Drexler, Bart Kosko, Ralph Merkle und Hans Moravec.

Wissenschaftliche Rationalität scheint ihnen das einzig geeignete Mittel, um den Kampf gegen die drohende Entropie welt- und bald auch weltallweit führen zu können. Nur im vollkommen freien Spiel der Kräfte sehen sie eine rasante Fortentwicklung der Menschheit gewährleistet. Ökonomisch tendieren sie folgerichtig zur unbegrenzten Konkurrenzwirtschaft, politisch mehrheitlich zum Libertarianismus und Anarchismus. Den Umweltschutz wollen sie dem Markt überantworten, das Rechtssystem privatisieren. Ihre Utopie ist die endlose Ausbreitung posthumaner Intelligenzen durch das Universum, ihr bescheideneres Nahziel die Umwandlung der menschlichen Rasse in eine unsterbliche transhumane Spezies.

Doch Extropianismus ist nicht bloß eine futuristische Art zu denken, es ist auch ein Lifestyle von heute für morgen. Wer einmal in den achtziger Jahren Staaten des Ostblocks bereiste, wird sich ein Bild von Entropie im Alltag machen können. Und wer Südkaliforniens alters- und rastlose Beschäftigungskultur kennt, mag sich vorstellen, wie eine zukünftige extropianische Lebensform schlimmstenfalls ausfallen könnte. Max More und Nancie Clark jedenfalls predigen nicht nur Transhumanität, sie praktizieren sie, so gut es in unseren primitiven Zeiten eben geht.

«Mit Bodybuilding bekämpfe ich die physische Entropie», sagt Nancie. «Je älter man wird, desto mehr lassen die Muskeln nach. Ich hatte das Gefühl, daß ich Körpermasse verlor. Damit will ich mich für den Zeitpunkt fit halten, wenn ich in den Weltraum hinausgehe. Man muß langfristig denken und leben ...»

Die elegante, chromglänzende Fertigungsstätte, in der die Transformation der eigenen Körper unter sanfter Musikberieselung geschieht, liegt in einem Einkaufszentrum und ist von einer traditionellen Turnhalle so verschieden wie die Senator-Lounge der Lufthansa von einer ordinären Bahnhofswartehalle. Riechen tut es hier nach nichts als Parfüm, und der Schweiß strömt nicht in unappetitlichen Bächen, er perlt verführerisch wie in Deodorantreklamen.

Max More wischt sich die Stirn. Er hat seine Streckbanktortur beendet. Ein wenig steht er wie Supermann zwischen den buckligen und bäuchigen Zwergen, die sich weiterhin um ihn herum abrakkern. Er nimmt einen langen Schluck aus seiner mitgebrachten Wasserflasche.

«Wir brauchen einen neuen Gesundheitsbegriff», fordert er, kaum daß er wieder ruhig atmen kann.

Bislang sei einer als gesund durchgegangen, wenn alle Körperfunktionen im Normalbereich lagen. Medizin war gewissermaßen ein Reparaturgewerbe, das Schäden am Originalzustand so gut wie möglich beseitigte. Doch der Normalzustand des Homo sapiens ist Max More nicht genug.

«Wir Extropianer wollen nicht nur normal sein, wir wollen supernormal sein, supergesund, superstark, superintelligent.»

Für jeden, der derlei erreichen will, muß das etablierte Gesundheitswesen ein lästiges Hindernis darstellen. Die Zulassung von Medikamenten orientiert sich weltweit daran, inwieweit sie Krankheiten heilen und Defekten vorbeugen. Mit Drogen, Prothesen und Implantaten, die klinisch gesunden Menschen zu höherer Leistungsfähigkeit verhelfen sollen, können und möchten die meisten Medizinverwalter nicht umgehen, von der amerikanischen FDA bis zum Bundesgesundheitsamt.

«Es wird ziemliche Kämpfe geben, um das zu ändern», sagt Max More, «vor allem, da wir es mit einem monopolistischen System zu tun haben, das die Richtlinien zugleich festsetzt und kontrolliert.»

Früher oder später aber, meinen er und seine Extropianerschar, wird der kombinierten Kraftanstrengung von wissenschaftlichem Forschungsdrang, transhumanistischer Aufklärungsarbeit und einem eindeutig vorhandenen Massenbedürfnis, das sich rücksichtslos auf dem Markt bedienen wird – und sei es dem schwarzen –, Erfolg beschieden sein. Über 30 Milliarden Dollar sind bereits in Biotechnik-Firmen investiert worden, die an der Verbesserung des Dürftigen arbeiten, das die Natur dem Menschen mitgegeben hat. Die dynamische Logik von Nachfrage und Angebot wird die bürokratisch-moralischen Vorbehalte der sentimentalen Zukunftsbremser beiseite fegen.

Max More hegt keinen Zweifel: Wir werden in naher Zukunft Medikamente nicht nur gegen Grippe und Krebs kaufen können, sondern auch gegen angekränkelte Vorstellungskraft und Ideenarmut. Wir werden unser Immunsystem unangreifbar machen, unsere Sinne schärfen, unsere körperliche Stärke erhöhen, unsere

Denkfähigkeit beschleunigen. Als wesentliches Mittel zu diesem guten Zweck werden symbiotische Beziehungen zwischen Menschen und von Menschenhand Gemachtem dienen. Der transhumane Mensch wird eine Mischung aus Natur und Technik sein – ein Cyborg.

Bis es allerdings soweit ist, muß der aufs bessere und ewige Leben hoffende Homo sapiens vulgaris sich behelfen, so gut es geht. Ob ihrer unerträglichen Mängel die eigene fleischliche Hülle gering zu schätzen wäre nämlich ein Fehler, der nicht nur vor der Zeit tödlich ausgehen könnte, sondern auch das Leben, solange es währt, schlaff und kraftlos werden ließe.

«Viele in der Cyberkultur tun nichts für ihren Körper. Manche rauchen, andere essen ungesund. Gerade die Kryoniker bilden sich ein, daß sie sich nicht zu bemühen bräuchten, weil sie ja allein ihren Kopf einfrieren lassen und später sowieso einen neuen Körper bekommen werden. Doch man kann nicht einfach dasitzen und warten, daß das große Allheilmittel erfunden wird», sagt Max More grimmig. «Dabei verliert man nämlich seine Fähigkeit, zu kämpfen und sich weiterzuentwickeln. Wenn der große Fix dann käme, wüßte man gar nichts damit anzufangen. Nur wer ständig kämpft, bleibt ein Kämpfer.»

Mit fließenden Bewegungen schiebt der Philosoph seinen Körper in eine hydraulische Push-up-Maschine und wird eins mit ihr, ein Antriebsrädchen in ihrem Getriebe, wie sich Charlie Chaplin einst die «Modernen Zeiten» vorstellte.

Schwer mischt sich Mores Atem mit dem Eiserne-Lunge-Stöhnen der Hydraulik.

«Bodybuilding ist für mich mehr als Sport», schnauft er. «Es ist eine Lebensweise.»

Beim ersten Rendezvous, zu dem er und Nancie sich nach dem Abendessen bei Tim Leary verabredeten, führte er sie daher in ein Fitness-Center. Bevor sie miteinander schliefen, haben sie zusammen trainiert.

«Ich liebe es zu spüren, wie der Schmerz ansteigt», sagt Max More. «Stärker und stärker, bis die Muskeln versagen. Nur wenn du sie bis zum Äußersten treibst, regst du ihr Wachstum an.»

Mit verzerrtem Gesicht stößt er weiter. Aufwärts. Einmal, zweimal, dreimal. Und mit ihm tun es zugleich drei, vier weitere Max Mores in ebenfalls hautengen lila Hosen mit einem verstärkten, wülstigen Suspensorium. Denn die totale Verspiegelung in diesem fensterlosen Labyrinth erlaubt den um Fitness ringenden Einzelkämpfern kein Entkommen vom eigenen Ebenbild. Die multiplizierten Doppelgänger hinter, vor, neben und über ihnen demonstrieren aufdringlich all das schwabbelnde Fett, das es zu eliminieren gilt.

Bei Max More allerdings ist in der Hinsicht nichts zu beobachten als das Spiel der Muskelstränge. Seine Motivation kann sich nicht aus dem Abscheu vor den eigenen Mängeln speisen, sie muß von innen kommen.

«Ich denke an Nietzsche, wenn ich trainiere», sagt er. «Der eiserne Mensch, der eiserne Wille.»

36 Deus in Machina. Von Maschinenangst zum Cyborgneid

Als Zarathustra in die nächste Stadt kam, sprach er zum Volke auf dem Marktplatz:

«*Ich lehre euch den Übermenschen.* Der Mensch ist etwas, das überwunden werden soll. Was habt ihr getan, ihn zu überwinden?»

Viel, lautet die heute einzig mögliche Antwort auf Friedrich Nietzsches über einhundert Jahre alte Frage. Der Cyborg, der am 2. August 1994 unter dem Beifall von ein paar hundert Computerfans langsam auf die Bühne des großen Versammlungssaals rollt, beweist es – und führt zugleich vor Augen, wie rudimentär das Erreichte erst ist.

Position in der Rückblende: nordamerikanischer Kontinent, Ostküste, Versammlungssaal des Bostoner Plaza Hotel. Zeit: früher Abend.

Das Wort Cyborg wurde von dem Luftfahrtingenieur Manfred Clynes in einem Artikel über Perspektiven der Weltraumfahrt geprägt, den er 1960 für die Zeitschrift *Astronautics* schrieb. Clynes sprach von dem notwendigen funktionalen «Einswerden» von Pilot und Fluggerät. Seiner Definition zufolge wäre bereits ein Fahrradfahrer, dem Pedale und Räder zur «natürlichen» Verlängerung seiner Gliedmaßen geworden sind, ein Cyborg.

Das durchschnittliche Lexikon definiert den Begriff heute etwas enger: als symbiotische Verbindung von Biologie und Technik. Die Quantität organischer und maschineller Anteile muß dabei keineswegs ausgewogen sein. Ein menschlicher Leib mit einem digitalen Denkzentrum würde ebenso als Cyborg gelten wie ein androider Roboter mit einem grauzelligen Gehirn – und alle denkbaren Mischformen dazwischen.

Zu ihnen gehört die Menschmaschine auf der Bostoner Bühne. Sie besteht aus einer Art elektrischem High-Tech-Rollstuhl inklusive eines Lautsprecherpaars, eines Satzes Batterien in hölzernen Boxen, eines Monitors sowie eines in sich verdrehten, gnomenhaften biologischen Körpers männlichen Geschlechts. Von dessen Extremitäten ist nur ein Finger der linken Hand voll funktionstüchtig. Die verkrampfte Rechte kann mit Hilfe eines Joysticks gerade mal den Weg der maschinengestützten Intelligenz über das Podium anvisieren.

Die Steuerung selbst übernehmen Siliconprozessoren. Denn die mentalen Fähigkeiten eines normalen Homo sapiens verteilt dieser Cyborg, wie einst manche Dinosaurier, auf zwei Gehirne. Ihr Verhältnis entspricht dem von Herr und Knecht. Das dominierende biologische Zentralgehirn, untergebracht in dem überdimensionierten Schädel, der auf dem winzigen Menschenkörper ruht, ist von extremer Leistungsfähigkeit. Nach einhelliger Meinung der Fachleute prozessiert es Gedanken, die noch kein Mensch zuvor gedacht hat.

«Mein Ziel ist einfach», hat das Cyborg-Genie einmal dem Magazin *Science* mitgeteilt: «Es besteht darin, das komplette Universum zu verstehen, warum es so ist, wie es ist, und warum es überhaupt existiert.»

Zu diesem Erkenntniszweck sucht der Cyborg nach einer «Theorie von allem», die die allgemeine Relativitätstheorie mit der ihr scheinbar widersprechenden Quantentheorie in Einklang bringen und damit das Studium des Weltalls mit dem der kleinsten Partikel versöhnen soll.

«Wenn wir eine solche vollständige Theorie des Universums entwickeln könnten», meint er stolz, «wären wir im Prinzip imstande, alles vorhersagen zu können.»

Doch das Meisterhirn, das diese grandiosen Gedanken denkt, verfügt von sich aus nicht über die Fähigkeit, sie mitzuteilen oder ihnen gar Taten folgen zu lassen. Für alle schriftliche und mündliche Kommunikation sowie für Fortbewegung ist das digitale Diensthirn zuständig.

Es hat den Cyborg nun sicher zu der ihm zugedachten Position bugsiert. Dort, auf der großen leeren Bühne, erscheint das zweirädrige Gebilde aus Metall, rotem Leder, Zellgewebe und Silicon kleiner und hilfloser, als es ist. Der dürre humane Anteil im ausgebeulten braunen Tweedanzug atmet flach durch einen Tubus, der aus der geöffneten Luftröhre ragt. Flüssigkeit, die sich in seiner Kehle sammelt, wird durch ein Loch im Nacken abgesaugt. Arme und Beine bilden bewegungslos unnatürliche Winkel. Der Kopf hingegen, der schief zur Seite geneigt an dem Körper hängt, wirkt zu groß. Dicke Gläser verbergen die Augen, der buschige Haarschopf gleicht einem zerwühlten Mop.

Um die Mundwinkel huscht jetzt ein amüsiertes, fast teuflisches Grinsen. Der letzte bewegliche Finger der linken Hand berührt den Monitor. Der wiederum reagiert auf diesen Druck und übermittelt dem digitalen Denkzentrum den Befehl, die vorbereitete Rede aufzurufen. Der Cyborg ist soweit. Das Licht im Saal wird allmählich abgedunkelt. Unter den Computerfans herrscht gespanntes Schweigen.

«Wir treten in ein neues Zeitalter ein», hebt eine langsame, mechanisch klingende Synthetikstimme an, «das Zeitalter der selbstgesteuerten Evolution.»

Der Schein seines Monitors fällt auf das Gesicht des Cyborgs. Doch die Lippen bewegen sich nicht. Was klingt wie eine intellektuelle Version von Arnold Schwarzeneggers «Terminator», scheppert aus einem Lautsprecher an seiner Rückseite. Mit der eigentümlich außerweltlichen Tonlosigkeit, die elektronisch generierten Stimmen eignet, erinnert der stumme Sprecher seine Zuhörer daran, daß schon in ein paar Jahren das Projekt Genome beendet und damit das gesamte menschliche Erbgut katalogisiert sein wird.

«Die Fähigkeit, uns selbst umzubauen, wird uns unwiderstehlich locken. Wenn wir erst einmal das Buch des Lebens gelesen haben, werden wir auch anfangen, Korrekturen einzutragen.»

Widerstand dagegen sei zwecklos. Staatliche Verbote, mit denen zu rechnen ist, sind noch stets unterlaufen worden. Einzelne werden eher früher als später Wege finden, sich selbst mit Hilfe von Computer- und Gentechnik zu alterslosen Supermenschen umzuformen. Der Cyborg prophezeit, daß diese höheren Wesen – Cyborgs wie er, bloß besser ausgestattet – die Erde übernehmen und dann die Besiedlung des Weltalls beginnen werden. Die Sorte Mensch, der wir angehören, der Homo sapiens vulgaris, wird schlagartig bedeutungslos werden und aussterben.

Die Vision des Cyborgs, so radikal sie klingt, ist keineswegs einzigartig. Schon in Samuel Butlers Roman *Erewohn, Or Over The Range* (1872) wird die Herrschaft der Maschinen über die Menschen beschworen – als logische Folge der Evolution. Das wiederum erscheint dem Biologen Richard Dawkins heute weniger als eine poetische Lizenz denn als konsequentes Fortdenken der Darwinschen Theorie: «Menschen werden in den Hintergrund zurücktreten als Verwalter oder Sklaven.»

Mehr als purer Maschinenwahn steckt also hinter den elegant-provokativen Sätzen des Cyborgs. Wer ihm lauscht, gewinnt dennoch den Eindruck – wie Kenneth Turan schrieb, nachdem er einen Dokumentarfilm über das Cyborg-Genie und sein Werk gesehen hatte –, «als ob Robby der Robot sich Einsteins Gehirn unter den Nagel gerissen hätte».

Das allerdings hat der Cyborg, er heißt Stephen Hawking, nach eigenem Bekunden nicht. In einer legendären Folge von «Star Trek: The Next Generation» spielte er lediglich einmal mit Einstein und Sir Isaac Newton sowie dem Androiden Data eine Partie Poker. Wer gewonnen hat, blieb offen, aber die Hauptattraktion der Szene im Holodeck war zweifelsfrei Hawking selbst.

Seit dem 21. Lebensjahr leidet der Wissenschaftler an amyotropher Lateralsklerose, einer schleichenden Zerstörung der Nervenzellen im Rückenmark, die von Muskelschwund begleitet wird und in aller Regel binnen zwei bis fünf Jahren den Körper ersticken läßt. Die Medizingeschichte kennt keinen Patienten, der die Krankheit so lange wie der Mittfünfziger überlebte. Doch Stephen Hawking führt nicht die Existenz eines Kranken. Vielmehr scheint er geistig wie körperlich vitaler als die meisten seiner gesunden Kollegen. Seine Arbeits- und Reiselust ist grenzenlos, und 1994 heiratete er in zweiter Ehe – die Ex-Frau des Mannes übrigens, der einst den Sprachsynthesizer programmierte, welcher nun Stephen Hawkings getipptes Jawort aussprach.

Seine Bewunderer nennen ihn den «brillantesten theoretischen Physiker seit Albert Einstein», «eine Ikone des späten 20. Jahrhunderts». In Cambridge hat er den Lehrstuhl für Mathematik inne, auf dem vor 300 Jahren sein fiktiver Pokerpartner Newton saß, und der bekannteste zeitgenössische Naturwissenschaftler ist er ohnehin. Die Bücher, die Stephen Hawking mit Hilfe des speziell für ihn hergestellten, durch Klicken kontrollierten Schreibprogramms verfaßt, sind allesamt weltweite Bestseller; allein das erfolgreichste, *Eine kurze Geschichte der Zeit*, wurde in 37 Sprachen übersetzt und über sechsmillionenmal verkauft.

Wie noch stets, so zog er auch an jenem Abend in Boston die Zuhörer in seinen Bann. Als die Computerstimme verstummte und das Licht anging, schien das einschlägig vorgebildete Publikum, Besucher einer High-Tech-Messe, wie in Trance. Hawking, aus dessen Halstubus ein dünner Faden Spucke tropfte, hatte in seiner Vision nicht nur mit kühler Wissenschaftlichkeit Erfahrungen seines persönlichen Kampfes gegen die verzehrende Entropie verarbeitet, er hatte dabei unübersehbare technische Trends und älteste Menschheitsträume zu einer Zukunft verschmolzen, die die meisten Techies eher verlockend als furchterregend finden.

Die Idee allerdings, daß Biologie nicht Schicksal sein muß, daß der Geist Gewalt über den Körper erlangen kann und daß ein jeder sich selbst als einen anderen zu erschaffen vermag, scheint so alt wie die Menschheit. Körperbemalungen, Tätowierungen, rituelle Verstümmelungen, das totemistische Einswerden mit der Tierwelt und andere archaische Bräuche zeugen von diesem Verlangen ebenso wie Karneval, Maskenbälle, Schönheitsoperationen und das permanente Spiel der Häufig Wechselnden Identitäten im Cyberspace.

Seine ideale Verkörperung fand der Wunsch, Wesen nach dem eigenen Vorstellungsbilde zu erschaffen, in der Figur des Androiden, des von Menschenhand gemachten Maschinen- und Retortenwesens. Es bevölkert Mythen und früheste Erzählungen. Der Schmied Hephaistos etwa fertigte Pandora für Zeus an, und Paracelsus beschrieb in der Renaissance den alchemischen Homunculus als ein Geschöpf, das die Hand seines ärztlichen Erzeugers von allen natürlichen Mängeln befreit hatte. Erst die Industrialisierung brachte aber eine Ahnung davon, wie weitgehend das Schicksal der Menschheit von ihren Maschinen abhängen mochte.

Je mehr handwerkliche Tätig- und Fähigkeiten sich durch Maschinenarbeit ersetzen ließen, desto enger rückte Organisches und Anorganisches zusammen. Nicht nur erschienen die neuen «selbstlaufenden» Maschinen erheblich eigenständiger als die durch menschliche oder tierische Muskelkraft bewegten traditionellen Werkzeuge; nein, auch der Mensch schien im Umkehrschluß plötzlich nichts anderes als eine solche Maschine zu sein. Leidenschaftslos reagierten die materialistischen Philosophen der Aufklärung auf die erstaunlichen Leistungen der Mechaniker mit einer Maschinisierung des Körpers, allen voran der Arzt Julien Offray de La Mettrie in seinem lange verbotenen Buch *Der Mensch, eine perfekte Maschine*.

Bis heute klingt dieses mechanische Menschenbild, das sich dem Stand der Technik gemäß an Dampfmaschinen voller Ventile, Rädchen und Schrauben orientierte, in unserem Denken und Sprechen durch. Vom Herz reden wir als Pumpe; aus einer Sache, die wir betreiben, kann die Luft raus sein, eine zweite läuft wie geschmiert. Von anderen sagen wir, daß bei ihnen eine Schraube locker sei, daß sie durchdrehen oder nicht ganz dicht sind.

Die Neigung, uns selbst in Maschinenbegriffen zu verstehen, setzte sich im 19. Jahrhundert mit der Erfindung von Elektrizität und Verbrennungsmotor fort. Nun standen auch wir plötzlich unter Strom oder schalteten nicht schnell genug. Wir machen uns gegenseitig an, jedem kann mal eine Sicherung durchbrennen, und bei einem Bekannten braucht man bloß das richtige Knöpfchen zu drücken – und schon tut er, was man will.

Der Mensch ist sich selbst vom weitgehend unberechenbaren Tier so zur kalkulierbaren Maschine geworden. Von dieser Metamorphose blieben die Phantasien vom künstlichen Leben nicht unberührt. Seit es Maschinen gibt, die Leistungen des menschlichen Körpers ersetzen, imaginieren Zeitgenossen, wie sich Lebendiges den Maschinen gleich zusammenschrauben ließe – oder gar, daß die zunehmend agilen Maschinen Eigenleben entwickeln könnten.

Wo diese Phantasien Ängste weckten, taten sie es allerdings nicht, weil sich die Menschen den Maschinen unterlegen wähnten. Im Gegenteil, kein mit Verstand begabtes Wesen des 18. oder 19. Jahrhunderts dürfte wohl eine der primitiven Apparaturen um irgendeine ihrer begrenzten Fähigkeiten «beneidet» haben. Gefährlich schienen die Maschinen lediglich in dem Sinne, in dem auch wilde Tiere gefährlich waren: durch ihre brutale, schier übermenschliche Stärke, die Verletzung und Vernichtung assoziieren ließ.

Urbild der Maschinenfurcht war der technisch aufgerüstete Kampf der Nationen, die Kriegsmaschine, die den modernen Zusammenstoß von Fleisch und Metall am gewaltsamsten inszenierte. Folgerichtig entstanden die beiden großen Menschmaschinen-Mythen der vergangenen zwei Jahrhunderte im Kontext von Blut- und Stahlbädern. Mary Shelley schrieb 1818, kurz nach dem Ende der europaweiten Napoleonischen Kriege, *Frankenstein*, das Produkt romantischer Spekulationen über die Entstehung des Menschengeschlechts, an denen Charles Darwins Großvater Erasmus einigen Anteil hatte. Und Karel Capek verfaßte vier Jahre nach dem Ende des Ersten Weltkriegs sein Stück «R. U. R.» (Abkürzung für die fiktive US-Firma «Rossums Universal Robots»), das von der Ersetzung der Menschen durch zunehmend intelligente Arbeitsmaschinen handelt und mit dem «robot», das tschechische Wort für «Arbeit», zur internationalen Vokabel wurde.

Zu jener Zeit bahnte sich in den fortgeschrittensten Regionen der westlichen Zivilisation jedoch bereits ein wesentlicher Wandel an. Seine Grundlage war die rapide eskalierende Maschinisierung des

Alltags. Zu Beginn des 20. Jahrhunderts brachte das Automobil den Motor aus den Fabriken auf die Straßen, die Elektrifizierung ermöglichte Fahrstühle, Straßenbahnen, Grammophone, Radios, das Kino und Kühlschränke. Die Herstellung immer vielseitigerer und haltbarerer Maschinen erhöhte nicht nur ihre Attraktivität als Gebrauchsgüter, sondern auch ihr Ansehen als «Gattung».

Um die Mitte des Jahrhunderts war man auf diesem Weg in unsere Gegenwart nirgends weiter vorangeschritten als in Südkalifornien, der ersten auf Massenkonsum von Technik eingestellten und voll automobilisierten Zivilisation. Als Günther Anders auf der Flucht vor den Nazis nach Los Angeles kam, mußte er daher feststellen, daß die Menschen dieser Neuen Welt, obwohl sie Zarathustras Worte vermutlich nie vernommen hatten, ebenfalls an der Qualität des Menschen zu zweifeln begonnen hatten.

Ein wenig ungläubig berichtete der Philosoph aus dem Abendlande von dem Besuch bei einem kranken Freund, der die höfliche Erkundigung, wie es ihm gehe, mit den Worten beschied: «Mit uns ist nicht viel los, mit keinem von uns.» Auf die erstaunte Nachfrage, was er damit meine, antwortete der Kranke: «Well ... can they preserve us?»

«Das Wort ‹they›», so erläutert Anders, «bezog sich auf die Ärzte; ‹preserves› sind eingekochte Früchte. – ‹Können sie uns vielleicht einmachen?› meinte er.

Ich verneinte.

‹And›, fuhr er fort, ‹spare men they haven't got either.›

‹Spare men?› fragte ich verständnislos.

‹Well›, erläuterte er, ‹don't we have spare things for everything?›

Nun begriff ich. ‹Spare men› hatte er in Analogie gebildet, etwa zu ‹spare tires› (Ersatzreifen) oder ‹spare bulbs› (Ersatzbirnen). ‹Und Ersatzmänner für uns haben sie eben auch nicht auf Lager›, hatte er also gemeint. Eine andere Glühbirne gewissermaßen, die man, wenn er verlöschte, an seiner Statt würde einschrauben können.

Seine letzten Worte aber lauteten: ‹Isn't it a shame?›

Die Inferiorität, unter der er litt, war also eine doppelte: erstens war er nicht konservierbar wie eine Frucht; und zweitens nicht ersetzbar wie eine Glühbirne; sondern einfach – die Schande war unleugbar – ein schlechthin verderbliches Einzelstück.»

Was er im kalifornischen Exil beobachtete, taufte Günther Anders «prometheische Scham»: das Gefühl der Minderwertigkeit, das die Menschen angesichts ihrer Produkte beschleicht, die latente Bewunderung, die das dem Verfall preisgegebene Fleisch für das dauerhaftere Anorganische hegt.

Sie steigerte sich mit jeder neuen Maschine, die die Menschen umstellte, und von ihr zeugt nichts besser als das Hollywood-Kino, das sich als empfindlicher Seismograph sozialer Tendenzen auf Menschmaschinen-Geschichten stürzte wie Dracula auf eine Horde weißer Hälse. Nachdem das Genre der Science-fiction-Filme über Jahrzehnte hinweg die alten Ängste vor der künstlich beseelten Materie ausgebeutet hatte, zeichnete sich Anfang der siebziger Jahre mit Yul Brynners Androiden-Helden in Michael Crichtons «Westworld» ein bedeutsamer Wandel ab: der Wechsel von der Randfigur Robot zum ambivalenten Cyborg-Helden. Spätestens Mitte der achtziger Jahre war er vollzogen. Blockbuster wie die «Terminator»- und «Robocop»-Filme oder die populäre TV-Saga «Star Trek: The Next Generation» bieten seitdem Menschmaschinen erfolgreich als Identifikationsfiguren an: Menschen, stark und widerstandsfähig wie Maschinen, und Maschinen, intelligenter und sympathischer als die meisten Menschen.

War Arnold Schwarzenegger im ersten «Terminator» noch Top-Killer, so wurde er im zweiten zum guten Vorbild unseres mörderischen Geschlechts: «Wenn ein Terminator den Wert des menschlichen Lebens lernen kann, können wir es auch.» Was jedoch jenseits der moralischen Obertöne die Cyborgs von den Normalmenschen wie von klassischen Robotern unterscheidet, verraten die unverhohlen produktorientierten Werbesprüche des Robocop-Erzeugers im ersten Film der Serie:

«Wir bekommen das Beste beider Welten: die schnellsten Reflexe, die moderne Technologie bieten kann, ein von der Mutterplatine unterstütztes Computer-Gedächtnis und eine Programmierung, die aus einem ganzen Polizeileben im Einsatz resultiert.»

In Sätzen wie diesen ist der Zweifel, ob die Physis des Menschen nicht seiner Intelligenz und Erfahrung wie auch der Qualität seiner Produkte dramatisch unterlegen sei, längst zur Gewißheit geworden. Die Position des kalifornischen Kranken, die Günther Anders vor einem halben Jahrhundert so «verrückt» erschien, ist heute, zumindest in Kreisen der naturwissenschaftlichen Intelligenz, keineswegs außergewöhnlich, und im extropianischen Denksystem ist sie gar die Standardeinstellung.

Robotiker Hans Moravec spricht vom Homo sapiens als dem «kleingeistigen biologischen Eingeborenen des Planeten Erde»: «Man nehme nur die Form des menschlichen Körpers. Er ist eindeutig nicht für einen Wissenschaftler gemacht. Die geistige Kapazität ist extrem limitiert. Man muß sich allen möglichen Arten von unnatürlichem Training unterziehen, um sein Gehirn halbwegs so weit zu bekommen, daß es für diese Art von Arbeit geeignet ist – und deshalb ist es auch harte Arbeit. Man lebt gerade lang genug, daß man anfangen kann herauszubekommen, wie die Dinge funktionieren, bevor das Gehirn zu verkalken beginnt. Dann stirbt man.»

Fuzzy-Logic-Guru Bart Koskos Klage geht in die gleiche Richtung: «Das Hauptproblem mit biologischen Systemen ist, daß es keine Sicherungskopie gibt. Es ist ein übler Streich, den die Natur allen Lebewesen gespielt hat: Die kostbarste Information ist nicht gesichert. Was für eine Konstruktion!»

Und der Futurist FM-2030 meint: «Dieser Primatenkörper, der sich in den letzten vier Millionen Jahren nicht verändert hat, kann mit den Visionen unseres Geistes nicht Schritt halten. Unser Geist ist draußen im Universum, greift nach den Sternen und nach der Unsterblichkeit, und diese armseligen, schlampigen Körper fesseln uns hier unten an den Dschungel.»

«Prometheische Scham» äußert sich so heute ganz unverschämt – als offener Cyborg-Neid. Doch Einsicht ist bekanntlich der erste Schritt zur Besserung. Das Leiden an der Inferiorität menschlicher Natur setzte in den vergangenen Jahrzehnten eine Welle von Forschungen in Gang, in deren Mittelpunkt die Beseitigung der peinlichsten Mängel stand. Wenn das Einmachen auch weiterhin Probleme bereiten mag, so versuchen die Kryoniker immerhin ihr Bestes; und Ersatzteile für Menschen stehen heute in einer Hülle und Fülle zur Verfügung, die noch in den sechziger Jahren niemand vorhersehen konnte.

Verständlich wird die massenkulturelle Cyborg-Faszination, diese augenfälligste Manifestation eines verbreiteten Wunsches nach der eigenen Maschinisierung, so mit Blick auf eine avancierte und «intelligentere» Technologie, die im Gefolge der Mikroprozessor-Revolution entstanden ist. Sie ersetzt Menschen nicht mehr nur brutal durch Apparaturen, sie kann organisches Leben selbst schützen, reparieren und umbauen. Je länger und besser wir Menschen aber als Ergebnis technischer Interventionen überleben, desto weniger drohen Maschinen als das ganz Andere; desto verführerischer locken sie.

Marshall McLuhan bereits prophezeite, daß die Potenzierung der körperlichen und intellektuellen Möglichkeiten durch moderne Technologie Stück für Stück eine Cyborg-Menschheit produzieren werde. Der Wissenschaftshistoriker David Hess beschreibt die Gegenwart als «Proto-Cyborg-Zeitalter, in dem wir einen Großteil unseres Tages in direkter Verbindung mit Autos, Haartrocknern, Computern und anderen Maschinen verbringen». Und Sherry Turkle, Soziologin am MIT, stellt fest: «Wir lernen, uns selbst als eingestöpselte Techno-Körper zu erkennen ... Wir träumen alle Cyborg-Träume.»

Die eskalierende Cyborgisierung des Homo sapiens erscheint so als Schlüsselereignis der Epoche. Das allerdings, die Verbesserung der Natur, mißfällt einer wachsenden Zahl von verunsicherten Zeitgenossen. Sie suchen ihr Heil in einem rückwärtsgewandten biologischen Fundamentalismus, der eine solche Evolution im Zeitalter ihrer technischen Reproduzierbarkeit als «Sakrileg» verdammt und staatliche Verbote fordert. Das Argument, mit dem die Extropianer heute den Verteidigern des evolutionären Status quo begegnen, schleuderte schon Zarathustra den Normalmenschen entgegen:

«Alle Wesen bisher schufen etwas über sich hinaus: und ihr wollt die Ebbe dieser großen Flut sein und lieber noch zum Tiere zurückgehn, als den Menschen überwinden?»

37 Mehr Zukunft. Max Mores Lehrjahre

«Zuerst hätte ich am liebsten ein Gehirn-Implantat, das mich smarter macht und mir Zugang zu mehr Informationen gewährt», sagt Max More: «Denn sobald ich erst einmal meine Intelligenz gesteigert habe, kann ich besser darüber nachdenken, welche Implantate ich noch brauche.»

Im Jahr 2000 ist der Philosoph ein vielbeschäftigter Erfolgsmensch. Zehntausende von Mitgliedern und Anhängern haben den Extropianismus zu einer Mischung aus Bewegung und Trend anwachsen lassen, wie es Mitte der neunziger Jahre der Fitnessboom war. Max More, Autor mehrerer Bestseller, in denen er seine Leser über ihre Zukunftsmöglichkeiten aufklärt, gilt als bedeutender Visionär.

Aktuelle Position: nordamerikanischer Kontinent, Westküste, ein Bungalow in Marina del Rey bei Los Angeles. Zeit: 1:45 h nach dem ersten Kontakt.

Der größte Coup des Extropianerhäuptlings war am Neujahrsabend 1999 die Gründung eines weltweiten Nachrichtensenders. Er verkündet auf dem Internet sowie via Kabel und Satellit ausschließlich positive und optimistische Nachrichten.

«Wir beschäftigen uns mit Ereignissen, die von der Weiterentwicklung der menschlichen Rasse zeugen», sagt Max More: «Wir melden Erfindungen und Innovationen, neue Psychotechniken, erfolgreiche Initiativen und Karrieren, wir porträtieren Menschen, die anderen helfen, oder Organisationen und Institutionen, die ihre Verhärtungen überwinden, um zu spontaner Ordnung zu finden, und wir nennen jene Regierungen, die endlich anfangen, ihre Macht abzubauen.»

Nancie Clark ist nach der Jahrtausendwende nicht minder beschäftigt, der Menschheit neue Wege zu weisen. Der Club Mediterrané und Microsofts Bill Gates haben ihr ein großzügiges Stipendium ausgesetzt: Als führende weibliche Futuristin der Gegenwart soll sie den Weltraum für den Tourismus erschließen.

«Wir werden Erlebnisurlaub auf dem Mond anbieten.» Sehnsüchtig schaut Nancie zu der hohen Galerie, die von ihrem Wohnzimmer hinauf in den ersten Stock führt. An der weißen Wand hängen einige ihrer mehrere Quadratmeter großen Werke. Eins zeigt den Mond, dazu einen Satelliten, Nancie selbst mit nassen Haaren und ein Paar, das sich in der Schwerelosigkeit liebt. Bis zu der Zukunft, die Max und Nancie an diesem Sonntag nachmittag imaginieren, müssen noch mindestens vier Jahre vergehen; wenn nicht viel mehr. Nancie seufzt leise.

Hier drinnen ist es kühl und still wie in einer Raumstation, draußen aber ist der Tag heiß und smogig und voller Verkehrslärm. In der Marina schaukeln die Segelboote dicht an dicht wie in einem Freeway-Stau, am Ufer drängeln sich Trauben von Menschen in Shorts und zu engen T-Shirts. Ein halbes Hundert gebeugter Raffiapalmen schaut seltsam traurig auf die niedrigen Bungalowsiedlungen hinunter. Den kalifornischen Himmel über ihnen verhängt grauer Dunst.

Wir sitzen in weichen Polstern und trinken Instantkaffee. Bis auf Kopfhöhe sind die Wände mit schlichten Zementblock-Bretter-Regalen verstellt. In ihnen drängelt sich eine eigentümliche Mischung aus Science-fiction-Romanen, Fitness-Ratgebern und philosophischen Klassikern. Auf dem niedrigen Glastisch zwischen uns liegt *Wired*, die Standardpostille der High-Tech-Intelligenz.

«Die Extropianer», staunte ein britischer Journalist, nachdem er Max More und Nancie Clark besucht hatte, «pflegen sich für eine Science-fiction-Zukunft, die viele lediglich für eine andere Form des Selbstmordes halten würden.»

«Hat dich in letzter Zeit mal jemand für verrückt erklärt?» frage ich Max.

Der schüttelt amüsiert den Kopf. «Warum?»

«Wenn du in Deutschland an einer Universität Philosophie unterrichten würdest und so über den Umbau des Menschengeschlechts reden, wie du redest, hättest du gute Chancen, kaltgestellt zu werden. Wegen philosophischer Unzurechnungsfähigkeit.»

«Guter Punkt», sagt Max More. «Das erklärt auch, warum ich nicht in Europa lebe, sondern hier.» Er streckt die langen Beine und wirft seinen fast ebenso langen goldenen Zopf zurück in den Nakken. «In England habe ich mich nämlich nie wohl gefühlt. Dort sind die Menschen zu vorsichtig, zu mißtrauisch und furchtsam, sie leben in ständiger Angst vor zu starker Veränderung ...»

«Hältst du das für typisch britisch?» werfe ich ein.

«Nein, das ist wohl überall in Europa so», sagt Max More, und sein Gesicht zeigt Spuren des langen Leidens an diesem Alte-Welt-Fatalismus: «Mit fünf Jahren habe ich im Fernsehen die Mondlandung gesehen und beschlossen, daß ich nach Amerika gehöre.»

Doch zwischen dem Entschluß und seiner endlichen Realisierung lagen mehr als anderthalb Jahrzehnte, in denen der Sohn von Mittelschichtseltern wie unter Fremden aufwuchs. Zu seinen zwei älteren Brüdern hatte er keinerlei Beziehung, beide sind heute, zu Max Mores andauerndem Entsetzen, fundamentalistische Christen. Auch in der Schule stieß er mit seinen ungewöhnlichen Interessen auf wenig Verständnis. Sein einziger Trost waren Comicheftchen, in denen es nur so wimmelte von Über- und Supermenschen mit Radaraugen, Flugarmen und der Fähigkeit, durch Wände zu gehen. Max More liebte die Comichelden.

«Vielleicht weil ich mich selbst ein wenig wie ein Mutant fühlte.»

Die Neigung zum Überlebensgroßen verlagerte sich in der Pubertät auf literarische Phantasien und politische Traktate: Er verschlang Science-fiction-Literatur und Broschüren über libertäre und anarchistische Utopien. Diese seltene Mischung von Minderheitsinteressen machte ihn einmal mehr zum Außenseiter. Denn oppositionelle Politik war in den siebziger Jahren eher technikfeindlich, populäre Science-fiction eher autoritär als libertär. Seinen Mitmenschen in dem zentralistisch gesteuerten sozialistischen Wohlfahrtsstaat der Vor-Thatcher-Jahre schien Max Mores weitreichender Wille zur freien Selbstentfaltung nicht von dieser Welt.

«Es war ein elendes Jahrzehnt», erinnert er sich. «Alle dachten, die Welt ginge zu Ende. Die Wirtschaft war in einer Dauerkrise, und niemand glaubte überhaupt noch an eine Zukunft. Ich fragte: ‹Warum so viele Gesetze? Warum so viele Einschränkungen privater Initiative? Warum braucht man für alles Genehmigungen?› Keiner verstand, was ich hatte. Die wollten ja alle eher mehr Regelungen und Verbote.»

In Oxford, wo er sein Philosophiestudium begann, erging es Max More nicht besser. «Niemand hatte optimistische Ideen. Man war bedrückt und beklagte sich über Gott und die Welt. Die aktiveren Studenten demonstrierten und protestierten, aber keiner unternahm etwas Konstruktives, um sein Leben zu verändern.»

Dann kam der Wendepunkt. In einem radikal-libertären Mitteilungsblättchen entdeckte Max More eine Kleinanzeige von Alcor. 1986 reiste er nach Riverside, wo die Tiefkühlstiftung damals residierte. Am Pazifik entdeckte er eine optimistischere Kultur, die nicht einmal den Tod akzeptierte.

«Hier arbeiten die führenden Forscher in den Schlüsselwissenschaften der Zukunft, eine Mischung verrückter Leute, die eine positive Sicht der Dinge haben und bereit sind, über Veränderungen zu diskutieren. Alles Neue beginnt hier und erobert von hier aus den Rest der Welt.»

Mit 23 Jahren wurde Max More der erste Europäer, der einen Vertrag für kryonische Suspension schloß, und wenig später wagte er den endgültigen Sprung in die neue Welt der handfesten Selbstverbesserung. An der Universität von Südkalifornien in Downtown L. A. promovierte er über Identitätsphilosophie und fühlte sich wohl wie nie zuvor. Hier klangen seine Ideen gar nicht mehr so verrückt, im Gegenteil, unter der Schar der Extropianer, die er seitdem um sich versammelt hat, ist Max More eher einer der bedächtigeren und gemäßigten.

Sein Verlangen, alle Bücher, die je von Menschenhand geschrieben wurden, in einem implantierten Speicherchip spazierenzutragen, oder der Wunsch, sich über eine direkte Verbindung seines Gehirns mit den elektronischen Netzen in ein System globaler Gedankenübertragung einzuklinken, das sind in der Cyberkultur so normale und akzeptierte Interessen, wie es unter mittleren Angestellten der Drang ist, einmal im Leben einen Ferrari mit 300 Stundenkilometern über die Autobahn zu jagen.

«Wir sehnen uns danach, Schädelstecker eingebohrt zu bekommen», sagt etwa Hacker-Queen St. Jude. «Das ist die Technologie unserer Träume.» Tausenden von Cyberianern gleich phantasiert sie von «Mikrochips, die wir direkt in unser zentrales Nervensystem einstecken können, Chips für die Beherrschung einer Sprache, von der wir vorher noch nie etwas gehört haben, für Expertensystem-Wissen von neuen Technologien, für eine neue Persönlichkeit ...»

Dezentraler Sammelplatz der Möchtegern-Neuronauten mit dem ungestillten «desire to be wired», der Begierde nach dem Kabelkopf, ist das Internet. In Dutzenden von Newsgroups und auf Web-Seiten mit Titeln wie «The Transhuman Body», «The Posthuman Body», «Brain Enhancements», «Gender Bending and Sex Change» oder «Plastic Surgery» imaginieren sie hybride Formen von Natur und Technik, den komplett bionischen Menschen. Allein die *home page* des *Body Modification E-zine*, eines elektronischen Mitteilungsblattes für Trends in der Körpermodifikation, zählt pro Woche über eine halbe Million Besucher.

«Der romantische Reiz, der vom Cyborg ausgeht, scheint die Ränder der digitalen Kultur zu fesseln, besonders in den Netzen», stellt Gareth Branwyn, Chefredakteur des Cyberpunk-Zines *bOING bOING*, mit einer gewissen Verwunderung fest: «Man muß nur ‹neuronales Interfacing› erwähnen, und schon wird man mit begeisterten Zuschriften überschüttet.»

Die Beispiele, die er gibt, lassen an Deutlichkeit nichts zu wünschen übrig. «Ich bin daran interessiert», schreibt etwa ein hoffnungsvoller Neuronaut, «zum Versuchskaninchen zu werden – für jedes cyberpunkige Experiment einer medizinischen/militärischen/cyber/neuronalen Institution. Neue Glieder, Seh-/Hör-Verbesserungen, Bio-Monitoren etc.»

Vor diesem unerschrockenen Willen zur radikalen Selbst-Evolution bleibt so gut wie nichts sicher, was die Natur dem Homo sapiens mitgegeben hat. Gehackt werden soll die Denkfähigkeit durch Gehirn-*upgrades* und Vernetzung («brain hack»). Gehackt werden sollen die Sinne («sensory hack»), indem das Vorhandene gesteigert oder modifiziert wird – besser sehen, hören, riechen sowie Ohren und Nasen, die sich schließen lassen – oder indem gar ganz neue Wahrnehmungsbereiche eröffnet werden: Sinne für andere Frequenzen, Schallwellen, Radar oder Radioaktivität.

Vor allem anderen aber soll das Fleisch gehackt werden («body hacks»). Die Körperverbesserungsgelüste reichen von rein äußerlichen Veränderungen wie der Anpassung an Schönheitsideale («chassis hacks») über Geschlechtsumwandlungen und Funktionssteigerung durch neue Gliedmaßen bis zu grundsätzlicheren, die menschliche Form überwindenden Maßnahmen. Imaginiert werden etwa ein zuverlässiger Schutz vor Strahlung, ein in sich geschlossener Körperkreislauf mit vollständigem Recycling der Ressourcen («self-containment») oder gar die vakuumfeste Vorbereitung der supermenschlichen Hülle für das luftlose Weltall («vacuumproofing»).

Befremdlicher als diese Phantasien selbst ist jedoch die Tatsache, daß sie ihren Ausgangspunkt nicht in literarischen Alpträumen, sondern in wissenschaftlichen Spekulationen haben.

«Treib dich eine Weile in respektablen amerikanischen Forschungslabors herum», schrieb Jim McClellan im britischen *Observer*, «und du kannst Wissenschaftler dieselben Sprüche klopfen hören. Der Extremismus [der Extropianer] stellt so eine entlarvende Spiegelung der modernen amerikanischen Techno-Kultur dar.»

Und in der Tat hegt nur eine Minderheit unter den führenden Forschern Zweifel daran, daß früher oder später die Entwicklung von immer leistungsfähigeren Chips, von Maschinenintelligenz, von Nano- und Biotechnologie in einen evolutionären Sprung des Menschengeschlechts münden wird. Streiten tun sich die diversen Fraktionen eigentlich nur über die Frage, wieviel früher oder später: in einem Jahrzehnt oder in fünf, sechs, sieben.

Freeman Dyson etwa stellte schon 1978 fest: «Ich glaube nicht, daß die Menschheit noch lange eine einzelne Spezies sein wird – vielleicht, weil wir verschiedene Evolutionswege gehen werden, sobald wir uns im Weltraum ausbreiten, oder vielleicht sogar früher durch genetische Manipulation. Wenn wir nicht ein totales Verbot genetischer Forschung verhängen – wenn wir also nicht praktisch jedes Studium der Biologie verbieten –, wird es, glaube ich, unvermeidlich so weit kommen, daß die Leute ihre Kinder besser ausstatten wollen, als sie selbst es sind, und über die Technik dazu werden wir im nächsten Jahrhundert verfügen.»

Auch Hans Moravec meint, daß sich eine solchermaßen postbiologische Menschheit innerhalb der nächsten 50 Jahre entwickeln könnte. Angesichts der kurzen Zeitspanne, die uns zur Vorbereitung auf die einschneidenden und gefährlichen Veränderungen der kommenden Jahrzehnte bleibt, hält er es daher für nötig, bereits jetzt klare Regeln zu entwickeln:

«Der erdgebundenen Menschheit [sollten wir] erlauben, ihre Biologie innerhalb weiter menschlicher Grenzen zu perfektionieren: Gesundheit, Erscheinungsweise, Stärke, Intelligenz und Langlebigkeit.» Jeder aber, der weiter gehen will, schlägt Moravec vor, muß dem Menschsein abschwören und die Erde verlassen. Im All soll er sich dann ohne jede Einschränkung – und ohne jede Gefahr für seine Ex-Mitmenschen – zur galaktischen Maschine entfalten können.

Was immer man von den Propheten des Posthumanismus und der Cyborgisierung halten mag: Ihre ideologische Funktion, ihre Guru-Rolle gerade für die zweite Garde der Naturwissenschaftler und für das technikbegeisterte Fußvolk kann kaum überschätzt werden.

«Diese Technologien, die entkörperlichen oder die eigenen Fähigkeiten steigern, üben auf manche Leute eine wahnsinnige, gedankenlose Faszination aus», sagt etwa Allucquere Roseanna Stone, Direktor(in) des Advanced Communications Technology Lab an der Universität von Texas. Und Don Ihde, Professor für Technik-Philosophie, warnt: «Die Leute verlangen nach den [durch Maschinenimplantante gesteigerten] Fähigkeiten, ohne den üblichen Einstandspreis bezahlen zu wollen. Es ist ein faustischer Pakt.»

Genau der steht im Zentrum von Max Mores Philosophie. Gerade arbeitet er an einem Buch über näher- und fernerliegende «Technologien der Transformation». Mit ihm will er seine futuristische Philosophie unter eine größere Zahl von Menschen bringen.

«Wäre es nicht schön, Infrarot oder Ultraviolett sehen zu können? Oder unseren Tastsinn so zu erweitern, daß wir Dinge noch auf der molekularen Ebene erspüren? Oder wenn wir unsere sexuelle Begierde an- und abstellen könnten, je nachdem, wozu wir gerade Lust haben?»

«Ob die Cyborg-Existenz wirklich unsere Zukunft sein wird oder nicht», wende ich ein, «die meisten Menschen in Europa betrachten die Aussicht, immer stärker mit Maschinen zu verschmelzen, nicht gerade als Glück. Fast alle Umfragen zeigen, daß schon der gegenwärtige technische Fortschritt und die damit verbundenen sozialen Veränderungen der Mehrheit eher zu schnell als zu langsam gehen.»

Max More nickt grimmig: «Genau diese Haltung bekämpfen wir Extropianer. Die Angst vor der Zukunft ist Ausdruck von Unsicherheit und mangelnder Selbstachtung.»

«Der Weg ist das Ziel», stimmt ihm Nancie zu: «Je besser wir im Training bleiben, was den Umgang mit ständiger Veränderung betrifft, um so natürlicher wird uns der Prozeß von Wechsel, Veränderung, Fortschritt werden.»

«Ein Leben in der Ruhelosigkeit?» frage ich.

«In gewissem Sinne ...», sagt Max More. «Es gibt jedenfalls kein Endziel, kein perfektes Paradies wie in den christlichen Religionen oder im Marxismus, wo dann ein für allemal die Zeit stillsteht. So etwas wäre antiextropianisch. Die Bewegung ist alles.»

«Eine sehr amerikanische Idee!»

«Eine westliche Idee, ja. Auf jeden Fall ganz anders als die Ideale der östlichen Philosophien. Aber ich halte nicht jede Art von Ruhelosigkeit für schlecht.» Max More lächelt entspannter, als es seine Philosophie erlaubt: «Wenn man keine Ruhe findet, weil man ratlos ist, das ist negativ. Wenn man jedoch ein Ziel hat und sich nicht aufhalten lassen will, weil man sich auf den weiteren Weg freut, weil man das Unterwegssein genießt, das ist vollkommen in Ordnung. Permanente Wanderlust hält unsere Gehirne und unsere Körper frisch.»

Max More steht auf. Seine Oberarme drohen dabei, das T-Shirt zu sprengen. Wenn alle Philosophen so aussähen, denke ich, würde dieser Berufsstand allemal sooft wie Schauspieler zu Talkshows eingeladen.

«Komm!» sagt er: «Ich zeige dir das Extropy Institute.»

38 Extropia. Aus dem Wörterbuch der Supermenschen

Max More ist Mitte Fünfzig und sieht keinen Tag älter aus als zwanzig. Sein Immunsystem hat er verstärken lassen, so daß er nun vor allen ansteckenden Krankheiten geschützt ist. Im Schädel trägt er das lange erträumte Gehirnimplantat, mit dem er sich jederzeit in das ubiquitäre Gewebe der Datennetze einklinken kann, die inzwischen das Internet abgelöst haben. Erst vor ein paar Tagen hat er sich, nach einem Vierteljahrhundert im Scheinwerferlicht, für eine Weile aus dem öffentlichen Leben zurückgezogen. Er will mehr Zeit mit seinem Sohn verbringen, den Nancie, da sie längst jenseits des gebärfähigen Alters war, außerhalb ihres Körpers zur Welt brachte.

Max wirkt nun primär hinter den Kulissen als Investor, wobei er sich auf Projekte konzentriert, die extropianischen Zielen dienen: Lebensverlängerungsforschung, Nanotechnologie, neue Raketenantriebssysteme.

Aktuelle Position: nordamerikanischer Kontinent, Westküste, ein Büroraum in Marina del Rey bei Los Angeles. Zeit: 2:30 h nach dem ersten Kontakt.

Der Begriff Extropie ist im Jahr 2020 längst mit menschlichem Fortschritt so eng verschmolzen, wie es einst das Wort Tempo mit Wegwerftaschentüchern war. Extropianische Ziele bestimmen die Forschung, extropianische Ideen prägen weltweit das Alltagsleben. Transhumanistische Aktivisten haben etwa geholfen, das obsolete Erziehungssystem aufzulösen. Andere als intellektuelle Opposition gegen die radikale Umwertung der Werte gab es jedoch kaum.

«Wir waren positiv», erklärt Max More. «Wir haben nicht gesagt: ‹Das ist schlecht, das muß zerstört werden.› Wir sagten: ‹Wenn wir es anders machen, sähe das Ergebnis nicht besser aus?› Und der Erfolg gab uns recht. Selbst für überflüssige Leute wie Steuereintreiber fanden wir neue Jobs. So weckten wir bei den Machthabenden wenig Lust auf Unterdrückung.»

«Was ist mit Nancie?» frage ich.

«Sie moderiert wieder eine TV-Show», sagt Max More. «Live aus den Grenzgebieten des Sonnensystems.»

Ganz so weit war der Weg nicht, den wir heute, 25 Jahre vor dieser Zukunft, zurücklegen mußten, um in das «Extropy Institute» zu kommen, das Max More 1991 gründete und dem er vorsteht. Genaugenommen hatten wir bloß ein paar Treppenstufen hinauf in den ersten Stock des Reihenbungalows zu steigen. Denn das Institut ist eine teils nomadische, teils virtuelle Einrichtung. Die Versammlungsräume, in denen sich die aktivsten der 400 Mitglieder fast täglich treffen, befinden sich im Cyberspace, der jährliche Kongreß ist eine Wanderveranstaltung, die offizielle Anschrift «13428 Maxella Avenue, #273» in Wirklichkeit ein Postfach.

«Es gibt da draußen viele Verrückte», sagt Max More, plötzlich ganz kalifornischer Normalbürger, «man muß vorsichtig sein.»

In dem winzigen Arbeitszimmer unter dem schrägen Dach wirkt er maximaler, als er ohnehin ist. Achtsam setzt er sich hinter den Schreibtisch, der gut fünfzig Prozent der Stellfläche einnimmt. Ihn wiederum okkupiert fast ganz ein Gateway-Computer mit einem großen Bildschirm. An ihm produziert Max More im Alleingang sein *Extropy*-Magazin. Auf dem freien Teil des Bodens stapeln sich alte Ausgaben, die Wände sind mit philosophischer Fachliteratur verstellt, und an der Innenseite der Tür klebt ein ausgeschnittener Zeitungsartikel: «Wie man Seminare jeder Art entwickelt, bewirbt, vermarktet und verkauft, als Ganztags- oder Nebentätigkeit.»

Das Bedürfnis, sich die Zukunft erklären zu lassen, wächst ganz augenscheinlich im selben Maße, wie der Fortschritt Angst und Schrecken verbreitet. Im 20. Jahrhundert kam die Menschheit von Pferdekutschen über Autos und Flugzeuge zu Raketen, von simplen Impfstoffen zur Genmanipulation, von handbetriebenen Rechenmaschinen über Lochkartencomputer und Mainframes zu billigen Laptops, die jeder für sich über mehr maschinelle Rechenkraft verfügen als im Jahre 1900 ganze Nationen – oder als noch Anfang der achtziger Jahre das Pentagon mit seinen Multimillionen-Dollar-Cray-Supercomputern. Wer heute siebzig oder älter ist, erlebte so bewußt, wie drei komplette Innovationswellen seinen Alltag überrollten: die elektrische (Licht, Radio, Telefon, Haushaltsgeräte), die elektronische (TV, Mainframes, Satelliten, Videorecorder) und die digitale (PC, CD-ROM, Internet).

Mit diesem technischen Wandel Schritt zu halten ist unseren kulturellen Selbstbildern nur sehr unzulänglich gelungen. Wenn auch «die Revolution gerade erst begonnen hat», wie *Newsweek* schreibt: «Sie beginnt bereits, uns zu überwältigen, sie erschöpft unsere Fähigkeit, mit ihr fertig zu werden, sie läßt unsere Gesetze veralten, verändert unsere Sitten, reorganisiert unsere Ökonomie, setzt neue Prioritäten ..., formt um, was wir für wirklich halten.»

Eine verbreitete Reaktion darauf ist schierer Schrecken. 55 Prozent aller amerikanischen Frauen und 45 Prozent aller Männer räumen ein, daß ihnen die Technik, die sie im Alltag umgibt, nicht ganz geheuer ist. Ein Viertel aller US-Erwachsenen hat noch nie einen Videorecorder oder auch nur die Tasten eines Autoradios programmiert, genauso viele trauern der Schreibmaschine nach.

Das Ergebnis dieser Umfrage, die Dell Computers in Auftrag gab, einer der weltweit größten Hersteller von PCs, lautet daher mit einer gewissen Zwangsläufigkeit: «Angst vor Technologie könnte die Phobie der neunziger Jahre werden.» Dan Gookin, Autor zahlreicher bestsellernder Computerhilfebücher, kann dieselbe Erkenntnis am eigenen Kontostand ablesen: «Technophobie ist ein Phänomen unserer Zeit.»

Allerdings fürchten nicht alle Bevölkerungsgruppen den Fortschritt in gleichem Maße – unter den amerikanischen Zehnjährigen gibt es praktisch keinen Computer-Analphabetismus, unter den Fünfzigjährigen reichlich. Späthippie John Perry Barlow, der über Jahre hinweg seine Ranch in Wyoming mit den Mitteln des 19. Jahrhunderts zu führen versuchte, bis er aufgab und sich kopfüber in die digitale Zukunft stürzte, erinnert sich sehr wohl an die Gefühle, die ihn dabei befielen:

«Man fühlt das einfache Erschrecken eines Immigranten in einem fremden Land, in das die eigenen Kinder schon hineingeboren worden sind ...»

Anpassung und Eingewöhnung, das ist eine mögliche Reaktion auf die unverhoffte digitale Heimatlosigkeit, Widerstand eine andere. Wie vor bald zwei Jahrhunderten die britischen Maschinenstürmer, angeführt von Ned Ludd, die Apparaturen zerstören wollten, die ihnen die Arbeit nahmen, so formiert sich gegenwärtig eine aggressive neue Ludditen-Bewegung. Chellis Glendinning, eine Psychologin aus New Mexico, verfaßte 1990 ihre «Notizen für ein neo-ludditisches Manifest». Seitdem haben Kulturkritiker im Dutzend den technischen Fortschritt als Teufelswerk verdammt, von Neil Postman (*Technopoly*) über Sven Birkerts (*The Gutenberg Elegies*) und Clifford Stoll (*Silicon Snake Oil*) bis zu Kirkpatrick Sale (*Rebels Against the Future*), wobei letzterer sich dadurch hervortut, daß er bei Lesungen hin und wieder einen Heimcomputer mit dem Vorschlaghammer zertrümmert.

High-Tech-Kritiker dieser Neo-Ludditen-Bewegung verweisen mit Vorliebe darauf, daß hinter ihr – wie schon im Falle der ursprünglichen Maschinenstürmerei – handfeste wirtschaftliche Interessen stehen; nur daß es bei der modernen Technikfeindlichkeit nicht ums nackte Überleben einer Unterschicht geht, sondern um den Kampf alter Eliten um kulturelle Dominanz.

Nirgends scheint dieser Vorwurf zutreffender als in Europa, und nirgends auch scheinen die Neo-Ludditen mehr Anhänger zu finden.

«Eine dauerhafte Furcht plagt einige europäische Länder, vor allem Frankreich», schreibt Andrew Marshall, Korrespondent des britischen *Independent*: «daß nämlich die neuen Informationstechnologien Waffen für die amerikanische Hegemonie und die Unterdrückung durch die USA sind.»

Geht es den französischen Eliten bei ihrer Abwehrschlacht gegen die Zukunft unverhohlen um den Erhalt der eigenen Nationalkultur und damit ihrer persönlichen Einflußsphäre, so liegen die Probleme in Deutschland komplizierter. Kulturelle Vorbehalte gegen vermeintliche Überfremdung mischen sich bei uns mit politischen Ängsten, die aus der jüngeren Geschichte rühren. Manischer als in den älteren Demokratien werden Computer in Deutschland als orwellianisches Mittel zur unkontrollierten Ausweitung staatlicher Macht gesehen. Sie evozieren das Schreckgespenst einer totalitären Kontrolle der Individuen, wie sie faschistischen und kommunistischen Diktaturen bereits zweimal in diesem Jahrhundert gelang. Allerdings, und das scheinen die meisten Technikfeinde dabei zu übersehen, geschah das jeweils nicht mittels Mikrochips, sondern dank tatkräftiger Mithilfe der Bevölkerungsmehrheit.

Dieser historischen Tatsachen ungeachtet gehört zum Standardrepertoire deutscher Ängste die laienhafte Sorge, daß digitale Technik nicht die eigenen Möglichkeiten erweitere, sondern die der gesellschaftlichen Mächte, denen man ohnehin schon hilflos ausgeliefert ist. Erst jüngst zeigte sie sich wieder, als bei einer Umfrage 48 Prozent der Bundesbürger angaben, daß sie sich von den neuen Kommunikationstechniken «förmlich überrollt» fühlen: Die «Industrie», als deren Opfer sich die Befragten augenscheinlich empfanden, solle mehr «Rücksicht» auf die Konsumenten nehmen und das in Deutschland ohnehin äußerst gebremste Innovationstempo noch verlangsamen.

Der historisch gewachsenen Mischung aus Verängstigung und Verweigerung, Desinteresse und mangelnder Informiertheit gerade unter den gebildeteren Deutschen entspricht auch der anders kaum verständliche Umstand, daß die Berichterstattung zu Technik und Wissenschaft in der deutschen Presse das geringste Leserinteresse findet, weniger gar als Kulturmeldungen – während zur gleichen Zeit in den USA die High-Tech-Blätter boomen.

Die Haltung zeigt deutliche wirtschaftliche Folgen. Traditionell hatten Gesellschaften mit einem gewachsenen Ausbildungssystem wie Japan oder Deutschland einen klaren Produktivitätsvorsprung gegenüber allen «jüngeren» Nationen, Amerika eingeschlossen. Der jedoch schmilzt angesichts der technologischen Rückständigkeit rapide dahin.

«Wir haben uns hier auf Innovation konzentriert», sagt der aus Nazideutschland vertriebene Management-Papst Peter Drucker über die technische Führungsrolle der amerikanischen Wirtschaft. «Die Japaner haben Innovation vernachlässigt. Sie versuchen nun verzweifelt, ihren Rückstand aufzuholen; bis jetzt sind die Ergebnisse nicht sehr vielversprechend. Die Deutschen haben Innovation vollständig vernachlässigt und machen gar keine Anstalten, den Rückstand aufzuholen.»

Eine Ursache für die Neigung zur Nachzüglerschaft könnte in dem Umstand liegen, daß in vielen europäischen Ländern technische Entwicklung von Großunternehmen bestimmt wird. Die Schicht der jugendlichen Garagen- und Kleinunternehmer fehle in Frankreich und Deutschland fast vollständig, hat MIT-Professor und *Wired*-Kolumnist Nicholas Negroponte beobachtet. «Digitale Kultur», die unentwirrbare Mischung aus egalitärem Lifestyle, egalitärer Technik und antihierarchischer Organisation, sei deshalb dramatisch unterentwickelt.

«Diese Länder», sagt Negroponte, «besitzen keinen Underground. Sie basieren nicht auf kleinen Firmen und unternehmerischer Energie. Im Augenblick ist das ‹digitale Dasein› ein amerikanisches Phänomen.»

Anders als in der Alten Welt haben zudem in der Neuen die Technikfeinde bislang kaum kulturellen oder politischen Einfluß. Im Gegenteil, in den vergangenen Jahren gelangten mit dem Demokraten Al Gore und dem Republikaner Newt Gingrich bei beiden großen Parteien Cyberpolitiker in einflußreiche Positionen. Doch auch in den USA wächst der Widerstand gegen die Revolutionierung des Lebens durch den entfesselten technischen Fortschritt – vor allem in der Mittelschicht, und zwar gleichermaßen bei den alternden, ökologisch orientierten Liberalen der Babyboomer-Generation, die sich und ihre Werte zunehmend marginalisiert sehen, wie bei den Vertretern des radikalen christlichen Fundamentalismus, die der Evolutionslehre und damit der Gentechnik mit der Pseudowissenschaft des «Kreationismus» begegnen wollen.

«Religion ist eine entropische Kraft, die unserer posthumanen Gesellschaft entgegensteht», sagt Max More mit Emphase. «Gottesdienst, Glaubensartikel, das alles will die Menschen an ihre eigene Blindheit binden. Statt Kraft in sich selbst zu finden, sollen sie auf Rettung durch höhere Mächte hoffen.»

Mit ähnlicher Verve schreibt er gegen die «Mythen der Begrenzung» an, die in liberalen ökologischen Kreisen eine Renaissance erlebt haben – gegen die moralische Argumentation zur freiwilligen Selbstlimitierung, wie sie sich beispielhaft in den Horrorgeschichten vom Turmbau zu Babel, von Ikarus, von Frankenstein ausdrückt. Selbstbescheidung jedoch, lehrt sein Extropianismus, bedeutete das Ende der Evolution intelligenter Lebensformen auf diesem Planeten. «Der Sinn jeden Lebens ist die Überwindung immer neuer Grenzen, die Expansion, der unendliche Prozeß des Fortschreitens.»

Die Spitzenforschung hat sich dem «common sense» allerdings entfremdet, und sie hat sich zugleich so weitgehend spezialisiert, daß mancher Experte nicht einmal mehr die eigene Disziplin vollständig überblicken kann. Die zahllosen, scheinbar zusammenhanglosen technischen Innovationen und naturwissenschaftlichen Denkansätze müssen deshalb, meint Max More, zu einem sinnvollen, das heißt unter extropianischer Perspektive sinnvollen, Gesamtbild zusammengefügt werden.

«Wir brauchen dringend einen philosophischen Rahmen für das digitale Zeitalter. Ich sammle Ideen aus verschiedenen Gebieten, suche nach Mustern und synthetisiere sie. Denn ohne einen solchen Orientierungsrahmen starren die Leute gebannt auf einzelne Veränderungen und sagen: ‹O Gott, nun muß ich mich wieder daran gewöhnen.›»

Insbesondere die «Extropianischen Prinzipien» sollen als eine solche «Schutzimpfung gegen Zukunftsschock» wirken. «Sie stellen keine ganzheitliche Philosophie dar, die unser Weltbild festlegt. So etwas wäre unextropianisch», sagt Max More. «Die Prinzipien sind nur einige sehr grundsätzliche Haltungen und Basiswerte, eine Art neues Betriebssystem für uns selbst, mit dessen Hilfe jeder für sich selbst die Konsequenzen ziehen kann.»

Praktischerweise fügen sich die Anfangsbuchstaben der fünf Maximen zu dem extropianischen Slogan «Best Do It So» («Am besten macht es so»): «*b*oundless *e*xpansion», «*s*elf-*t*ransformation», «*d*ynamic *o*ptimism», «*i*ntelligent *t*echnology» und «*s*pontaneous *o*rder». Was der recht abstrakt klingende Pentalog bedeuten soll, erklärt Max More gerne und so routiniert wie ein Priester die ersten fünf Gebote.

Grenzenlose Selbstausweitung trägt der Sonderstellung der Menschheit Rechnung, die, aus unbelebter Materie entstanden, als einzige Lebensform des Planeten Bewußtsein ausgebildet hat. Dieser evolutionäre Prozeß dürfe nicht enden. Extropianer trachten daher nach der Beseitigung aller Hindernisse, die den technischen

Fortschritt und die Selbstausbreitung der Menschheit bremsen, inklusive des «apokalyptischen Umweltkatastrophendenkens». Ziel ist es, die irdische «Wiege der menschlichen und transhumanen Intelligenz» zu verlassen, «um uns über das Universum auszubreiten und ohne Ende fortzuschreiten».

Selbsttransformation ist für das Individuum, was «grenzenlose Selbstausweitung» für die menschliche Rasse bedeutet. Steigerung von persönlicher Extropie erfordert kontinuierliche Infragestellung der eigenen Lebensweise durch kritisches Denken, Bereitschaft zum Experimentieren sowie die Nutzung biologischer und technischer Verbesserungen. Staatlicher Zwang und Bevormundung stehen dem ebenso entgegen wie Konformität und Mystizismus, weshalb der extropianische Mensch in politischer, spiritueller und psychischer Hinsicht Eigenverantwortlichkeit erreichen muß.

Dynamischer Optimismus richtet sich gegen entropische Verhaltensweisen wie Resignation, Kleinmut und Opferhaltung. Extropianer fordern und fördern Tatendrang statt Zögern, Handeln statt Abwarten, Aggressivität statt Passivität. Als dynamische Optimisten streben sie nach Realisierung aller Wünsche und Hoffnungen im Diesseits.

Spontane Ordnung soll zentrale Autoritäten durch freiwillige dezentralisierte Koordinationsprozesse ersetzen. Vorbild solch spontaner Ordnung ist der sich selbst regulierende Markt. Er garantiere individuelle Freiheit und persönliche Verantwortung, indem er Initiative, Innovation, Toleranz, Heterogenität und Abweichung belohnt. Zudem funktioniere er erheblich effektiver als jede Kommando- oder Planwirtschaft. Extropianer plädieren deshalb dafür, auf Politik und Recht zu übertragen, was wir vom Markt und ebenfalls aus evolutionären Prozessen, vom Ökosystem und von neuronalen Netzwerken her kennen. Ihr Ziel ist die Ablösung der alten tribalistischen, autoritären und demokratischen Ordnungsformen durch polyzentrische Systeme, in denen sich die Macht auf zahlreiche autonome Agenten verteilt.

Intelligente Technologie, das fünfte, erst beim letzten *update* hinzugekommene Prinzip, versteht unsere Werkzeuge als natürliches Produkt der menschlichen Intelligenz und damit als Teil der Evolution. Technologie erlaube, die Grenzen zu überschreiten, die uns Herkunft, Kultur und Umwelt auferlegen, und bekämpfe insofern Entropie. Alle historischen und gegenwärtigen Anstrengungen, menschliches Wissen und technische Möglichkeiten zu erweitern, konvergieren so zwangsläufig, meint Max More, in der Transformation des Homo sapiens.

«Wir werden uns zusammen mit den Produkten unseres Verstandes entwickeln», sagt er, «wir werden uns ihnen anpassen, und wir werden schließlich mit unserer intelligenten Technologie zu einer posthumanen Synthese verschmelzen, womit wir unsere Möglichkeiten endlos erweitern und unsere Freiheit vergrößern werden.»

Max More lächelt und schweigt. Er hat seine Argumente kühl und sachlich vorgetragen. Niemand kann ihm vorwerfen, sich selbst in den Vordergrund zu drängen, niemand kann behaupten, er führe sich als verrückter Sektenführer oder von Visionen geschüttelter Prophet auf. Im Gegenteil, der extropianische Philosoph liebt es, seine Sätze so trocken zu formulieren, als sei ihr geheimes Ideal eine mathematische Gleichung.

Exakte Zukunftsprognosen lehnt er dementsprechend als unwissenschaftlich ab. Doch mit Utopien ist es etwas anderes. Die malen nicht die Zukunft aus, wie sie werden muß, sondern wie sie werden könnte und sollte. Drei solcher idealen Reiche, in denen sie der allgegenwärtigen Kontrolle durch den Staat entkommen wollen, haben die Extropianer entworfen: «Free Oceania», «Cybertopia» und «Extropolis».

Max More streckt sich, sein Stuhl stößt dabei an die Regalwand, und seine Arme berühren fast die niedrige Decke. Von Freiräumen spricht er gerne, und daß einige seiner Gedanken kindlichen Piratenphantasien ähneln, kann man über dem distanzierten Tonfall des Erzählers fast vergessen.

«Free Oceania»: Außerhalb der Hoheitsgewässer soll ein Konvoi ausgedienter Öltanker zusammengestellt werden; statt der Piratensender der sechziger Jahre gewissermaßen komplette künstliche Pirateninseln. Diese auf dem Meer treibende Neue Welt gliche in ihrem Versuch, neue Lebensformen jenseits der Konventionen unserer Zivilisation auszuprobieren, den utopischen Kolonien, die im 18. und 19. Jahrhundert in unbesiedelten Landstrichen der USA blühten. «Wir könnten neuen Gelegenheiten entgegenwandern und uns allen Bedrohungen entziehen», schwärmt der Extropianer Tom W. Bell, «als wären wir seefahrende Zigeuner.»

«Cybertopia»: Max Mores Vorschlag zur Erschaffung eines Freiraums im Cyberspace. «Wir werden digitales Geld haben», prophezeit er begeistert, «das die Regierung nicht kontrollieren kann.» Erinnert diese Utopie in ihren Anfängen an Hakim Beys Vorstellungen von «Temporär Autonomen Zonen» (TAZ), so steht an ihrem idealen Ende radikal Neues: Nanomaschinen sollen Synapse für Synapse die Gehirninhalte der Cybernauten auf elektronische Speichermedien übertragen und in die Netze hochladen («uploading»). Als virtuelle Lebewesen wären wir unsterblich, wobei eine rein geistige Existenz im Cyberspace Stippvisiten in der Realität keineswegs ausschließen würde. Die digitalisierten Gehirninhalte könnten ja jederzeit auf Robotkörper oder Klone herunterkopiert werden. Und selbstverständlich, betont Max More, böte die Digitalisierung unserer Persönlichkeit ebenfalls die angenehme Option, sie wie alle digitalen Dokumente spurenlos zu bearbeiten. Wir könnten also unerwünschte Charakterzüge und schlechte Erinnerungen löschen, zumindest aus unserem aktiven Gedächtnis, und statt dessen Fähigkeiten und Erfahrungen einspeichern, die uns angenehmer sind oder mehr Vorteile bieten.

«Extropolis»: eine erträumte Raumkolonie in unserem Sonnensystem, irgendwo in der Gegend des Asteroidengürtels. Die Bestimmung der Menschheit ist es, das Universum zu besiedeln, darin sind sich alle Extropianer einig. Lediglich über den richtigen Weg dorthin debattieren sie, insbesondere über die physische Gestalt, in der intelligentes Leben im All bestehen kann. Auch in dieser Grundsatzdebatte über die Vorteile organischer oder maschineller Existenz bietet Max More die Synthese an: «Ich möchte in der Lage sein, meine Persönlichkeit für verschiedene Zwecke auf verschiedene Vehikel zu transferieren. Um hier auf diesem Planeten herumzulaufen, dafür ist mein Körper eigentlich ganz in Ordnung. Aber für den Besuch eines anderen Planeten oder für ein Leben im All möchte man sich wahrscheinlich lieber in ein anderes Gefährt herunterladen lassen.»

Das alles klingt mehr nach Science-fiction-Phantasien und weniger wie eine der großen positiven Utopien der Vergangenheit. Doch den Vorwurf wilden Phantasierens, unbekümmert um die Fakten der Forschung, weist Max More zurück.

«Wir sind nicht besonders futuristisch. Unsere Ideen erfordern keine Verletzung der Gesetze der Physik», sagt er. «Alles, worüber wir diskutieren, liegt im Bereich der wissenschaftlichen Möglichkeiten. Wir verlängern bloß die konventionellen Denkketten ein Stück weiter.»

Gerade solche «Verlängerungen» aber, die rational Entwicklungsverläufe extrapolieren, haben sich seit Beginn der Industriellen Revolution nur zu oft als irrig erwiesen. Jede Gesellschaft biegt sich nämlich innovative Techniken so zurecht, daß sie ihren dringendsten Zwecken dienen. Das Telefon etwa wurde als Hörhilfe für Schwerhörige erfunden. Später betrachtete man es als ein reines Mittel zur Geschäftskommunikation und hielt die Gebühren hoch, um Plauderei zu unterbinden – heute wissen wir es besser, weshalb Ortsgespräche in allen US-Städten, von den monatlichen Anschlußkosten abgesehen, vollkommen gebührenfrei sind.

Nicht besser als den Fernmeldemonopolen erging es in prognostischer Hinsicht auch Konzernen wie IBM. Vor einem Vierteljahrhundert lehnten die Schreibmaschinenherren es ab, das Patent an einem neuen Gerät zu erwerben, das Xerox anbot: Die IBMler erkannten in ihm lediglich eine Ersatzmaschine zur Herstellung von Durchschlägen, und wie viele Firmen brauchten schon mehr Karbonkopien, als sie mit einer elektrischen Schreibmaschine ohnehin herstellen konnten? Inzwischen wissen wir, daß die Menschheit das Gerät zu etwas anderem benutzte: um nämlich alle möglichen Drucksachen zu fotokopieren. Das beste Beispiel aber für die zweckentfremdende Aneignung von Basiserfindungen durch die breite Masse liefert das Internet. Entworfen und installiert, um militärische Kommunikation während eines Atomkriegs zu gewährleisten, ist es heute der globale Treffpunkt von Millionen informationshungriger und vergnügungssüchtiger Cybernauten.

Wird die Menschheit also die neuen Techniken, die sich am Horizont abzeichnen – neuronale Netzwerke, Maschinenintelligenz, Gentechnologie, Nanotechnologie –, zu den revolutionären Zwekken benutzen, die ihre Erfinder im Auge haben? Oder werden wir sie umstandslos in den Dienst unserer alltäglichsten Bedürfnisse stellen?

Neuronale Netzwerke etwa, auf die heute die größten Hoffnungen für die Entwicklung künstlicher beziehungsweise maschineller Intelligenz ruhen, sollen die Cyborgisierung der Menschheit und damit die Entwicklung intelligenteren Lebens vorantreiben. Werden wir das wirklich zulassen? Oder werden wir wollen, daß es maschineller Intelligenz nicht besser als unserer eigenen ergeht, und deshalb dafür sorgen, daß all diese schönen Hoffnungen schlicht und ergreifend im Postdienst enden, wo lernfähige neuronale Maschinen heute schon die handschriftlichen Adressierungen entziffern, an denen alle weniger «intelligenten» Maschinen verzweifeln?

39 Wir Cyborgs. Zur Symbiose von Mensch und Maschine

«Wir sind alle Chimären, theoretisierte und fabrizierte Hybriden aus Maschinen und Organismen; kurz, wir sind Cyborgs», schreibt Donna J. Haraway.

Die Wissenschaftshistorikerin lehrt Bewußtseinsgeschichte an der Universität von Kalifornien in Santa Cruz. In der von ihr begründeten «Cyborg-Anthropologie» reflektiert sie die epochale Wende im Verhältnis der Menschen und ihrer Körper zu den Maschinen. Cyborg ist dabei die zentrale Denkfigur, mit der Donna Haraway die postindustriellen Lebensverhältnisse auf einen Begriff bringen will, der der Realität besser gerecht wird als traditionell humanistische Sichtweisen.

Nicholas Negroponte hingegen interessiert es wenig, die Wirklichkeit zu interpretieren; er will sie verändern. Sein Wahlspruch lautet: «Am besten kann man die Zukunft vorhersagen, indem man sie erfindet.» Zu diesem Zweck treibt er die Cyborgisierung schneller und durchgreifender voran, als sie ohnehin beziehungsweise ohne ihn geschähe.

1985, im selben Jahr, als Donna Haraway ihr erstes *Manifesto for Cyborgs* veröffentlichte, begründete Negroponte das Media Lab am MIT. Seitdem sammelte der Professor für Medientechnologie bei der spendenwilligen Industrie über 200 Millionen Dollar ein. Derart großzügig ausgestattet, betrieb das Media Lab erfolgreich wie keine andere Institution die Verflechtung des Computers mit den traditionellen Medien Schrift, Bild und Ton.

Doch Multimedia ist längst marktreif und damit unter Forschungsgesichtspunkten ein ziemlich alter Hut. Zum zehnten Geburtstag des Media Lab im Oktober 1995 verkündete Nicholas Negroponte daher eine neue Mission. Sie gilt «Dingen, die denken» und der Verschmelzung des Menschen mit diesen Dingen. Das notwendige Dutzend hochkarätiger Sponsoren hat Negroponte für das Projekt gewonnen, darunter Microsoft, AT&T, Disney sowie Nike; und erste Erfolge kann er ebenfalls vorweisen.

«Die Cyborgs sind schon hier!» konstatiert der Computer-Guru.

Aktuelle Position: nordamerikanischer Kontinent, Ostküste, Media Lab in Cambridge, Massachusetts. Zeit: während der Bürostunden.

Einer der Cyborgs, von denen Nicholas Negroponte spricht, ist groß, dünn und kaum behaart. Seine Stimme klingt trocken und distanziert, seine Augen werden von einem undurchsichtigen grauen Visier verdeckt. Kabel umwickeln seinen Körper, zusammengehalten von Isolierband, um die Hüfte trägt er eine Prozessoreinheit, über die Schultern eine Reihe Batteriepacks, und neben seinem Visier ist eine Videokamera samt winziger Antenne montiert.

«Kernstück meiner Ausrüstung ist ein Pentium-90-Computer mit 64 Megabyte RAM und einer 1,2-Gigabyte-Festplatte», erklärt er mit dem Stolz dessen, der sich nach bestem Wissen aufgerüstet hat.

Den Großteil seines Tages verbringt der Cyborg in dem leuchtendweißen Gebäude des Media Lab am Kendall Square, diesem «Schmusezoo voller extrovertierter Genies», wie ein Besucher über das luxuriöse Zukunftslabor schrieb. Mit einem jährlichen Etat von elf Millionen Dollar basteln hier 300 Angestellte, Spitzenwissenschaftler und ihre Hilfskräfte, an 91 exotischen Projekten, die nur eins gemeinsam haben: Sie entwerfen eine High-Tech-Zukunft, von der sich die insgesamt 75 Sponsoren aus aller Welt kommerzielle Vorteile versprechen. Die Cyborgs sind dabei Teil des Forschungsprojekts «wearable technology» beziehungsweise «softwear», der Entwicklung von Technologie also, die sich am Körper tragen läßt.

«Wie kann man Audiokommunikation besser empfangen als durch einen Ohrring oder wie fernmündliche Mitteilungen besser senden als durch ein Revers?» fragt Nicholas Negroponte. «Schmuck, der blind, taub und dumm ist, ist sein Geld nicht wert.»

Geht es nach ihm, werden Brillen und Kontaktlinsen in Zukunft Daten empfangen – Satelliten-TV oder E-mail aus dem Internet. Den Strom für die «anziehbaren» Minicomputer, Modems und Funktelefone werden Stoffe auf Polymerbasis liefern, die wie Solarzellen Licht in Energie umwandeln können. Und erst unsere Fußbekleidung! Ein fortgeschrittenes Projekt des Media Lab beschäftigt sich – schließlich ist Nike ein wesentlicher Sponsor – ausschließlich mit dem Design «digitaler Turnschuhe».

Die analogen Normaltreter verschwenden in ihren Sohlen viel Platz. Ihn hat Assistenzprofessor Neil Gershenfeld mit einem Computer gefüllt. Die nötige Betriebsenergie möchte er aus der Laufbewegung ziehen – zügiges Marschieren produziert das Äquivalent zu 17 Watt –, und in den Chips und Magnetkarten will er all die Daten speichern, die dem Träger im Alltag helfen: Adressen, Termine, Telefonnotizen, Stadtpläne.

«Man wird mit dem Display oder der Tastatur kommunizieren können, die man am Arm trägt», sagt Nicholas Negroponte, «oder eben mit der Brille hoch oben am Kopf.»

Für die Vernetzung der über den Körper verteilten High-Tech-Komponenten soll ein «BodyNet» sorgen, ein Körpernetzwerk, das die statische Spannung moduliert, die bei der Berührung des Körpers mit schwachen elektrischen Feldern entsteht, Kleidung oder Teppichen etwa. Geplant ist so Datentransfer nach dem Modell der heutigen LANs (Local Area Networks). Voltzahl und Frequenzen eines solchen PAN (Personal Area Network) wären identisch mit denen von Audioübertragungen und die «Gefahr» eines elektrischen Schlages so hoch wie bei der Benutzung von Kopfhörern.

«Den eigenen Körper zu aktivieren», schwärmt Nicholas Negroponte, «bedeutet, daß jede Berührung potentiell digital sein kann. Ein Händedruck wird zum Austausch der digitalen Visitenkarten, ein freundlicher Griff an den Arm stellt hilfreiche Daten bereit, wenn man eine Türklinke anfaßt, wird die Identität verifiziert, und nimmt man ein Telefon in die Hand, lädt es die Telefonnummern direkt aus dem Adreßbuch herunter.»

Das natürlich liegt in der Zukunft, wenn auch laut Negroponte in keiner fernen. Der Cyborg mit dem dunkelgrauen Visier hingegen ist bereits Gegenwart. An das schützende Umfeld des Labors ist er nicht gebunden.

Wenn er durch Cambridge spaziert, Notizen tippend oder das WWW surfend, wobei seine Schritte durch geistige Abwesenheit und die Zweidimensionalität der Bildsignale aus der Wirklichkeit leicht tapsig wirken, wechseln die Leute im Dutzend auf die andere Straßenseite. Denn auf den ersten Blick erinnert er an eine Billigversion der Borg aus der «Star-Trek»-Serie. Oft hört er deshalb, wie jemand hinter seinem Rücken deren berühmte Drohung murmelt: «Du wirst assimiliert werden! Widerstand ist zwecklos!»

Steve Mann, 32 Jahre alt und Doktorand am Media Lab, hat das Cyborg-Outfit für rund 3000 Dollar zusammengestellt. Er trägt es von morgens bis abends. Die Kamera ersetzt dabei die Funktion seiner Sehnerven; sie filmt, was er sehen würde, wenn er nicht das Visier geschlossen hielte. Über ein Funkmodem so groß wie eine Zigarettenschachtel werden die Bilder zu einer Workstation im Media Lab gesendet. Der Hochleistungsrechner bearbeitet das Datenmaterial, dabei den Befehlen gehorchend, die Steve ihm über den kleineren Computer erteilt, den er am Leibe trägt. Sekundenbruchteile später erscheinen die modifizierten Weltbilder auf den LCDs an der Innenseite von Steves Visier – und zugleich auf Steves *home page* im WWW.

Auf die Art kann seit Jahr und Tag jedermann von München bis Manila verfolgen, was Steve in Cambridge gerade sieht: sein Apartment, sein Büro, wen er trifft, was er liest, was er ißt. Doch die Welt durch Steves Augen ist nicht unbedingt die Welt, wie wir sie wahrnehmen würden: Mal ist sie nur schwarzweiß, mal leuchtet sie in psychedelischen Farben, mal ist die Perspektive verzerrt, mal steht alles auf dem Kopf. So gut wie jede technisch mögliche Modifikation der Wirklichkeit hat Steve bereits ausprobiert.

Sein ungewöhnlicher Selbstversuch dient, genauso wie das ähnliche Experiment seines Freundes Thad Starner, der Etablierung symbiotischer Arbeitsbeziehungen zwischen Menschen und Maschinen. Mit ein paar Tastaturbefehlen senden die beiden, während sie über den Campus schlendern oder im Supermarkt einkaufen, E-mail um die ganze Welt oder rufen die Memos von Diskussionen auf, die sie mit ihren jeweiligen Gesprächspartnern vor Jahren geführt haben. Sind die Denkmaschinen erst einmal vollständig in unsere Kleidung integriert, prophezeien die Cyborg-Simulanten, werden wir alle über uns selbst hinauswachsen.

«Der hat Gedächtnis», sagt der ziegenbärtige Starner über den Computer, den er am Leib trägt und den er «Teil meines Gehirns» nennt, «und Gedächtnis erhöht Intelligenz. Stell dir vor – nie mehr wieder etwas vergessen. Ein paar Kameras in der Brille, dazu ein Gesichtserkennungsprogramm, und du wirst nie wieder in die peinliche Situation geraten, von jemandem den Namen nicht zu wissen. Oder verbinde dich mit dem Globalen Positionierungssystem, und verirre dich nie wieder!»

Das satellitengesteuerte Globale Positionierungssystem, mit dem sich der eigene Standort jederzeit bis zu 100 Meter genau bestimmen läßt, hängt, dem Pentagon sei Dank, längst in seiner planetarischen Umlaufbahn, und auch eine rudimentäre Version des Gesichtserkennungsprogramms existiert. Sie sucht aus einer Datenbank von 8000 Porträtfotos in nur einer Sekunde zuverlässig die 40 heraus, die dem Gegenüber am ähnlichsten sind. Ein paar Mausklicks später weiß der Vergeßliche dann, mit wem er es zu tun hat.

Dennoch hält sich der praktische Nutzen der experimentellen Cyborgisierung bislang in engen Grenzen. Steves Frau etwa kann über das Internet von ihrem Arbeitsplatz oder von zu Hause aus beobachten, was ihr Kamera-Mann im Supermarkt einkauft, und mitentscheiden, ob er die krumpeligen Grapefruits nehmen soll oder nicht. Und dieses Silvester, als Steve die traditionelle Neujahrsfeier in Boston besuchte, hat er der ganzen Internet-Welt erlaubt, das Spektakel durch seine Kameraaugen zu verfolgen.

Doch kommerziellere Anwendungen für die ständige Verbindung von Individuen mit einem Zentralcomputer oder dem Internet liegen auf der Hand. Steve zählt sie auf: Cyborgisierte Börsenmakler könnten unmittelbarer als ihre unverkabelten Kollegen auf Marktveränderungen reagieren, Notärzte könnten die Krankengeschichte des Verletzten inklusive aller Allergien, Unverträglichkeiten und Organspendeentscheidungen abrufen, weniger qualifizierte Helfer obendrein den Rat eines Facharztes erhalten, der das Geschehen auf einem fernen Bildschirm verfolgt. Cyborgpolizisten könnten jedes Gesicht, das ihnen auf der Straße begegnet, automatisch mit der Verbrecherkartei abgleichen, und selbstverständlich ließen sich auch Cyborgsoldaten perfekter als ihre rein fleischlichen Vorgänger über das Schlachtfeld steuern – weshalb die US-Armee viele Millionen Dollar in vergleichbare Forschung gesteckt und eine eigene Cyborgausrüstung entwickelt hat, gegen die sich Steves Aufmachung harmlos ausnimmt. Und selbst für Journalisten sieht Steve dramatische Vorteile: Eine direkte Schaltung zum Archiv etwa würde bei Politikerinterviews erlauben, die habituellen Schönredner prompt mit den ganz anderen Sätzen zu konfrontieren, die sie vor ein paar Monaten zum selben Thema gesagt haben.

«Es wird laufen, wie es bei Autos, Pagern oder Funktelefonen war», meint Ko-Versuchskaninchen Thad Starner siegessicher: «Zuerst werden sich die anziehbaren Computer in kapitalstarken Nischenmärkten durchsetzen, wo das dringendste Bedürfnis nach unmittelbarem Informationsfluß besteht. Sobald aber die Bevölkerungsmehrheit diese Geräte kennenlernt, werden die Menschen ganz neue Anwendungen erfinden.« Denn: «Die Zukunft gehört den Cyborgs.»

Was die zentralen Bestandteile von Thads und Steves Vision angeht, hegen die meisten Kommunikationsfachleute dieselben Hoffnungen. Nobelpreisträger Arno Penzias, Vizepräsident des Forschungslabors von AT&T, hält es für sicher, daß sich in ein paar Jahren winzige Funktelefone in Anstecknadeln, Schmuck und direkt in den Ohren selbst verbergen werden. Prototypen «ubiquitärer Computerumwelten», die es den Arbeitenden erlauben, sich frei zu bewegen, ohne die Verbindung mit den stationären Computern zu verlieren, existieren in Xerox Parc und in den militärischen ARPA-Labors. Und an «tragbaren» Miniaturcomputern arbeiten mehrere Firmen ebenfalls seit Jahren.

«Das komplette Konzept eines Computers wird sich ändern», meinte schon 1991 Dan Harden, Vizepräsident von Frogdesign in Menlo Park, der Firma, die den Apple-Macintosh-Würfel und Steve Jobs' Next-Kubus entwarf: «Wir werden ihn vollständig in unsere Lebensweise integrieren. Warum sollen wir ihn also nicht am Körper tragen?»

Genau solche «flüssigen Maschinen», die sich wie Kleidung an ihre Träger schmiegen, läßt der japanische Hardware-Gigant NEC in seinem Designcenter in Tokio basteln. Die einzelnen Elemente einer solchen Technik existieren fast ausnahmslos, von Batterien aus dünnem Material, die sich wie Papier falten lassen, bis zu lasergesteuerten Displaysystemen, die ihre Bilder mit Spitzenauflösungen und hohen Refreshraten direkt auf die Retina des Auges projizieren. Probleme bereitet allein ihre Integration zu einem vernetzten System, das halbwegs erschwinglich bleibt.

Die NEC-Techniker meinen deshalb, daß sich die Massenkonsumenten noch ein paar Jahre werden gedulden müssen. Dasselbe gilt für das «Office on the Arm», ein am Körper tragbares Computersystem mit der Kapazität eines Desktopgeräts, dessen Prototyp die BT Labs der British Telecom Anfang 1996 der Öffentlichkeit vorstellten. Lediglich kleinere Firmen sind vorgeprescht und bieten bereits primitive Vorformen anziehbarer Computersysteme an. Zu ihnen zählt der «Mobile Assistant» von CPSI. Er basiert auf militärischer Forschung und verbindet einen Gürtel-Computer mit einem Medienhelm sowie einem Interface, das Sprachbefehle erkennt.

Die kommerziellen Geräte streben wie Steve Manns und Thad Starners Selbstbau-Ausrüstung nach Cyborg-Technologie. Sie gleichen sich Prothesen an und bringen damit, in Allucquere Stones Worten, «die Grenze zwischen dir und dem Computer zum Verschwinden». Quantität ist dabei längst in Qualität umgeschlagen.

Die Neigung, überwiegend elektronisch mit der Wirklichkeit in Kontakt zu treten und diese technische Vermittlung gar nicht mehr wahrzunehmen, drang im selben Maße, wie die technische Ausstattung des Durchschnittskonsumenten eskalierte, aus Forschung und Produktion in den Alltag vor. Die Mehrheit scheint geradezu verwachsen mit ihren Autos – deren zentrale Funktionen heute von rund 30000 Zeilen Computercode gesteuert werden. Die meisten von uns sprechen jeden Tag mit mehr Mitmenschen am Telefon als in der Wirklichkeit. Um jederzeit für andere erreichbar zu sein als die, mit denen man zufällig physisch zusammen ist, verfügt jeder fünfte Amerikaner über ein Funktelefon, jeder achte über einen Pager. Eine erkleckliche Zahl von Gegenwartsmenschen dürfte mehr Leute und Länder aus dem Fernsehen kennen als aus persönlichem Kontakt und eigener Anschauung. 40 Prozent aller amerikanischen Haushalte besitzen obendrein einen Heimcomputer, der ihnen im Prinzip den Cyberspace eröffnet.

Längst ist die heutige Menschheit von ihren Maschinen so abhängig wie unsere agrarischen Vorfahren einst von ihren Nutz- und Haustieren. Weder der gegenwärtige Lebensstandard noch die schiere Bevölkerungszahl ließen sich ohne Technik erhalten. Die entwickelten Gesellschaften dieses Planeten haben am Ende des 20. Jahrhunderts komplizierte Symbiosen zwischen Menschen und Maschinen ausgeformt – Cyborg-Zivilisationen.

Dabei ist die funktionelle Verschmelzung mit den elektronisch gesteuerten Apparaturen bloß der Aspekt unserer Cyborgisierung, der im Alltag am stärksten ins Auge fällt. Weniger sichtbar, doch dabei radikaler verläuft die medizin- und gentechnische Cyborgisierung beziehungsweise Bionisierung des menschlichen Körpers. Die Fähigkeit, seine Teile zu reparieren, auszutauschen oder durch nichtorganische Nachbauten zu ersetzen, wächst fast so schnell wie das Verständnis von deren Design-Prinzipien.

Ihre ersten Erfolge erzielte die Ersatzteilmedizin in den fünfziger und sechziger Jahren durch die Anwendung von Erkenntnissen aus dem mechanischen Zeitalter: bei Gelenken, Knochen, Muskeln und einzelnen Organen, vor allem solchen, die Ventilen gleichen. Zu einer Revolutionierung der Medizintechnik kam es dann durch das Eindringen digitaler Technik in die Forschungslabors und Operationssäle.

Computergestützte CAT-Scans, Ultrasound, PET- und MRI-Scans haben die Kenntnis vom Körper drastisch verbessert und erlauben exakte Diagnosen, an die vor einem Vierteljahrhundert nicht einmal zu denken war. Minimalinvasive Operationstechniken, bei denen winzige elektronische Kameras Bilder aus dem Körperinneren liefern und dem Chirurgen den Weg weisen, sind Standardpraxis. Zum Einsatz kommen ferner Operationssysteme, die vom Chirurgen wie ein Computerspiel mit dem Joystick gesteuert werden und rein menschliche Operateure an Genauigkeit bei weitem übertreffen.

Kaum noch eine einzelne Körperfunktion existiert, die sich nicht durch Prothesen, Korrektureingriffe sowie Transplantate und Implantate manipulieren ließe. Im Verein mit der ebenfalls computergestützten Genforschung, die neue Medikamente zur besseren Kontrolle der Immunabwehr produzierte, führte die digitale Aufrüstung der Medizin dazu, daß die Zahl der erfolgreichen Organtransplantationen dramatisch anstieg; allein in den USA von jährlich rund 8000 im Jahre 1984 auf rund 18 000 1993. Der Umbau menschlichen Lebens beschränkt sich damit nicht mehr auf die strukturelle Integration des Homo sapiens mit seinen Maschinen. Technik dringt ins Innere der Körper vor und läßt die jahrtausendealten Gegensätze zwischen «gewachsen» und «von Menschen gemacht», «biologisch» und «technisch», «lebendem Fleisch» und «toter Materie» obsolet werden.

Eine Neudefinition dessen, was einen Cyborg vom Normalmenschen unterscheidet, scheint daher notwendig. Die Principia Cybernetica Web schlägt vor, anstelle des Materials, aus dem das fertige Wesen besteht, seine Entstehung zum entscheidenden Kriterium zu nehmen. Zu differenzieren wäre in diesem Sinne zwischen Leben, das ohne Einsatz von Intelligenz, also «naturwüchsig» entstanden ist, und solchem, das seine Existenz oder sein Überleben dem gezielten Einsatz von Intelligenz verdankt.

Cyborg soll eine mit Bewußtsein ausgestattete Entität bezeichnen, die sich aus sowohl «natürlichen» wie «produzierten» Teilen zusammensetzt, wobei es gleichgültig ist, ob diese technisch hergestellten Körperteile organisch oder anorganisch sind. Ein Mensch, in dem ein biologisches Herz schlägt, das in einem anderen Körper oder in der Retorte wuchs, wäre dieser Definition zufolge ebenso cyborgisiert wie jeder, dessen Ersatzorgane aus Metall oder Plastik zusammengesetzt sind.

So deutlich zeichnet sich am Horizont die massenhafte physische Cyborgisierung des Homo sapiens ab, daß der Arbeitssoziologe Arthur B. Shostak von der Drexel-Universität in Philadelphia die Profession des «Cyborg-Technikers» zum Beruf mit schnell herannahender Zukunft erklärt: «Sie werden mit den Menschen arbeiten, die so viele künstliche Körperteile haben, daß sie einen Techniker benötigen, um alles am Laufen zu halten.»

Angesichts der Summe dessen, was heute vom Scheitel bis zur Sohle bereits möglich ist, scheint das keine besonders gewagte Prognose. Ein paar Beispiele:

Haare: Korrektur von Farbe und mangelnder Fülle durch Perücken und Haarimplantate.

Augen: Korrektur der Farbe durch Kontaktlinsen, der Sehstärke durch Brillen und Kontaktlinsen, die inzwischen auch implantiert werden. Rund die Hälfte aller Amerikaner bedarf gegenwärtig solcher Sehhilfen. Fachleute erwarten, daß sie in den kommenden zwei Jahrzehnten gänzlich durch «photorefraktäre» Operationen abgelöst werden, bei denen Laserstrahlen die Hornhautkrümmung verändern. Weltweit sind so schon über 200 000 Augenpaare korrigiert worden. Die Vollautomatisierung der Prozedur durch an Photomatons erinnernde Robot-Operateure steht bevor. – Hornhautübertragungen sind Routineprozeduren. – Prototypen «künstlicher Augen» existieren. Wissenschaftler in Florida haben zum Beispiel zwei winzige Brillen-Kameras über Lasersignale mit einem noch winzigeren, von Solarzellen versorgten Computer verbunden, der, halb so groß wie ein Pfennig, auf der Retina schwimmt und dem Gehirn über elektrische Impulse die Bildsignale übermittelt. Einen anderen Ansatz wählte Richard Alan Normann. Das «künstliche Auge» des Professors für Biotechnik an der Universität von Utah schickt die Signale der Sonnenbrillen-Kamera durch unter der Haut verlegte Leitungen und Mikroelektroden direkt ins Gehirn. Die dafür erforderliche Verpflanzung von Elektroden in die Hirnrinde ist Forschern am Nationalen Gesundheitsinstitut der USA (NIH) gelungen. Die blinde Versuchsperson konnte, wenn die Elektroden stimuliert wurden, Lichtschatten und die Umrisse von Buchstaben erkennen. – Zu guter Letzt haben Wissenschaftler in Kalifornien für Fälle, in denen sich die Sehkraft nicht operativ wiederherstellen läßt, eine dreizehn Kilo schwere Variante von Steve Manns Cyborgkluft zusammengestellt: Ein tragbarer Computer verfolgt über das Globale Positionierungssystem sowie mit Hilfe zusätzlicher Informationen über Gebäude und Straßenverlauf den Weg des Blinden und gibt ihm mündliche Mitteilungen, was gerade vor, neben und hinter ihm liegt.

Ohren: Elektronische Hörhilfen im oder am Ohr. Sie werden von rund fünf Millionen Amerikanern getragen. Die bislang recht schlechte Tonqualität verbessern seit kurzem Soundchips, die Hintergrundlärm herausfiltern und Hi-Fi-Klang produzieren. – Kompliziertere Innenohr-Implantate, bei denen Elektroden direkt die Hörnerven stimulieren, sind weltweit rund 7000mal durchgeführt worden. Der Biophysiker Gregory Stock, Autor des Buches *Metaman: The Merging of Humans and Machines into a Global Superorganism*, sieht Implantate voraus, die auf gleiche Weise Funktelefone direkt mit dem Innenohr verbinden.

Zähne: Traditioneller Zahnersatz, Zahnverstärkungen aus Titan, implantierte Zähne.

Gesicht: Beseitigung von Geburtsfehlern sowie von Unfall- und Krebsschäden, ebenso Ausbesserung von «Schönheitsfehlern». Am häufigsten durchgeführt werden Rekonstruktionen oder Korrekturen der Nase, der Ohren und «face lifting» zur Beseitigung von Falten.

Obere Gliedmaßen: Die Wiederbefestigung eines abgetrennten Arms wurde 1962 zum erstenmal in Boston durchgeführt. Zwei Drittel solcher Operationen enden heute erfolgreich. Kürzungen überlanger Gliedmaßen gehören ebenfalls zum Repertoire. – Kompletter Ersatz fehlender Körperteile beschränkte sich über Jahrhunderte hinweg auf wenig funktionsfähige Prothesen – berühmt ist die eiserne Hand Götz von Berlichingens, gebaut 1509, anderthalb Kilo schwer, mit Fingern, die gerade mal ein Schwert oder eine Lanze greifen konnten. Leichtere und haltbarere Materialien kamen nach dem Zweiten Weltkrieg zum Einsatz. Seit ein paar Jahren existieren nun mit winzigen Elektromotoren betriebene Gliedmaßen, die bioelektrisch durch Muskelsignale gesteuert werden und ihren Trägern ein fast vollständig normales Alltagsleben ermöglichen. Die Entwicklung noch sensiblerer neuronaler Interfaces schreitet voran.

Brust: Verkleinerungen bei Frauen wie Männern sowie Vergrößerungen und komplette Rekonstruktionen bei Frauen.

Herz: Regulation des Herzschlags über elektronische Schrittmacher; allein in den USA werden sie pro Jahr 80000 Menschen eingepflanzt. – Bypass-Operationen, bei denen das verengte Stück Arterie durch ein transplantiertes Stück Brustarterie oder Vene aus dem Bein umgangen wird. – Transplantation modifizierter tierischer und Implantation künstlicher Herzklappen, meist aus Keramik oder Metall. – Weiterhin existiert die Möglichkeit, die Arbeit der Herzkammern durch Pumpen zu unterstützen, die zusammen mit der elektronischen Kontrolleinheit in den Bauch eingesetzt werden; lediglich die Batterien werden am Gürtel getragen. – Die Transplantation ganzer Herzen wird allein in den USA pro Jahr rund zweieinhalbtausendmal vorgenommen (Deutschland: rund 450 Übertragungen), die Überlebensrate beträgt 77 Prozent. – Kunstherzen dienen dem vorübergehenden Einsatz, sei es, um die Wartezeit für ein Transplantat zu überbrücken, sei es, um das natürliche Herz zeitweilig zu entlasten und so seine Heilung zu befördern.

Bauch: Abdominoplastik sowie Liposuktion zur Beseitigung von Fett; beides äußerst beliebte Schönheitsoperationen.

Nieren: Transplantation ist eine Routineprozedur, wird allein in den USA pro Jahr rund zehntausendmal durchgeführt (Deutschland: rund 1900 Übertragungen).

Leber: rund 3500 Transplantationen pro Jahr in den USA (Deutschland: rund 600 Übertragungen).

Lunge: rund 700 Transplantationen pro Jahr in den USA (Deutschland: rund 70 Übertragungen).

Bauchspeicheldrüse: rund 800 Transplantationen pro Jahr in den USA.

Knochenmark: Transplantation möglich.

Hüfte: Reparatur mit Klammern, Nägeln, vollständiger Ersatz durch künstliche Hüfte, im allgemeinen aus Metallen wie Chrom oder Titan. Über eine Million Amerikaner erhalten pro Jahr Gelenk- und Knochenersatz, wobei Hüftknochen die Liste anführen (Deutschland: 80000 Hüftoperationen jährlich). Inzwischen gibt es leistungsfähige Modelle, die vollkommen normale körperliche Beanspruchung ermöglichen und selbst Spitzensportlern die Weiterführung ihrer Karriere erlauben.

Geschlechtsorgane: Rekonstruktion der männlichen und weiblichen Geschlechtsteile bei Geschlechtsumwandlungen weitgehend möglich; ebenso Wiederbefestigung des Penis nach Unfall oder Verbrechen. Zugelassen sind auch in den Bauch zu implantierende Penispumpen, die Erektionen auf Knopfdruck besorgen. Gegen Inkontinenz helfen künstliche Harnventile mit einer implantierten Heizdrahtspule, die das Wasserlassen über einen handgesteuerten Schalter, der in den Unterleib implantiert wird, fernsteuern.

Untere Gliedmaßen: grundsätzlich wie obere Gliedmaßen. Probleme bereitete wegen seiner besonders hohen Belastung lange das Kniegelenk. Inzwischen werden allein in den USA jährlich rund 150000 künstliche Knie eingesetzt, meist bei Arthrose- und Osteoporose-Erkrankungen. – Beinprothesen nähern sich der Funktionsfähigkeit biologischer Extremitäten an. Dennis Oehler, Goldmedaillengewinner bei der Behindertenolympiade, läuft mit einer solchen Prothese die 100 Meter in 11,7 Sekunden. – Prototypen bionischer Gehprothesen für Querschnittgelähmte («Stand-Gang-Prothesen») existieren bereits: Anstelle der zerstörten Nervenfasern des Rückenmarks kontrolliert ein Kleincomputer, den der Behinderte am Gürtel trägt, die Beinbewegung über einen implantierten Mikrochip, der wiederum mit Elektroden an Oberschenkeln und Knien verbunden ist.

Diverses: Bluttransfusionen, künstliche Adern, künstliche und geklonte «natürliche» Haut. – Menschliche Wachstumshormone und Insulin werden gentechnisch hergestellt. – Drogenimplantate, die Medikamente über längere Zeiträume und in exakt bemessenen Dosen abgeben, etwa über implantierte elektronisch gesteuerte Pumpen. – Elektronisch lesbare Identifikationschips inklusive Funksender; sie werden bislang nur Haustieren implantiert, der Einsatz bei geistig verwirrten Personen und Alzheimerkranken erfolgt aus ethischen Gründen über Armbänder oder Anhänger.

Einen weiteren Entwicklungsschub mit unabsehbaren Konsequenzen für die strukturelle Cyborgisierung des Homo sapiens erwarten sich Mediziner, Biologen und Investoren von gentechnischen und bionischen Verfahren, die innerhalb der nächsten zwei Jahrzehnte Marktreife erlangen sollen. Sie werden, von der technisch gesteuerten Empfängnis an, die Verbindung der menschlichen Biologie mit geklonten Organen oder maschinellen Systemen zur Regel machen.

Gegen keine andere Revolutionierung unserer Lebensverhältnisse sind ethische Vorbehalte jedoch so stark verbreitet wie gegen Eingriffe in das menschliche Erbgut. «Während der Atomkrieg die Vernichtung der Lebewesen inklusive der Menschen bedeutet», schrieb schon Günther Anders, «bedeutet das ‹cloning› die Vernichtung der Spezies qua species, unter Umständen die Vernichtung der Spezies Mensch durch die Herstellung neuer Typen.»

Besonders originell allerdings ist die moderne Furcht vor der Gentechnologie nicht. Sie kann auf jahrhundertealte Argumentationsstrukturen zurückgreifen. «Die Vorwürfe, die Paracelsus wegen seines (empirisch nie bestätigten) Homunculus-Rezepts einstecken mußte», stellt Rudolf Drux in seiner Einleitung zu dem Sammelband *Menschen aus Menschenhand* fest, «ähneln – oft bis in den Wortlaut – den Bedenken, die gegen die Forschungsergebnisse der Biogenetik und Reproduktionsmedizin geäußert werden.»

Hinter ihnen steht, sagt Max More abgeklärt lächelnd, ein simples, weil statisches Konzept dessen, was «natürlich» sei und was nicht. Denn das inhärente Ziel aller natürlichen Systeme sei keinesfalls, wie viele Umweltschützer und biologische Fundamentalisten meinen, der Erhalt des Status quo. Natur ist kein Ist-Zustand, sondern der Prozeß ständiger Fortentwicklung. Und diese Evolution habe den Menschen nun einmal als Werkzeugproduzenten erschaffen. Was er mit Hilfe seiner technisch vermittelten Fähigkeiten anrichten kann, ist ebenso natürlicher Teil seiner Evolution, wie es der Wechsel zum aufrechten Gang, die Bearbeitung des ersten Faustkeils oder die Kontrolle des Feuers war. «Unnatürlich» sei daher nicht die elektronisch, gen- oder nanotechnisch betriebene Selbstevolutionierung der Menschheit, sondern der Widerstand gegen sie.

Mit-Extropianer Marvin Minsky, «Toshiba Professor of Media Arts and Sciences» am Media Lab, ist derselben Ansicht. Vor allem in der technischen Steigerung menschlicher Denkfähigkeit sieht er eine klare evolutionäre Notwendigkeit.

«Als Gattung scheinen wir das oberste Plateau unserer intellektuellen Entwicklung erreicht zu haben», sagt er. «Es gibt keinerlei Anzeichen dafür, daß wir klüger werden. War Albert Einstein etwa ein besserer Wissenschaftler als Isaac Newton oder Archimedes? Hat irgendein Dramatiker in den vergangenen Jahren Shakespeare oder Euripides übertroffen?»

Der Vergleich mit maschineller Intelligenz falle sehr zu unseren Ungunsten aus, meint auch Hans Moravec. Menschen können nicht mehr als zwei Bits pro Sekunde verstehen und erinnern. Selbst wenn sie dieses Spitzentempo über einhundert Jahre hinweg für zwölf Stunden am Tag aufrechterhielten, hätten sie nicht mehr Wissen gespeichert, als heute eine einzige CD-ROM füllt.

«Trotz der 500 Millionen Jahre, die sie Zeit hatten, sich zu optimieren», klagt Hans Moravec, «sind Neuronen tausend- bis millionenmal langsamer als elektronische oder optische Komponenten.»

Und deren Kapazität erhöht sich unablässig. 1985 faßten die leistungsstärksten Chips eine Million Bits, ungefähr 30 Seiten Text. 1995 waren es bereits 16 Megabits, ungefähr 500 Seiten Text. In weiteren zehn Jahren werden sie, konservativ geschätzt, vier Milliarden Bits verarbeiten – soviel Text wie zwei komplette Enzyklopädien. Ginge es mit gleicher Geschwindigkeit weiter, wären Computer mit dem rohen Datenverarbeitungspotential eines menschlichen Gehirns um das Jahr 2010 auf dem Markt.

Der Leistungssteigerung korreliert ein ebenso rapider Preisverfall. Moravec hat ausgerechnet, daß sich die Chipkapazität, die man für einen Dollar kaufen kann, im vergangenen Jahrzehnt vertausendfacht hat. Allein in den zwei Jahren 1993 und 1994 erhöhte sich so die reale Rechenkraft, die auf dem gesamten Planeten zur Verfügung stand, um 50 Prozent.

«Das Potential der Computer ist viel, viel größer als das von Menschen», sagt Hugo de Garis von der «Brain Builder Group» des «Human Information Processing Research Lab» in Kyoto, Japan. Er konstruiert Computer mit Milliarden mehr «Synapsen», als sie das menschliche Gehirn besitzt. Jede dieser künstlichen Synapsen wird zudem schneller schalten als ihre biologischen Vorbilder.

Die Vorteile, die eine symbiotische Nutzung solcher Denkmaschinen zur Kapazitätssteigerung menschlicher Intelligenz bieten würde, liegen auf der Hand. Wahrscheinlicher als das direkte Gehirn-*upgrading*, wie es cyberkulturellen Sehnsüchten entspricht, scheint aus heutiger Sicht jedoch eine «anziehbare» Nutzung in Zusammenhang mit «evolutionärer Software», die aus genetischen Algorithmen besteht und «emergent behavior» an den Tag legen wird – die inhärente Tendenz jedes dynamischen, genügend komplexen Systems zu Selbstorganisation und rudimentärer Intelligenz. PDA (Personal Digital Assistant) heißen metaphorisch die heute angebotenen tragbaren Miniaturcomputer. In absehbarer Zeit dürften sie im Wortsinne Wirklichkeit werden: persönliche digitale Assistenten, deren allgegenwärtiges Gedächtnis, Expertenwissen und Denkfähigkeit ihren menschlichen Trägern in einer Vielzahl von Lebenslagen Hilfe bieten.

Für erheblich dringender als die Erhöhung unserer Intelligenz halten die Extropianer allerdings die Korrektur eines anderen Mangels, mit dem uns die Evolution ausgestattet hat: Sterblichkeit. Sie geht wesentlich auf Fehler in der Reproduktion der Erbinformation zurück, die zu einer sukzessiven Korrumpierung der Zelldaten führt. Diese Kopierfehler auszuschalten und damit gentechnisch Krankheit und Alter wegzuprogrammieren wird mit jedem Gen, das identifiziert wird, ein Stück weit möglicher.

Viele Biologen sehen in der Fehlerhaftigkeit der Datenkopierung freilich nicht einen akzidentiellen Mangel, sondern einen einprogrammierten entwicklungsgeschichtlichen Vorteil: Er führt zu unvorhersehbaren Mutationen, wie sie für naturwüchsige Evolution unabdingbar sind. Ein automatisches Korrektursystem zur Vermeidung von Korrumpierung essentieller Daten, wie es in vielen Computern existiert, die Kopien ihres Betriebssystems speichern, gegen die sie die benutzte Version regelmäßig abgleichen, würde die natürliche Evolution stillstellen. Jede Spezies, die ein biologisch durchaus mögliches Korrektursystem dieser Art besäße, wäre daher unfähig zur Adaption und fiele früher oder später der natürlichen Selektion zum Opfer.

Dieser Gedankengang erkläre zwar, warum keine bekannte Spezies unsterblich ist, räumt Max More ein. Den Extropianern erscheint er jedoch nicht mehr als gültiges Argument gegen die

Abschaffung des Todes von Menschenhand, da die Evolution ja nun wissenschaftlich gesteuert werden kann.

«Ich sehe keinen Grund», meint Marvin Minsky, «warum die Menschen nicht Tausende von Jahren oder ewig währen sollten.»

Je unwahrscheinlicher es wird, daß der Tod den menschlichen Fortschritt überleben kann, um so mehr nimmt allerdings auch die Chance ab, daß Lebendiges tatsächlich noch lebt.

«Die Maschinen des späten 20. Jahrhunderts», schreibt Donna Haraway, «haben die Differenzen zwischen dem Natürlichen und dem Künstlichen, dem Verstand und dem Körper, zwischen Dingen, die sich selbst entwickeln, und solchen, die entworfen werden, und viele andere Unterscheidungen, die Organismen und Maschinen betrafen, vollkommen zweideutig gemacht. Unsere Maschinen sind furchterregend lebendig, und wir selbst sind furchterregend unbelebt.»

40 Die Avantgarde der Evolution. Oder: Unsere Zukunft liegt in den Sternen

«Wir hatten früher im Englischen ein Sprichwort, das besagte, manche Dinge seien so unvermeidlich wie Steuern und Tod.»

Max More lacht, die Arme mit den Hanteln hoch in der Luft, und die Adern seiner Stirn schwellen an wie Strohhalme auf Steroid.

«Als wir Extropianer vor hundert Jahren verkündeten, daß das nicht stimmt, weil es keine Steuern geben müsse und weil die Menschen in Zukunft nicht mehr sterben würden, hat man uns für verrückt gehalten. Aber wir haben gewußt: Wenn die Leute keine Steuern mehr bezahlen wollen, werden die Politiker darauf reagieren und dieses mafiose Schutzgeldsystem abschaffen. Und wenn die Menschen vehement nach Unsterblichkeit verlangen, werden die Konzerne in biomedizinische Forschung zur Kontrolle der Alterungsprozesse und Verfahren der Biostasis investieren. Jede Nachfrage weckt ein Angebot.»

Aufwärts und willkommen zurück in der extropianischen Irrealität.

Aktuelle Position: nordamerikanischer Kontinent, Westküste, der Fitness-Club in Marina del Rey bei Los Angeles. Zeit: 52:00 h nach dem ersten Kontakt.

«Viele hier haben verrückte Ziele», sagt Max. «Man sieht seltsame Körperformen.»

Das tageszeitneutrale Licht in dem fensterlosen Spiegelsaal läßt die Nacht draußen vergessen. Um uns herum hängt ein halbes Hundert Frauen und Männer in Stahlkabeln und Lederschlaufen und kämpft stumm und stur gegen das Gewicht der chromglänzenden Maschinen.

«Ich finde das toll!» Nancie strahlt: «Ich liebe die Disziplin. Sie gibt mir Energie und erhält mich als alterslose Kreatur.»

Was sie sagt, könnte nicht extropianischer sein, weshalb Ramona Machado, Extropianer-Queen von Silicon Valley, ganz derselben Ansicht ist:

«Ich kultiviere physische Schönheit als positiven Wert», vertraute sie einem brasilianischen Interviewer an: «Mein Körper ist mehr als eine reine Hülle, er ist mein Ausdruck in der Realität. Was du siehst, ist das Ergebnis meiner Praxis der Selbsttransformation und des intelligenten Gebrauchs von Technik.» Gerne zitiert sie auch die Bodybuilderin Laura Creavalle: «Du bist, was du sein willst.»

Nancie hat das augenscheinlich geschafft. Ihr einteiliger feuerroter Sportdress ist am Rücken tief ausgeschnitten und liegt überall sonst enger an als die nackte Haut der meisten anderen Menschen, die um sie herum trainieren. Noch die kleinste Regung ihres Körpers zeichnet sich ab. Nancie bewegt sich tänzelnd, ihre Augen verfolgen das Muskelspiel in der Spiegelfront:

«Wie sie sich zusammenziehen, das ist für mich eine Kunstform, eine Art Ballett. Man skulpturiert seinen Körper. Er ist genauso ein Medium wie die Leinwände, die ich bemale. Mein Leben ist meine Kunst.»

«Nur weniger haltbar, was den Nachruhm angeht», gebe ich zu bedenken.

«Was länger leben wird, mein Körper oder meine Bilder, ist nicht raus», lächelt Nancie selbstgewiß. «Und vergiß nicht, ich habe einen Haufen Körper, alle in verschiedenen Stilen skulpturiert, nicht wahr?»

Ich nicke entschuldigend. Für einen Augenblick hatte ich in der Tat vergessen, daß wir das Jahr 2100 simulieren, wie Nancie und Max es sich vorstellen – mal abgesehen davon, daß meine zweifelnd-negative Bemerkung wenig extropianisch war.

Nancie bückt sich und schiebt zwei neue Ringe auf die Eisenstange. Dann holt sie tief Luft, und die Muskeln in ihrem Nacken schwellen an. Mit einem Ruck reißt sie die Gewichte hoch. Max More wirft ihr einen bewundernden Blick zu.

«Viele Frauen hier machen es sich leicht», sagt er. «Nancie treibt sich richtig zur Grenze.»

Max greift zu seinen Hanteln. Auch seine Muskeln spannen sich, und die Adern an seinen Oberarmen treten hervor wie elektrische Leitungen, die unverputzt verlegt wurden. Wieder und wieder stößt er die Gewichte gen Himmel. Aufwärts.

«Bis ich versage ...», stöhnt er. «Ahhh ...»

Seine Pupillen springen hervor und starren leer in den Spiegel, der denselben toten Blick zurückwirft. Noch einmal, und die Arme geben nach. Die Hanteln fallen aus seinen Händen, der Boden vibriert wie bei einem der vielen kleinen Nachbeben, die Los Angeles regelmäßig erschüttern. Max sinkt auf eine der Lederbänke. Er scheint so gut wie am Ende.

«Was kommt nach den Extropianern?» frage ich.

Max sieht mich verständnislos an.

«Nach Hegel kam Marx», sage ich, «dann Nietzsche ...»

«Oh», sagt Max More, «ich verstehe. Aber das war etwas anderes, die sind ja alle gestorben, nicht wahr?»

«Ja ...?» antworte ich, ohne zu kapieren.

«Und wir werden nicht sterben», erklärt Max. «Wir werden flexibel bleiben, und wenn neue Ideen auftauchen, werden wir sie absorbieren.»

«Wie die Leute, die eine Party immer zuletzt verlassen, damit nicht schlecht über sie geredet werden kann?»

Max verzieht den Mund. «Wenn du so willst ... Extropianismus ist halt ein Denksystem, das unentwegt im Fluß ist und sich entwickelt wie die Evolution selbst. Wir sind auf der Höhe der Zeit, und da bleiben wir.»

«Kommt mir bekannt vor», sage ich. «‹Wir brauchen keine neue Revolution, wir sind die permanente Revolution!› Das behaupteten die Greise in jedem ZK.»

«Mit dem Unterschied, daß wir niemanden kontrollieren oder zwingen wollen», antwortet Max. «Im Gegenteil, wir ermutigen jede Form von Rebellion, von abweichendem Denken. Daraus entsteht ja Fortschritt. Wir hören uns alle Ideen an, was gut ist, übernehmen wir, und was wir nicht übernehmen wollen, können andere trotzdem für sich selbst ausprobieren. Denn in welche Richtung die Reise geht, bestimmt am Ende die Summe der Milliarden von Einzelentscheidungen – der Markt eben.»

Eine halbe Stunde später steigen wir in Nancies alten Volvo. Die Luft riecht nach Salz und Wind. Ein paar Straßen weiter schlägt der Pazifik an die kalifornische Küste. Möwen schreien heiser, und ein steiler Laserstrahl streicht die schwarzen Wolken am Himmel ab.

Los Angeles bei Nacht scheint aus nichts als unendlicher Weite und beweglichen Lichtpunkten konstruiert. Je länger wir ausschließlich Optimistisches austauschen und dabei widerstandslos mit den Ampelphasen dahingleiten – Kilometer um Kilometer, ohne einem einzigen Fußgänger zu begegnen, inmitten eines dichten steten Stroms anderer automobiler Cyborgs, die wie wir ohne ihre fahrbaren Untersätze in diesem Soziotop aus Licht und Raum nicht überlebensfähig wären; je näher wir also Santa Monica kommen, desto deutlicher läßt sich erkennen, wie sehr das extropianische Menschenbild von den Obsessionen des südkalifornischen Lifestyles geprägt ist.

Fitness- und Gesundheitswahn, Jugendlichkeitskult inklusive der Verdrängung von Alter und Tod, Sucht nach Selbsthilfe und Umgestaltung des Selbst, das unentwegte Verlangen nach Stärkung der eigenen Person, ob nun durch Selbstverteidigungstechniken oder durch Ruhm und Reichtum, ungebrochene Faszination von Technik und Psychotechnik, die fast vollständige Gleichgültigkeit gegenüber den traditionellen Religionen und Ideologien, die hier ohne Bedeutung scheinen, Leerformeln, schlechte Mantras der Kulturen von gestern …

«Wenn man in Europa etwas Neues vorschlägt», sage ich, «behaupten erst mal alle, das ginge sowieso nicht. Hier hingegen wird man noch zu dem größten Unsinn ermuntert. Ist nicht zuviel Optimismus naiv, vielleicht sogar ungesund?»

Nancie blickt mich mit spöttischer Entgeisterung an, und Max Mores Mundwinkel verraten, wie gut er meine Einwände kennt. Schließlich studierte er mal in Oxford.

«Ich stimme mit Nietzsche darin überein», sagt er höflich, aber bestimmt, «daß der Nihilismus nur eine Übergangsphase ist zwischen dem Zusammenbruch eines falschen Weltbilds und dem Entstehen des neuen.»

Und daran, an nichts Geringerem als diesem neuen Weltbild, einem kompletten philosophischen Neuanfang, einer intellektuellen Stunde Null, bastelt Max More.

«Extropianismus ist die erste neue Philosophie nach dem Scheitern der traditionellen Denksysteme am Ende dieses Jahrhunderts», sagt er ohne entropische Selbstzweifel: «Wir entwickeln die erste systematische Philosophie für das nächste Millennium. Wir sind die neue Aufklärung.»

Nicht alle sind allerdings seiner Meinung. «Die extropianische Sorte des Futurismus ist in Wirklichkeit ein alter Hut», schreibt Jim McClellan. «Sie ist so ziemlich dasselbe wie der hurraoptimistische Glaube an den Fortschritt, der während der Aufklärung aufkam und während der industriellen Revolution voll im Schwange war.»

Max More bestreitet das nicht. «Wir bauen auf den klassischen Ideen der Aufklärung auf und versuchen, aus ihnen Ideen für die Zukunft zu gewinnen.»

Mir hingegen kommt der Extropianismus eher romantisch als aufklärerisch vor, mehr phantastisch als materialistisch. Könnte es sein, daß die Extropianer in der postindustriellen Digitalisierung unseres Lebens strukturell die Pionierrolle spielen, die einst den

Frühsozialisten in der Bewältigung der industriellen Revolution zufiel?

«Wie meinst du das?» fragt Max More.

«Als Wegbereiter setzten die Frühsozialisten ideale Ziele», erkläre ich, «sie produzierten ein vorläufiges Verständnis für die radikalen Neuerungen, gewannen einen Haufen begeisterter Anhänger, mußten sich aber bald von brutaleren Kräften beiseite schieben lassen …»

«Nein.» Max More schüttelt den Kopf: «Eher stehen wir Marx nahe. Denn der betonte die Wissenschaftlichkeit seines Denkens, während die Frühsozialisten ja Utopisten waren. Wie Marx die Kommunisten zur Avantgarde der Revolution erklärte, so sind wir die Avantgarde der Evolution. Wir beschleunigen die Fortentwicklung der menschlichen Rasse.»

Fünf Milliarden Jahre hat es gedauert, bis sich aus einem Haufen Urschleim die Menschheit entwickelte. Hundert Millionen Jahre brauchte es dabei, bis jeweils eine neue Klasse von Lebewesen entstand, zehn Millionen für jede neue Art, eine Million Jahre für jede neue Spezies. Niemand kann allen Ernstes annehmen, daß die Menschheit das Ende in der langen Geschichte intelligenten Lebens darstellt.

Ob aber unsere technischen Mittel in absehbarer Zeit ausreichen werden, um binnen Monaten oder Jahren zu betreiben, wofür sich die Natur eine Million Jahre und mehr Zeit ließ?

Viele Extropianer sehen eher das umgekehrte Problem: daß wir unsere avancierten Kenntnisse der eigenen Biologie dazu nutzen, um Krankheiten zu beseitigen, und damit ganz nebenbei die genetische Evolution beenden.

«Wir sind keine Steine, sondern lebende denkende Wesen», sagt Max More. «Stasis ist unmöglich. Wir müssen weiter. Stillstand wäre unser Tod.»

An 18th Street steuert Nancie den Volvo vom Santa Monica Boulevard in eine schmale, kümmerlich erleuchtete Gasse. Hinter einem zugewachsenen Vorgarten liegt ein flaches Haus, eine exotische Mischung aus Elektronikgroßmarkt und Straßencafé. Was in seinem Inneren geschieht, filmen rund um die Uhr Videokameras, die direkt mit dem Internet verbunden sind. Ohne je da gewesen zu sein, kenne ich daher, was mich erwartet: ein mit schwarzen Tüchern verhängter Saal, rotes Neonlicht, an der Decke dicke, offen verlegte Rohre, ein nackter Betonboden, ein Dutzend Macintosh-Computer, wobei auf dem vordersten ein elfenbeinweißer Totenschädel ruht.

«Wir nennen das Préjà-vue», sagt Sherrie Rabinowitz, eine schmale, dunkelhaarige Frau Mitte Vierzig. 1984, im berüchtigten Orwell-Jahr, hat sie zusammen mit Kit Galloway das Urmodell des «Electronic Café International» (ECI) entwickelt, in der erklärten Absicht, ein «kulturelles Forschungslabor» zu eröffnen. Seit 1989 residiert das ECI hier im Santa Monica Art Center. Gegenwärtig ist es mit über vierzig anderen Cybercafés überall auf der Welt verbunden – organisatorisch wie technisch. Bei den zahllosen Veranstaltungen, von Lyriklesungen bis zu Live-Konzerten, kommen Teilnehmer und Publikum zugleich aus Tokio und Karlsruhe, aus Mailand, Moskau, Jerusalem oder Havanna.

Sherrie, ganz in Schwarz, sitzt im Rollstuhl an der Kasse, drinnen tagt an diesem Abend Hollywoods Virtual-Reality-Elite. Zwei Programmierer demonstrieren eine Art Düsenjäger-Tiefflug-Führung durchs Weiße Haus. Der Stil der Bilder, deren Perspektive sich per Mausklick steuern läßt, ist superrealistisch, das Publikum eine Mischung aus angeschönter Multimedia-Schickeria und leicht verwahrlosten Computer-Geeks.

Wir bestellen den obligatorischen Espresso und setzen uns dann hinaus in den Vorgarten zu einem Dutzend anderer gelangweilter Cybernauten, die das alles schon Dutzende von Malen gesehen haben.

Jeder kennt jeden, und die Gespräche kreisen um die Macht des Computers: wie er neue Geschäftsmöglichkeiten eröffnet, wie er soziale und geographische Grenzen überwindet. Oder auch nicht. Denn jeder weiß gleichfalls Geschichten vom Irrsinn zu erzählen, den der Zusammenstoß zwischen Alt und Neu alltäglich produziert.

Das wiederkehrende Motiv: Wie geht man mit dem analogen Rest der Menschheit um, der von Tuten und Blasen keine Ahnung hat, aber das Treiben der Cyber-Elite in einem fort einschränken oder zensieren will?

«Könnte es sein», frage ich, nachdem ich dem Lamento eine Weile gelauscht habe, «daß Amerika seine Jugend verliert und allmählich wie Europa wird – eine alte Gesellschaft, starr und geschlossen?»

«Sicher», sagt Steve, ein bezopfter ziegenbärtiger Anwalt, der sich auf juristische Fragen des Internet spezialisiert hat und seinen betuchten Klienten jede Arbeitsstunde mit 260 Dollar in Rechnung stellt, «die Zeichen mehren sich. Es wird schwieriger, der Bevormundung und Kontrolle zu entkommen und frei zu leben. Selbst im Cyberspace.»

Max More nickt. «Von der Realität ganz zu schweigen. Hier in Kalifornien verstärkt sich der Druck der Regierung und der Verwaltung, immer neue Vorschriften, immer höhere Steuern.» Doch auch dieser traurigen Tatsache kann er etwas Positives, Optimistisches abgewinnen. «Wenn der Druck durch Überregulierung und Rigidität der Vorschriften erst einmal stark genug geworden ist, wird das Interesse an der Gründung neuer Gesellschaften steigen, und man wird wieder ausbrechen müssen.»

«Wohin denn noch?» fragt Steve.

«Aufwärts!» sagt Max More und deutet mit der Rechten hinauf zum dunklen Nachthimmel, hinter dem sich die Galaxien verbergen: «Das ist der nächste Fluchtraum, die nächste *frontier.*»

«Wie ich mich darauf freue», schwärmt Nancie. «Allein der ästhetische Reiz! Raumschiffe und Stationen auf fremden Planeten bieten außerordentliche Chancen für grandiose, kühne Architektur. Stell dir das ganz andere Licht fremder Sonnen vor ...»

Steve schüttelt pessimistisch den Kopf. «Sterne hin, Sterne her», sagt er, «wir sind alle nichts als Staub.»

Doch damit beweist er für Max More bloß einmal mehr, daß Wohlstand und Optimismus nicht unbedingt Hand in Hand gehen. Der recht mittellose Philosoph hingegen, der sich im Augenblick nicht mal ein eigenes Auto leisten kann, lächelt zukunftssicher.

«Unsere Körper sind Staub», sagt er. «Aber nur unsere Körper, und auch das nicht mehr lange.»

Später, auf dem Weg über den dunklen Parkplatz zurück zu Nancies altem Volvo, bleibt er dann stehen und starrt hinauf zum Himmel, als könne er dort etwas anderes erkennen als den blinden Abglanz der Milliarden Lichter und Leuchtreklamen, die diese Stadt der Engel Hunderttausende von Kilometern weit ins All hinausglühen lassen.

«Alle Paläste», fällt mir da ein, «sind einmal Luftschlösser gewesen.»

Nachweise

Zahlreiche Personen haben durch Informationen und tatkräftige Hilfe zu diesem Buch beigetragen. Michael Jürgs schickte mich, als ich lieber Weihnachtsferien machen wollte, zu R. U. Sirius. Der wiederum widmete mir erheblich mehr seiner Zeit, als ursprünglich verabredet war. Dasselbe gilt für Nancie Clark und Max More. Ohne Loren Jenkins hätte ich Hunter S. Thompson nie getroffen, ohne Michael Montfort die Kryoniker kaum besucht. Peter Matussek, Ortwin Freyermuth und Elke Freyermuth haben frühe Fassungen durch Verbesserungsvorschläge und eigene Ideen bereichert.

In den nachstehenden Nachweisen werden die Quellentexte nur mit Minimalangaben aufgeführt – Autorennachname und Erscheinungsjahr, wo nötig auch Vorname, genauere Daten oder Titelkürzel –, die ein Auffinden in der Literaturliste ermöglichen.

I Vor dem evolutionären Sprung

1 (S. 9–14)

Motto: Cross (1995) • Zitat ägyptischer Journalisten: Elon (1995) • Zitat Barlow: N. N.: «Net Prophet» (1994) • Zitat Minsky: ders. (1994); vgl. a. Minsky (1986), Brockman (1995) • Zu Hawking vgl. Kap. 36 • Zu Moravec vgl. ders. (1988) • Zu Vinge vgl. ders. (1993) • Zu Drexler vgl. ders. (1987) und Regis (1995) • Zu Dawkins vgl. ders. (1995), Brockman (1995) und Schrage (1995) • Zitat Drucker: ders. (1994) • Zitat Reich: ders. (1991)

II Der Fremdenführer

2 (S. 17–21)

Motto: Lopez (1991) • Die ersten Begegnungen mit R. U. Sirius fanden am 17. und 18. Dezember in San Francisco statt; danach Kontakte per E-mail und Telefon. Weiterhin verwendet wurden Blair (1993), Cooke/Lehrer (1993), Erlich (1992), Marcus (1992), N. N.: R.-U.-Sirius-Interview (1993), Rucker et al. (1992), Sirius (1994), Stahl (1992), Star (1992), Yerkes (1993) • Zu Rucker vgl. Scheinin (1990) • Zitat *Wired*: Sirius (1994) • Zitat Sterling: St. Jude et al. (1995), S. 8

3 (S. 22–28)

Zitat Ludwig B.: Börne (1981), Bd. I, S. 221 • Zitat Yeats: ders. «The Second Coming» (1921); im Original: «Things fall apart, the centre cannot hold» • Zitat Enzensberger: ders. (1995) • Engelbart: Zitat Mizrach: «Hidden Center» (o. J.) • Zahlen Computercode: Gibbs (1994) • Zitat Tanaka: Gross (1994) • Angaben Computerindustrie vgl. Flanigan (1995) • Zitat Ovitz: O'Shaughnessy (1994) • Zahlen Internet vgl. Dibbell (1995), Gaddum (1995), Jaques (1993), Marshall (1995), N. N.: «Phenomenal Internet Growth» (1995), Staten (1995, beide Texte) • Zitat Ludwig B.: Börne (1981), Bd II, S. 7

4 (S. 28–39)

Zitat Leary: Rucker et al. (1992), S. 77 • Zitat Rucker: ders. et al. (1992), S. 11 • Zum Stichwort Hacker vgl. Hafner/Markoff (1991), Levy (1984), Mizrach: «Iterative Discourse» (o. J.), Piglia/Rayl (1992), Rucker et al. (1992), Sterling (1992) • Zitat Cartwright: ders. (1992) • Zum Stichwort Cyberpunk vgl. über die zu Hacker erwähnten Quellen hinaus Cobb (1992), Elmer-Dewitt (8. Februar 1993), Kelly (1989), Lebkowsky (o. J.), McKenzie (o. J.), Mizrach: «Is Cyberpunk» (o. J.), Riche (o. J.), Saffo (1993), Schrage (1990) • Zitat Kelly: ders. (1989) • Zitat Sterling: Schrage (1990) • Zitat Baudrillard: Bukatman (1992) • Zitat McKenzie: ders. (o. J.) • Zitate St. Jude, Brand und *Time*: Elmer-Dewitt (8. Februar 1993) • Zitat Rucker: ders. et al. (1992) • Zitat Synergy: Piglia/Rayl (1992) • Zitat Gibson: ders. (1984) • Zitat Sterling: ders. (1992) • Zitat Barlow: N. N.: «Net Prophet» (1994) • Zitat Gilmore: Elmer-Dewitt (6. Dezember 1993) • Zahlen Computer im Internet vgl. Gilder (1993) • Zitat Barlow: Future Quest, Episode Globonet • Zitat Barlow: ders. (1990) • Zitat Gooding: Verity (1994) • Zitat Gleick: ders. (1995)

5 (S. 40–42)

Das Gespräch mit Richard Bandler fand am 17. Dezember 1993 in San Francisco statt • Zitat *Spiegel*: N. N.: «Anker» (1993) • Zum Multimedia-Gulch vgl. Harmon (1994)

6 (S. 42–48)

Auflagenzahl vgl. Scheinin (1989) • Zu Extrem-BBS vgl. d'Fault/Mr. Quaker (o. J.) • Zitat Leichenteilmemorabilienhändler: Whitehead (o. J.) • Zitat Bargeld: Laddish/Dippé (o. J.) • Zu Koons vgl. Sirius/Ronan (o. J.) • Zu Davis vgl. Mike Davis (o. J.) • Zitat Terence McKenna: Korzybski (o. J.) • Zitat *Mondo 2000* zu Dennis McKenna: Korzybski (o. J.) • Zitat Kritiker über Sirius' Prosa: Elmer-Dewitt (8. Februar 1993)

7 (S. 48–66)

Zitat Sterling: St. Jude et al. (1995), S. 7 • Zum Stichwort Smart Drugs vgl. Dean/Morgenthaler (1990), Dean/Morgenthaler/Fowkes (1993), Erlich (1992), Kelly (1987), Rucker et al. (1992), Stahl (1992) • Zitat Kelly: ders. (1987) • Andere Stimmen zu Vasopressin vgl. Stahl (1992) • Zitat Sterling: Elmer-Dewitt (8. Februar 1993) • Zahlen zu Verbreitung und Forschung Smart

Drugs vgl. Erlich (1992) • Zitat Marcus: ders. (1992) • Zitat Rucker: ders. et al. (1992), S. 11 • Zitat Heley: Erlich (1992) • Zitat Dyson: ders. (1995) • Zu Adorno/Horkheimer vgl. dies. (1973) • Zu Foucault vgl. ders. (1976) • Zahlen Schönheitsoperationen vgl. N. N.: «*Wired* Top Ten» (1995) • Zitat Rucker: ders. et al. (1992), S. 9 • Zitat Dawkins: Schrage (1995) • Zitat Leser über Backup-Möglichkeiten: Kelly (1987) • Zu Chardin in der Cyberkultur vgl. Kreisberg (1995) • Zitat Leary: Mizrach: «Utopian American Communities» (o. J.) • Zu Learys Cyber-Aktivitäten vgl. Trish Hall (1990) • Zu Learys Bestattungswünschen vgl. Weiner (1995) und Mansnerus (1995) • Zitat Hobsbawm: ders. (1995) • Zu Prigogine vgl. Gardels (1995) • Zum Stichwort Cypherpunks und Kryptoanarchisten vgl. zusätzlich zu den unter Hacker und Cyberpunks erwähnten Quellen Hughes: «A Cypherpunk's Manifesto» (o. J.), Levy (1993), Markoff (1994), May: «Crypto Anarchist Manifesto» (o. J.), Quittner (o. J.), Sterling (1993), Wes Thomas: «Captain Crunch» (o. J.) • Zu den Stichwörtern Technopaganismus und Technoschamanismus vgl. Erik Davis (1995), Leary/Gullichsen (o. J.), Pavao (o. J.) • Zahlenangaben Technopaganisten vgl. Erik Davis (1995) • Zitate Rowley und Pesce: Erik Davis (1995) • Zitat Kelly: ders. (1993) • Zu TAZ vgl. Bey (1991), Bey (1993), Watts (1995) • Zitat Bey: ders. (1991), S. 101 f.

III Cybernauten

9 (S. 75–80)

Motto: aus «Rote Liebe» von Annette Humpe (LP «Ideal», 1980) • Der Besuch bei Hunter S. Thompson fand am 12. Januar 1994 statt • Zitat Brief Stephanopoulos: Faksimile in Thompson (1994), S. 208 • Zitat Antwort Thompson: ders. (1994), S. 214 • Zur Zusammenarbeit Thompson und Johnson vgl. Friedman/Landman (1995)

10 (S. 80–85)

Zitate Burgess: Lehman (1994) und Burgess (1994); zu Burgess und den «Lone Eagles» vgl. Burgess (1992, alle Texte), Lamb (1993), Lindgren (1995), McCullen (1993), McCune (1994), Murphy/Hise (1994), Riley (1992) und die Home Page des «Center for the New West» im WWW • Zitate Severson: Murphy/Hise (1994) und Lehman (1994); vgl. auch McCune (1994) • Zitate King: Murphy/Hise (1994) • Zu Fox vgl. Riley (1992) • Zu Spray vgl. Dirk Johnson (1991) • Zu Ex-NASA-Technikern vgl. Riley (1992) • Zu Lang vgl. Lindgren (1995) • Zu Crail vgl. Riley (1992) • Zitat Finch: McCune (1994); vgl. auch Lindgren (1995) • Zu Bauer vgl. Lamb (1993) und Young (1993) • Zitate Barazone und Burgess: Lehman (1994) • Zitat Plinius d. J.: ders. (o. J.), S. 9

11 (S. 86–88)
Zitat Turner: Jane Hall (1994) • Zu Malone vgl. Lieberman (1994), Maney (1993), ders. (1994), O'Shaughnessy (1994) • Zitate McCaw: O'Shaughnessy (1994); vgl. zu McCaw auch Corr (1993), N. N.: «The New Establishment» (1995), Shiver Jr. (1995) sowie die Home Page von McCaw Cellular Communications im WWW • Zu Geffen vgl. Citron (1993), O'Shaughnessy (1994) • Zu Murdoch vgl. Lippman (1992), N. N.: «The New Establishment» (1995), O'Shaughnessy (1994)

12 (S. 88–91)
Zahlen zum Telecommuten vgl. Carrera (1995), Pescowitz (1995), Stein (1995). Allgemein zum Telecommuten in den USA vgl. Fisher (1994), Foster (1993), Greg Johnson (1994), Jung (1991), Zamichow (1994) • Zitat Nilles: Foster (1993) • Zur internationalen Telearbeit vgl. Moskowitz (1995) • Zur Selbständigkeit in den USA vgl. Murphy/Hise (1994), N. N.: «Home Office Internet Use» (1995) • Zitat *Los Angeles Times*: Gest (1995) • Zu Pelton vgl. Lindgren (1995)

13 (S. 91–95)
Zitat Lessinger: Lehman (1994) • Zitat Beale: Richards (1994) • Zur Studie «Wilderness Society» vgl. Riley (1992) • Zitat Burgess: Bautz (1994) • Zitat *U. S. News & World Report*: Boroughs (1994) • Zu den Gebieten des Westens, in denen sich die einsamen Adler bevorzugt niederlassen, vgl. Bowler (1993), Burgess: «Lone Eagles Fly» (1992), Dellios (1993), La Ganga (1994), Dirk Johnson (1991), Keene (1992), McCullen (1993), Riley (1992 • Zuwachsraten Landkreise vgl. Lamb (1993) • Zitat Kakela: Lamb (1993) • Zu Elko vgl. La Ganga (1994) • Zu Nebraska vgl. Richards (1994) • Zitat Allen: Richards (1994) • Zahlen Selbständigkeit in den USA vgl. Lamb (1993) • Zitat *Inc.*: Murphy/Hise (1994)

14 (S. 95–102)
Zitat Lasch: ders. (1994) • Zur Nutzung der Netze durch Naturwissenschaftler vgl. Mitchell (1994), N. N.: «Pioneering the Electronic Frontier» (1993), Stix (1994) • Zahlen Fachzeitschriften vgl. Stix (1994) • Zitat Farber: Kaufman (1993) • Zitat Harnard, Infos zur Erforschung der Sonnenstrahlung und Zitat Doll: N. N.: «Pioneering the Electronic Frontier» (1993) • Zitat Read: ders. (1983) • Zitat Drucker: ders. (1993) • Zitate Barlow: N. N.: «What are we doing» (1995), Plotnikoff (1994)

16 (106–113)
Die Online-Interviews fanden größtenteils im Sommer 1992 statt, zusätzliche Recherchen im Herbst 1995; benutzt wurden darüber hinaus Borsook (1993), Copeland (1995), Elmer-Dewitt (31. Mai 1993), ders. (21. November 1994), ders. (20. Februar 1995), ders. (3. Juli 1995), ders. (24. Juli 1995), Howard (1995), Kadrey (1994), Kaufman (1993), Musto (1994), N. N.: «Sex mit Marilyn» (1993), Quittner (6. März 1995), van der Leun (1993), Winfield (1994) •

Zur Zahl der BBS vgl. auch Leslie (1993), dort werden sogar 60 000 BBS in den USA vermutet • Zahlen Mainstream-BBS vgl. Staten (25. September 1995) • Zahlen Internet in den USA vgl. Dibbell (1995) und Leslie Miller (1995) • Zitat Horn: Goodell (1994) • Zitat Kritiker über «Mindvox»: Goodell (1994) • Zitat Anderson: Baig (1994) • Zitat Kort: Hirschorn (1995) • Zitat Poster: ders. (1995) • Zu Olivers Schwärmerei über die «wirrsten Dinger» vgl. die sehr ähnliche Passage bei Mizrach: «Is Cyberpunk» (o. J.)

17 (S. 113–120)
Zitat Palac: Musto (1994) • Zitat Rheingold: Wright (1991) • Zu den existierenden Anwendungen von VR vgl. Ditlea (1989), Joscelyn (1994), Laurel (1993), N. N.: «Special Report» (1992), N. N.: «Seeing the Invisible» (1991), Rheingold (1991), Snider (1993), Stewart (1991), Tennesen (1994) • Zum Robot-Lazarett vgl. N. N.: «Robo-Doc» (1995) • Zu den Telesuiten vgl. Todd Krieger (1996) • Zu Videokonferenzen im Internet vgl. Rossney (1995) • Zu «CyberSM» vgl. N. N.: «Love Bytes» (1994) • Zitat Gibson: Kelly (1989) • Zitat *Spiegel*: N. N.: «Sex mit Marilyn» (1994) • Zitate Barlow und Warner: Future Quest, Episode «Virtual Reality» • Zitat Guccione: Winfield (1994) • Zitat van der Leun: ders. (1993) • Zitat Guccione: Winfield (1994) • Zitat Kosko: Drösser (1995)

18 (S. 120–123)
Zitat Jameson: Dery (o. J.) • Zitat Drucker: ders. (1993) • Zitat Anderson: ders. (1990), S. 20

19 (S. 123–128)
Zur Anekdote vom Zensurversuch der Mullahs vgl. auch Michael Negroponte bei Bass (1995) • Zitat *Time*: Elmer-Dewitt (3. Juli 1995) • Zitat Negroponte: Bass (1995) • Zitat amerikanischer Kolumnist: Mark Hall (1996) • Zum Inhalt des zensierten Materials vgl. N. N.: «Pulling the Plug» (1996)

20 (S. 128–130)
Zu «Event Horizons» vgl. auch Elmer-Dewitt (31. Mai 1993)

21 (S. 131–135)
Zitat Basch: Whalen (1995) • Zitate Reynolds, *Los Angeles Times* und Offit: Ehrman (1995) • Zitat Barlow: N. N.: «Net Prophet» (1994) • Zitat Kelly: N. N.: «What are we doing» (1995)

22 (S. 139–146)
Motto: «Atlantic City» (Übers. GSF); der Song erschien zuerst auf Springsteens Album «Nebraska» (1982); im Original: «Everything dies baby that's a fact / but maybe everything that dies someday comes back» • Das Telefoninterview mit Klaus Reinhard fand am 2. Mai 1994 statt. Danach weitere Telefonate mit Klaus Reinhard 1994 und 1995 • Jahresgehälter Alcor vgl. Bridge (1994) • Zitat Rowe: McGarry/Sahagun (1988) • Zitat kyronische Broschüre: Alcor Life Extension Foundation (o. J.) • Zitate aus Reinhards Buch: Reinhard (1987), S. 50 und S. 107 • Zitat Esfandiary bzw. FM-2030: Reinhard (1987), S. 160; zu FM-2030 vgl. More (1995) • Zitat Loftstrom: ders. (1993) • Angaben zu kryonischen Institutionen vgl. Schatzmann (1992) und Wes Thomas: «Cryo Game» (o. J.) • Zahl der Kryoniker vgl. *Cryonics* (Erstes Quartal 1994) • Zu Alcor in Sussex vgl. Donnelly (1990)

23 (S. 146–148)
Die Interviews mit Tanya Jones und Stephen W. Bridge fanden am 28. März 1994 in Phoenix, Arizona, statt; weitere Interviews mit Bridge am 29. März 1994 und am 15. Juni 1995; darüber hinaus telefonische und E-mail-Kontakte • Die Beschreibung des technischen Ablaufs hier und im Rest des «Cyberzombies»-Kapitels folgt den Darstellungen der interviewten Alcor-Mitglieder sowie folgenden Artikeln: Hawkins (1988), Hixon (1994), Jones (1993), Morgan (o. J.), Platt: «Omni/Alcor Immortality Contest» (1993), Schatzmann (1992)

24 (S. 149–154)
Zur Rolle des Todes vgl. Baranczak (1991), Gardels (1994), Paz (1994), Umehara (1994) • Zu CBJ und Zitat Strole: Murphy (1993) • Zitat Machado: dies. (o. J.) • Zu Forschungsergebnissen Gerontologie vgl. z. B. Borgeest (1992) • Zur japanischen Todesdefinition vgl. Umehara (1994) • Zur informationstheoretischen Definition des Todes und Zitat Merkle: ders. (1994)

26 (S. 156–162)
Zu Alcors Finanzen vgl. Bridge (1994) • Zu den prominenteren Alcorianern vgl. Donnelly (1990), Platt (1992), Platt: «Omni/Alcor Immortality Contest» (1993); inzwischen hat Charles Platt jedoch Alcor verlassen und ist Vizepräsident der Alcor-Abspaltung CryoCare, die ihre Suspensionen von der kommerziellen Firma BioPreservation durchführen läßt, welche wiederum von dem ehemaligen Alcor-Präsidenten Mike Darwin geführt wird • Zu Dick Clair vgl. Kunen (1989), N. N. (AP): «Cryonics Lab» (1988), Sahagun (1989) • Zitat Epstein: Kunen (1989) • Zu Dora Kent vgl. McGarry/Sahagun (1988), N. N.: «How Mama» (1988), N. N.: «Probe Of Woman's Death» (1988), N. N.: «The State Death Inquiry» (1988), Sahagun (1988, alle drei Artikel), Warren (1990) • Zitat *Time* N. N.: «How Mama» (1988) • Zitat Leaf: Sahagun: «Investigators believe» (1988) • Zitat Henson: McGarry/Sahagun (1988) • Angaben ewiger Trust vgl. Marguerite T. Smith (1990) • Zur Legalität der Kryonik

vgl. Platt: «Omni/Alcor Immortality Contest» (1993) • Zitat Alcor-Klagen: Bridge (1994)

27 (S. 162–167)
Die Interviews mit Scott Herman und Derek Ryan fanden am 28. März 1994 in Phoenix, Arizona, statt; Gepräche mit Derek Ryan auch am 29. März 1994 und am 15. Juni 1995 • Zu den Extropianern siehe Kapitel V «Der Cyborg-Prophet» • Zitat Dyson: Extropy Institute (o. J.) • Zitate Reinhard: ders. (1987), S. 172 und S. 176 • Zitat Donaldson: Platt «Nanotech» (1993)

28 (S. 168–171)
Zitat Franklin nach einem Brief aus dem Jahre 1773: Creno (1993) • Zur Vorgeschichte der Kryonik vgl. Schatzmann (1992) • Zitat Ettinger: Schatzmann (1992) • Zu Bedford vgl. N. N.: «Mehr Eis» (1968) • Zu den Fortschritten der Kryotechnik vgl. Arzt (1983), Platt: «Omni/Alcor Immortality Contest» (1993) und Schatzmann (1992)

29 (S. 171–174)
Das Interview mit R. Michael Perry fand am 28. März 1994 in Phoenix, Arizona, statt; vgl. auch Regis (1994) sowie Perrys Artikel zur Immortalitätsphilosophie, u. a. ders. (1994) und ders. (1995)

30 (S. 174–178)
Zitat Watson: Nash (1992) • Zum Stand der Hirnforschung vgl. weiterhin Horgan (1994), Lateiner (o. J.), Lemonick: «Glimpses» (1995), Searle (1995), Levy (1994), Swerdlow (1995) • Zitat Edelman: Levy (1994) • Zitat Moravec: Merkle (1994)

32 (S. 179–184)
Die Darstellung der kryonischen Wiedererweckungs-Utopie folgt den Interviews mit Tanya Jones, Stephen Bridge, Mike Perry und Derek Ryan sowie Alcor Life Extension Foundation (1993), darin insbes. N. N.: «The Case For Recovery» und Fahy: «A ‹Realistic› Scenario», weiterhin David Krieger (1993) • Zu den Fortschritten in der genetischen Forschung vgl. u. a. Elmer-Dewitt (8. November 1993), ders. (17. Januar 1994), Gorman (1993), dies. (1994), Levinson (1993) • Umfrage *Wired* vgl. N. N.: «Reality Check» (1994) • Zitat Reddi: Edgington (1994) • Zitate Feynman und Armstrong: Merkle (1994) • Zum IBM-Experiment vgl. Lemonick: «Future Tech» (17. Juni 1995) • Zu Drexlers und Merkles Arbeit vgl. Drexler (1987) und Platt (1993) • Zitat Merkle: Drösser (1995) • Zur japanischen Nanotech-Initiative vgl. Bennett (1994) • Merkles Ansicht über die Zukunft von Nanotech vgl. Platt (1993)

33 (S. 184–188)
Zitat Allen: Schatzmann (1992) • Zitat Principia Cybernetica Web nach deren Website, Stichwort «Future of Evolution»

34 (S. 188–192)
Zitat Glennie: Drösser (1995) • Zitat Leary: Rucker et al. (1992), S. 165

V Der Cyborg-Prophet

35 (S. 195–203)
Motto: Bianchi (o. J.); Clarke legte seine drei berühmten Gesetze zuerst in dem Buch *Profiles of the Future: An Inquiry into the Limits of the Possible* (1962) nieder • Die Interviews mit Max More und Nancie Clark fanden am 17. und 19. September 1995 in Los Angeles statt; ein weiteres Treffen am 13. Februar 1996; weiterhin verwendet wurden More/Morrow (1988), More: «Dynamic Optimism» (o. J.), ders.: «Extropian Principles 2.5» (o. J.), ders.: «Transhumanism» (o. J.), ders. (1995) sowie McClellan (1995), Gale (1993), Regis (1994), Whalen (o. J.) • Zitat McPherson: ders. (o. J.) • Zitat britischer Reporter: McClellan (1995)

36 (S. 203–213)
Zitat Zarathustra: Nietzsche (o. J.), S. 549 • Zu Hawkings Rede in Boston vgl. Corcoran/Hall (1994) und McFarling (1994), alle Zitate der Rede aus diesen beiden Quellen; zu Hawkings Cyborgisierung vgl. Goodwin (1992), McKenna (1992), Lubow (1992), Magid (1995), Rogers (1991), Sipchen (1988), ders. (1990), Zimmerman (1990) • Zitat Hawkings «Mein Ziel»: Sipchen (1988) • Zitat Hawkings: «Wenn wir eine solche vollständige»: Zimmermann (1990) • Zitat Dawkins: Coy (1994) • Zitat Turan: ders. (1992) • Erstes Zitat Bewunderer: Sipchen (1988); zweites Zitat Bewunderer: der Physiker David Schramm nach Lubow (1992) • Zur Geschichte der Mensch-Maschinen-Beziehung und der funktionalen Cyborgisierung vgl. Blonder (1995), Caudill (1992), Chislenko (1995), Drux (1988), Giedion (1982), Hess (1993), Mizrach: «Cyber Anthropology» (o. J.), Yeaman (1994) • La Mettries Werk, im Original *L'Homme plus que Machine*, erschien 1748 anonym • Zu Günther Anders' kalifornischer Begegnung vgl. ders. (1980), Bd. 1, S. 50 ff. • Zitat Robocop-Erzeuger: Melehy (1995) • Zitat Moravec: Platt (1995) • Zitate Kosko und FM-2030: Drösser (1995) • Zitat Hess: ders. (1993) • Zitat Turkle: dies. (1995) • Zitat Zarathustra: Nietzsche (o. J.), S. 549

37 (S. 214–221)
Zitat britischer Journalist: Gale (1993) • Zitat St. Jude: Rucker et al. (1992) • Zitat Branwyn: ders. (1993) • Zitat hoffnungsvoller Neuronaut: Branwyn (1993) • Zitat McClellan: ders. (1995) • Zitat Dyson: Monte Davis (1978) • Zitat Moravec: ders. (o. J.) • Zitate Stone und Ihde: Branwyn (1993)

38 (S. 222–233)
Zitat *Newsweek*: Kelly (1995) • Zur Umfrage Dell Computers vgl. Boyd (1994) und N. N.: «Does Your VCR» (1994) • Zitat «Angst vor Technologie» und Zitat Gookin: Boyd (1994) • Zitat Barlow: Coates (1994) • Zur Neo-Ludditenbewegung vgl. u. a. Katz (1995), Kelly (1995), N. N.: «‹What Are We›» (1995), Quittner (17. April 1995), Sipchen (1992) • Zitat Marshall: ders. (1995) • Zur deutschen Umfrage vgl. BAT-Freizeitforschung, zitiert in *Der Journalist* (Juni 1995) • Zitat Drucker: ders. (1993) • Zitat Negroponte: Bass (1995)

39 (S. 233–249)
Zitat Haraway: dies. (1991), S. 150 • Zitat Negroponte: Ethan Smith (1995) • Informationen zu MIT, Nicholas Negroponte und den MIT-Cyborgs nach Cienski (1996), Garfinkel (1995), Guterl (1995), Hapgood (1995), Higgins (1995), Negroponte (1995), Seglin (1994), N. N.: «First Cyber» (1995), N. N.: «Web Surfers» (1995), O'Connor (1992), Verity (1995), Yang (1995), Zitner/Auerbach (1995) sowie die Home Pages von Steve Mann und Thad Starner, dort auch Thomas (o. J.) • Zitat Negroponte: ders. (1995) • Zitat Cyborg: Steve Manns Home Page • Zitate Negroponte: ders. (1995) • Zitate Starner: Higgins (1995); Yang (1995), Peter Thomas (o. J.) • Zu Penzias vgl. Elmer-Dewitt (15. Oktober 1992) • Zitat Harden und Details der Forschung bei NEC: Schmitz (1991) • Zitat Stone: dies. (1993) • Zu Computercode im Durchschnittsauto vgl. Gibbs (1994) • Zur elektronischen Ausrüstung des Durchschnittsamerikaners vgl. Lewis (1995) • Zahlen der Organtransplantationen in den USA hier wie im Rest des Kapitels nach der Website des U. S. Department of Health and Human Services • Zur Cyborgdefinition der Principia Cybernetica Web vgl. deren Home Page im WWW, dort das Stichwort «The Future of Evolution: Super- and/or Meta-being(s)» • Zitat Shostak: Kleiman (1994) • Zur photorefraktären Operationstechnik vgl. Shulman (1995); zu künstlichen Augen vgl. Branwyn (1993) und N. N.: «Scientists Devise» (1995); zur Verpflanzung von Elektroden in den Kortex vgl. Branwyn (1993); zum Positionierungssystem vgl. Tyson (1995) • Zu digitalen Hörhilfen vgl. u. a. Holusha (1995); zu Innenohr-Implantaten Branwyn (1993) und Nash (1992); zu Stock vgl. Achenbach (1995) • Zu elektrisch betriebenen Gliedmaßen und neuronalen Interfaces vgl. u. a. Branwyn (1993), Ridley (1994), Seabrock (o. J.) • Zu den deutschen Transplantationszahlen in diesem Kapitel vgl. N. N.: «Kannibalen» (1995) • Zum künstlichen Herzen vgl. N. N.: «Rettende Pumpe» (1995) • Zu künstlichen Harnventilen vgl. N. N.: «Fernbedienung» (1995) • Zu Dennis Oehler vgl. Carla Hall (1995) • Zu Stand-Gang-Prothesen vgl. Reye (1995) • Zu Identifikationschips vgl. u. a. Markey (1993) und Tabby (1995) • Zitat Anders: ders. (1980), Bd. 2, S. 24 • Zitat Drux: ders., Vorwort, S. XV • Zitat Minsky: ders. (1994) • Zitat Moravec; ders. (o. J.) • Angaben zur Chipkapazität nach Port (1994); Moravecs Rechnung nach Gale (1993); die Verdopplung der Rechenkraft nach Andy Grove von Intel, in Seglin (1994) • Zitat de Garis: Port (1994) • Zitat Minsky: Drösser (1995) • Zitat Haraway: dies. (1991), S. 152

40 (S. 249–257)

Zitat Machado und Creavalle: Machado (o. J.) • Zitat McClellan: ders. (1995) • Zitat «Alle Paläste»: Bloch (1977), S. 222

Verzeichnis der verwendeten Literatur

Zahlreiche Quellentexte stammen vom World Wide Web (WWW). Insofern es sich um Originalveröffentlichungen auf dem Web handelt oder um Texte, deren Erstveröffentlichung dort nicht eigens vermerkt wurde, lautet der Nachweis lediglich «(WWW)». Eine Angabe der jeweiligen Seitenkennungen macht angesichts der häufigen Adressenänderungen wenig Sinn; viele Texte finden sich zudem unter mehreren Adressen. Die hier angegebenen Quellen lassen sich mühelos(er) mit Hilfe der entsprechenden Suchprogramme auffinden.

Achenbach, Joel: «Why Things Are Deja Vu, Already!», in: *Washington Post*, 20. Januar 1995

Alcor Life Extension Foundation: *Cryonics. Reaching For Tomorrow*, ohne Ort, 1993

Alcor Life Extension Foundation: *Why We Are Cryonicists*, Pamphlet, ohne Ort, ohne Jahr

Anders, Günther: *Die Antiquiertheit des Menschen*. Erster Band: *Über die Seele im Zeitalter der zweiten industriellen Revolution*, München: Beck, 1980

Anders, Günther: *Die Antiquiertheit des Menschen*. Zweiter Band: *Über die Zerstörung des Lebens im Zeitalter der dritten industriellen Revolution*, München: Beck, 1980

Anderson, Walter Truett: *Reality Isn't What It Used To Be*, San Francisco: HarperCollins, 1990

Ansley, David: «Dying Man Seeks Ok To Freeze», in: *Phoenix Gazette*, 2. Mai 1990

Arzt, Volker: «Pause vom Leben», in: *Geo*, April 1983

Baig, Edward C.: «Ready, Set – Go On-Line», in: *Business Week*, 18. Mai 1994

Baranczak, Stanislaw: «Immortality», in: *The New Republic*, 29. Juli 1991

Barlow, John Perry: «Crime and Puzzlement: Desperados of the DataSphere», in: *Whole Earth Review*, Herbst 1990

Bass, Thomas A.: «Being Nicholas», in: *Wired* 3.11 (November 1995)

Bautz, Mark: «The 20 Top Spots for Entrepreneurs. (Five Keys to Success: Your Location)», in: *U.S. News & World Report*, 6. Juni 1994

Bennett, James C.: «Nanotech: The Unabridged Version, Rants & Raves», in: *Wired* 2.04 (April 1994)

Bey, Hakim: «Permanent TAZs», in: *Dreamtime*, August 1993

Bey, Hakim: *T.A.Z. The Temporary Autonomous Zone, Ontological Anarchy, Poetic Terrorism*, New York: Autonomedia, 1991
Bianchi, Reinaldo: «Arthur C. Clarke Laws» (WWW)
Blair, Dike: «Leading in the Light While Playing in the Dark. An Interview with Mondo 2000's Editor-in-Chief, R. U. Sirius», in: *Purple Prose*, Winter 1993
Blake, Sterling: *Chiller*, New York: Bantam, 1993
Bloch, Ernst: *Leipziger Vorlesungen*, Frankfurt a. M.: Suhrkamp, 1977
Blonder, Greg: «Faded Genes. We Will Be Extinct By The Year 2088», in: *Wired* 3.03 (März 1995)
Borgeest, Bernhard: «Altern ohne Ende», in: *Die Zeit*, 11. Dezember 1992
Börne, Ludwig: *Werke in zwei Bänden*, Berlin–Weimar: Aufbau, 1981
Boroughs, Don L.: «Magnifying Profits: Companies In The Roaring Rocky Mountain Region Work To Keep Costs Down», in: *U.S. News & World Report*, 6. Juni 1994
Borsook, Paulina: «Love Over the Wires», in: *Wired* 1.4, 1993
Bowler, Mike: «The Last Best (Safe) Place Is Now the New Hot Place», in: *Seattle Times*, 30. September 1993
Boyd, Robert S.: «Survey Finds Many Americans Have Low Interest In High-Tech. Older People, Women Fall Behind In Swing Toward Electronic Age», in: *San Jose Mercury News*, 8. Mai 1994
Branwyn, Gareth: «The Desire to Be Wired», in: *Wired* 1.4, 1993
Bridge, Stephen W.: «Alcor and Cryonics Today», in: *Cryonics*, Erstes Quartal 1994
Brockman, John: *The Third Culture. Beyond the Scientific Revolution*, New York: Simon & Schuster, 1995
Bukatman, Scott Richard: *Terminal Identity: The Virtual Subject In Postmodern Science Fiction*, Ph. D. 1992
Burgess, Philip M.: «‹Knowledge Workers› Move Into America's Hinterlands», in: *Oregonian*, 7. August 1992
Burgess, Philip M.: «‹Lone Eagles› Nest In The West», in: *Rocky Mountains News*, 15. September 1992
Burgess, Philip M.: «In Chancy Times Lone Eagles Soar», in: *Rocky Mountain News*, 16. Juni 1992
Burgess, Philip M.: «Leadership Keeps Rural America Alive», in: *Rocky Mountain News*, 18. August 1992
Burgess, Philip M.: «Lone Eagles Fly Their Own Way», in: *Rocky Mountain News*, 25. Januar 1994
Buttiglione, Rocco: «Immoral Clones: A Vatican View», in: *New Perspectives Quarterly*, Winter 1994
Carrera, Nora: «Some Companies Resist Workers Telecommuting. Managers Can't Supervise Employees Directly In Usual ‹Grammar School Model›», in: *Rocky Mountain News*, 25. Januar 1995
Cartwright, Gary: «The Hacker Crackdown: Law and Disorder on the Electronic Frontier» (Kritik von Bruce Sterlings gleichnamigem Buch), in: *Texas Monthly*, Dezember 1992

Caudill, Maureen: *In Our Own Image. Building an Artificial Person*, New York: Oxford University Press, 1992

Chislenko, Alexander: «Are You A Cyborg? Legacy Systems and Functional Cyborgization of Humans» (WWW, Entwurfsversion 0.85 vom 23. November 1995)

Cienski, Jan: «Computer-Head Student Shares His World View», in: *Rocky Mountain News*, 10. Januar 1996

Citron, Alan: «David Geffen. Didn't Take the Money and Run», in: *Los Angeles Times*, 7. März 1993

Coates, James: «Those Binary Beatniks Messing Up The Datasphere Might Be Your Kids» (Rezension von Douglas Rushkoffs Buch *Cyberia: Life in the Trenches of Hyperspace*), in: *Chicago Tribune*, 11. Juli 1994

Cobb, Nathan: «Cyberpunk – Terminal Chic?», in: *The Boston Globe*, 24. November 1992

Cooke, Kevin, und Dan Lehrer: «The Whole World Is Talking», in: *The Nation*, 12. Juli 1993

Copeland, Beth: «Cybersex Will Make You Feel Rotten In The Morning», in: *Seattle Times*, 19. Februar 1995

Corcoran, Cate C., und Mark Hall: «Hawking Takes Expo Stage. Physicist Predicts Digital Evolution», in: *MacWeek*, 8. August 1994

Corr, O. Casey: «McCaw Clan: Personal Lives», in: *Seattle Times*, 8. April 1993

Coy, Peter: «The Mother Of Invention? Freedom», in: *Business Week*, 2. Mai 1994

Creno, Cathryn: «Visions Of Immortality», in: *Arizona Republic*, 7. Februar 1993

Cross, Rosie: «Modem Grrl» (sic!), Interview mit St. Jude in: *Wired* 3.02, Februar 1995

d'Fault, Suzanne, und Mr. Quaker State Tapioca Rupture: «Storming the Bullshit Studio», in: *Mondo 2000*, Nr. 10

Davis, Erik: «Technopagans. May The Astral Plane Be Reborn In Cyberspace», in: *Wired* 3.07, Juli 1995

Davis, Mike: «Scanscape. L.A.'s Ecology of Fear», in: *Mondo 2000*, Nr. 10

Davis, Monte: «‹Omni›-Interview: Freeman Dyson», in: *Omni*, Oktober 1978

Dawkins, Richard: *River Out of Eden. A Darwinian View of Life*, New York: BasicBooks, 1995

Dean, Ward, John Morgenthaler und Steven Wm. Fowkes: *Smart Drugs II: The Next Generation – New Drugs and Nutrients to Improve Your Memory and Increase Your Intelligence*, Menlo Park, CA: Health Freedom Publications, 1993

Dean, Ward und John Morgenthaler: *Smart Drugs and Nutrients: How to Improve Your Memory and Increase Your Intelligence Using the Latest Discoveries in Neuroscience*, Menlo Park, CA: Health Freedom Publications, 1990

Dellios, Hugh: «Stars Flocking To The Big Sky Bring Unwelcome Shine», in: *Seattle Times*, 19. September 1993

Dennett, Daniel C.: *Darwin's Dangerous Idea. The Evolution and the Meanings of Life*, New York: Simon & Schuster, 1995
Dery, Mark: «Culture Jamming: Hacking, Slashing and Sniping in the Empire of Signs» (WWW)
Dibbell, Julian: «Nielsen Rates the Net», in: *Time*, 13. November 1995
Ditlea, Steve: «Another World: Inside Artificial Reality», in: *PC-Computing*, November 1989
Donnelly, Peter: «Macabre Club They Are Dying To Join», in: *The European*, 2. November 1990
Drexler, K. Eric: *Engines of Creation. The Coming Era of Nanotechnology*, New York: Doubleday, 1987
Drösser, Christoph: «Ewiges Leben durch moderne Technik?» (Deutschlandfunk Forschung aktuell, Sendung 23. Juli 1995; Transkript auf Dröschers Home Page im WWW)
Drucker, Peter F.: «Post-Capitalist. A Conversation with Peter Schwartz», in: *Wired* 1.3, 1993
Drucker, Peter F.: «The Age of Social Transformation», in: *Atlantic*, November 1994
Drux, Rudolf (Hrsg.): *Menschen aus Menschenhand*, Stuttgart: Metzler, 1988
Dyson, Freeman: «The Scientist as Rebel», in: *New York Review of Books*, 25. Mai 1995
Edgington, Stephen M.: «A New Force in Biotech: Tissue Engineering», in: *Bio/Technology*, April 1994
Ehrman, Mark: «Reaching Out for Virtual Therapy», in: *Los Angeles Times*, 25. Juni 1995
Elmer-Dewitt, Philip: «Censoring Cyberspace», in: *Time*, 21. November 1994
Elmer-Dewitt, Philip: «Cloning: Where Do We Draw the Line?», in: *Time*, 8. November 1993
Elmer-Dewitt, Philip: «Cyberporn», in: *Time*, 3. Juli 1995
Elmer-Dewitt, Philip: «Cyberpunk!», in: *Time*, 8. Februar 1993
Elmer-Dewitt, Philip: «Dream Machines», in: *Time*, 15. Oktober 1992
Elmer-Dewitt, Philip: «First Nation in Cyberspace», in: *Time*, 6. Dezember 1993
Elmer-Dewitt, Philip: «Internet Fire Storm», in: *Time*, 24. Juli 1995
Elmer-Dewitt, Philip: «Orgies On-Line», in: *Time*, 31. Mai 1993
Elmer-Dewitt, Philip: «Snuff Porn On The Net», in: *Time*, 20. Februar 1995
Elmer-Dewitt, Philip: «The Genetic Revolution», in: *Time*, 17. Januar 1994
Elon, Amos: «One Foot on the Moon», in: *The New York Review of Books*, Vol. XLII, No. 6, 6. April 1995
Enzensberger, Hans Magnus: «Aufwärts im Rückwärtsgang», in: *Der Spiegel*, 11. September 1995
Erlich, Julie: «Brain Gain: Drugs That Boost Intelligence», in: *Omni*, Sept. 1992
Extropy Institute: *Join Us on the Leading Edge of the Evolutionary Wave*, Pamphlet ohne Jahr, ohne Ort
Fahy, Gregory: «A ‹Realistic› Scenario for Nanotechnological Repair of the

Frozen Human Brain», in: Alcor Life Extension Foundation: *Cryonics. Reaching For Tomorrow*, ohne Ort, 1993
Fisher, Scott: «Travel Time: Two Minutes», in: *San Jose Mercury News*, 29. April 1994
Flanigan, James: «Technology Is No Mere Sector – It's Our Bedrock», in: *Los Angeles Times*, 23. Juli 1995
Folsom, Allan: *The Day After Tomorrow*, Boston: Little, Brown and Company, 1994
Foster, Daniel: «Telecommuting Trendiest of Trend», in: *Los Angeles Times*, 1. August 1993
Foucault, Michel: *Überwachen und Strafen. Die Geburt des Gefängnisses*, Frankfurt a. M.: Suhrkamp, 1976
Freeman, Timothy: «cryonics-faq», Teil 1–9 (WWW)
Freisinger, Gisela M.: «Der Traum vom ewigen Leben», in: *Tempo*, Dezember 1987
Freyermuth, Gundolf S.: «Das geile C», in: *Tempo*, 08/1993 (Pseudonym Thelo Velyrita)
Freyermuth, Gundolf S.: «Mondo 2000», in: *Tempo*, 03/1994
Freyermuth, Gundolf S.: «Cooler sterben», in: *Tempo*, 12/1994 (Pseudonym Leonie Michel)
Freyermuth, Gundolf S.: «KryoKonserven. Ein Besuch im Lager der lebenden Leichen», in: *Kursbuch*, Nr. 119, März 1995
Freyermuth, Gundolf S.: «Cybersex», in: *Kursbuch*, Nr. 123, April 1996
Friedman, Roger D., mit Beth Landman: «Intelligencer – Don Johnson Goes Gonzo», in: *New York Magazine*, 11. September 1995
Future Quest, Episode: «Globonet» (Transkript WWW)
Future Quest, Episode: «Virtual Reality» (Transkript WWW)
Gaddum, Tibor F.: «German Newspapers Online Activities Report», 5. Mai 1995 (WWW)
Gale, David: «Meet the Extropians», in: *GQ* (UK-Ausgabe), Juni 1993
Gardels, Nathan: «Nearer To The Dust», in: *New Perspectives Quarterly*, Winter 1994
Gardels, Nathan: «Perspective On Terrorism. The Info Explosion Turns Lethal» (Interview Alvin Toffler), in: *Los Angeles Times*, 2. April 1995
Garfinkel, Simson L.: «MIT's Computing Think Tank Chronicles The Electronic Age», in: *San Jose Mercury News*, 11. Oktober 1995
Gest, Emily: «The Jobs of the Past, the Jobs of the Future», in: *Los Angeles Times Magazine*, 20. August 1995
Gibbs, Wayt: «Trends in Computing», in: *Scientific American*, September 1994
Gibson, William: *Neuromancer*, New York: Ace, 1984
Giedion, Siegfried: *Die Herrschaft der Mechanisierung*, Frankfurt am Main: Europäische Verlagsanstalt, 1982
Gilder, George: «Issaquah Miracle», in: *Forbes ASAP*, 7. Juni 1993
Gleick, James: «Net Losses. Cyberhype Gives Way To Cybergripe In Unexpected Realms», in: *The New Yorker*, 22. Mai 1995

Goodell, Jeff: «Boot Up and See Mee Sometime», in *New York Magazine*, 13. Juni 1994

Goodwin, Betty: «Bookend Parties For Cambridge Professor», in: *Los Angeles Times*, 17. August 1992

Gorman, Christine: «Genetic Geography», in: *Time*, 27. Dezember 1993

Gorman, Christine: «Brave New Embryos», in: *Time*, 29. August 1994

Green, Michelle, und Kathleen Maxa: «Her Death Ends The Improbable Love Match Of Porn Merchants Althea And Larry Flynt», in: *People Weekly*, 20. Juli 1987

Gross, Neil: «In The Digital Derby, There's No Inside Lane», in: *Business Week*, 18. November 1994

Guterl, Fred: «Reinventing the PC», in: *Discover*, September 1995

Hafner, Katie und John Markoff: *Cyberpunk. Outlaws and Hackers on the Computer Frontier*, New York: Touchstone, 1991

Hall, Jane: «We're Listening, Ted», in: *Los Angeles Times*, 3. April 1994

Hall, Mark: «Off the Record: Culture clash», in: *MacWeek*, 8. Januar 1996

Hall, Trish: «Cyberspace: It's Not There, But For Trendsetters It Could Be Bigger Than Perrier», in: *International Herald Tribune*, 9. Juli 1990

Hamilton, Joan O'C.: «Biotech», in: *Business Week*, 26. September 1994

Hapgood, Fred: «The Media Lab at 10», in: *Wired* 3.11, 1995

Haraway, Donna J.: «A Cyborg Manifesto», in dies.: *Simians, Cyborgs, and Women. The Reinvention of Nature*, New York: Routledge, 1991

Harmon, Amy: «Multimedia-Battle Is a New L.A.-S.F. Grudge», in: *Los Angeles Times*, 1. Oktober 1994

Hawkins, Corinne Cullen: «The Cryonic Suspension of Alcor Patient A-1068», in: *Whole Earth Review*, Herbst 1988

Hess, David: «When We're All Cyborgs: Second Thoughts on the Machine in Your Future», in: *Omni*, Oktober 1993

Higgins, Steve: «Wearable PCs, Music Chairs: MIT Media Lab's New Vision», in: *Investors Business Daily*, 25. Juli 1995

Hirschorn, Michael: «The Whole Wired World» (Rezension von Sherry Turkle: *Life on the Screen*), in: *New York Magazin*, 18. Dezember 1995

Hixon, Hugh: «The Mobile Life Support System Mark III», in: *Cryonics*, erstes Quartal 1994

Hobsbawm, Eric: *The Age of Extremes. A History of the World 1914–1991*, New York: Pantheon Books, 1994

Holusha, John: «For the Hard of Hearing, a Dose of Digital Audio», in: *New York Times*, 16. Oktober 1995

Horgan, John: «Trends In Neuroscience», in: *Scientific American*, July 1994

Horkheimer, Max, und Theodor W. Adorno: *Dialektik der Aufklärung*, Frankfurt/Main: Fischer, 1973

Howard, Rebecca: «Modern Love», in: *Los Angeles Times*, 17. Oktober 1994

Hughes, Eric: «A Cyberpunk's Manifesto» (WWW)

James, Peter: *Host*, New York: Vollard, 1995

Jaques, Susan: «The On-Line Handyman», in: *Los Angeles Times*, 19. September 1993

Johnson, Dirk: «Growth Turns Southwest Into ‹New California›. Desert States Are Swamped By Those Seeking Fresh Start», in: *San Jose Mercury News*, 21. Mai 1991

Johnson, Greg: «AT&T Home Work», in: *Los Angeles Times*, 21. September 1994

Jones, Tanya L.: «The Suspension of Patient A-1399», in: *Cryonics*, Juni 1993

Jonsen, Albert R.: «Theological Ethics, Moral Philosophy, And Public Moral Discourse», in: *Kennedy Institute of Ethics*, März 1994

Joscelyne, Andrew: «VR Means Virtual Reconstruction. Cluny Abbey Has Been Rebuilt», in: *Wired*, 2.01, 1994

Jung, Carolyn: «Telecommuting: Working Better By Working At Home», in: *San Jose Mercury News*, 5. August 1991

Kadrey, Richard: «alt.sex.bondage», in: *Wired* 2.06 (Juni 1994)

Katz, Jon: «Return of the Luddites», in: *Wired* 3.06 (Juni 1995)

Kaufman, Margo: «They Call It Cyberlove», in: *Los Angeles Times Magazine*, 12. September 1993

Keene, Linda: «Is Montana's Big Sky Big Enough for the Two of 'Em?», in: *Seattle Times*, 30. August 1992

Kelly, Kevin: «Cyberpunk Era (William Gibson interviews)», in: *Whole Earth Review*, Summer 1989

Kelly, Kevin: «Interview with the Luddite» (Kirkpatrick Sale), in: *Wired* 3.06 (Juni 1995)

Kelly, Kevin: «May You Never Sleep: Cognition Enhancing Drugs», in: *Whole Earth Review*, Winter 1987

Kelly, Kevin: «Neo-Futurists of the World Unite!», in: *Wired* 1.2, 1993

Kleiman, Carol: «Brain Power Will Propel Future», in: *Chicago Tribune*, 17. Juli 1994

Korzybski, Xandor: «Terence and the Coming Eschaton. Terence McKenna Meets Xandor Korzybski», in: *Mondo 2000*, Nr. 10

Kreisberg, Jennifer Cobb: «A Globe, Clothing Itself With A Brain», in: *Wired* 3.06 (Juni 1995)

Krieger, David: «Revival», in: *Cryonics*, Juni 1993

Krieger, Todd: «My Virtual Dinner With André», in: *Wired* 4.01 (Januar 1996)

Kunen, James S.: «Reruns Will Keep Sitcom Writer Dick Clair On Ice – Indefinitely», in: *People Weekly*, 17. Juli 1989

La Ganga, Maria L.: «All Roads Lead To Elko», in: *San Francisco Chronicle*, 26. Juni 1994

Laddish, Kenneth, und Mark Dippé: «Blixa Einstürzende: Bargeld Harassed», in: *Mondo 2000*, Nr. 11

Lamb, David: «‹Lone Eagles› Flying From Cities to New Job Horizons», in: *Los Angeles Times*, 18. August 1993

Lasch, Christopher: «The Revolt of the Elites», in: *Harper's*, November 1994

Lateiner, Joshua S.: «Meme-Based Models of Mind and the Possibility for Consciousness in Alternate Media» (WWW)

Laurel, Brenda: «Anatomy Of A Fad; Post-Virtual Reality: After The Hype Is Over», in: *Digital Media*, 29. März 1993
Leary, Timothy, und Eric Gullichsen: «Load and Run High-tech Paganism-Digital Polytheism» (WWW)
Lebkowski, Jon: «Fiction That Bleeds Truth», in: *bOING-bOING* Nr. 9
Lehman, H. Jane: «Office Telecommuting Goes Long-Distance. More Workers Are Living Far From Job Sites», in: *The Washington Post*, 26. März 1994
Lemonick, Michael D.: «Glimpses of the Mind», in: *Time*, 17. Juli 1995
Leonard, John: «Immortality», in: *The Nation*, 10. Juni 1991
Leslie, Jaques: «The Cursor Cowboy», in: *Wired* 1.2, 1993
Levinson, Paul: «The Extinction of Extinction», in: *Wired* 1.4, 1993
Levy, Steven: «Crypto Rebels», in: *Wired* 1.2, 1993
Levy, Steven: «Dr. Edelman's Brain», in: *The New Yorker*, 2. Mai 1994
Levy, Steven: *Hackers: Heroes of the Computer Revolution*, New York: Doubleday, 1984
Lewis, Marilyn: «No Escape From Beep Of Modern Technology», in: *San Jose Mercury News*, 1. Oktober 1995
Lieberman, David: «John Malone. Has TCI Staked Too Big A Claim On Multimedia Frontier?», in: *USA Today*, 26. August 1994
Lindgren, Kristina: «Lone Eagles – Cutting-Edge Work Force», in: *Los Angeles Times*, 4. Juni 1995
Lippman, John: «Tuning In The Global Village. Powerful Signals: A Look at Four Global Media Moguls – Rupert Murdoch», in: *Los Angeles Times*, 20. Oktober 1992
Loftstrom, Keith: «Why Am I Signed Up For Cryonics?», in: *Cryonics*, Juni 1993
Lopez, Antonio: «It's A Mondo 2000 World», in: *Crosswinds*, August 1991
Lubow, Arthur: «Der Abgott», in: *Tempo*, September 1992
Machado, Ramona: Transkript des *O-Globo*-Interviews (Home Page Ramona Machado, WWW)
Magid, Lawrence J.: «Tech Helps. Computers Hear The Disabled», in: *San Jose Mercury News*, 5. November 1995
Maney, Kevin: «Malone's Media Maze. Cable's King: Vital Leader Or Bully?», in: *USA Today*, 28. September 1993
Maney, Kevin: «TCI's Malone. ‹Fired Up› Again. After Big Merger Collapse, He's Back With More», in: *Seattle Times*, 23. April 1994
Mansnerus, Laura: «Leary: Near Death, Message Is Tune In, Turn On, Drop In», in: *San Jose Mercury*, 25. November 1995
Marcus, Tony: «Acid Daze», in: *i-D* (The Destination Issue), Juli 1992
Markey, Sarah: «Cat Scan», in: *Wired* 1.6, 1993
Markoff, John: «Cyberspace Under Lock And Key», in: *New York Times*, 13. Februar 1994
Marshall, Andrew: «Suspicion Slows Europe's Hopes», in: *The WorldPaper Online*, Mai 1995 (e●world)
May, Timothy C.: «The Crypto Anarchist Manifesto» (WWW)
McClellan, Jim: «The Tomorrow People», in: *Observer* (UK), 26. März 1995

McCullen, Kevin: «Telecommunications Allow ‹Lone Eagle› Workers To Spread Wings», in: *Rocky Mountain News*, 21. März 1993
McCune, Jenny: «Home-Based Heroes» (Profiles of 51 Home-Based Business Persons), in: *Home Office Computing*, September 1994
McFarling, Usha Lee: «Hawking Foresees Genetically Edited Superhumans», in: *Boston Globe*, 3. August 1994
McGarry, T. W., und Louis Sahagun: «Burning Passion Drives Devotees Of Cryonics Idea», in: *Los Angeles Times*, 17. Januar 1988
McKenna, Kristine: «A Mind Over Matter. The Universe of Stephen Hawking», in: *Los Angeles Times*, 19. August 1992
McKenzie, Wark: «Cyberpunk –Subculture or Mainstream?» (WWW)
McPherson, John: «Extropianism 101» (WWW, ursprünglich als Rede gehalten bei einem Wettbewerb in McPhersons Toastmasters Club, 14. Okt. 1993)
Melehy, Hassan: «Images Without: Deleuzian Becoming. Science Fiction Cinema in the Eighties», in: *Postmodern Culture*, Januar 1995
Merkle, Ralph D.: «The Molecular Repair of the Brain», in: *Cryonics*, erstes Quartal 1994
Miller, Leslie: «New ‹Cybercitizens› Dispel Geeky Image», in: *USA Today*, 28. August 1995
Minsky, Marvin: *The Society of Mind*, New York: Simon & Schuster, 1986
Minsky, Marvin: «Will Robots Inherit the Earth?», in: *Scientific American*, Oktober 1994
Mitchell, Russell: «Fantastic Journeys in Virtual Labs», in: *Business Week*, 19. September 1994
Mizrach, Steve: «CyberAnthropology» (WWW)
Mizrach, Steve: «Is Cyberpunk the Counterculture of the 1990's» (WWW)
Mizrach, Steve: «Iterative Discourse and the Formation of New Subcultures» (WWW)
Mizrach, Steve: «The Hidden Center of the ‹Gutenberg Galaxy›» (WWW)
Mizrach, Steve: «Utopian American Communities. The Symbolic Invention of America-as-Utopia» (WWW)
Moravec, Hans: *Mind Children. The Future of Robot and Human Intelligence*, Cambridge: Harvard University Press, 1988
Moravec, Hans: «The Age of Robots» (WWW-Vorveröffentlichung von Teilen seines Buchs *The Age of Mind: Transcending the Human Condition through Robots*)
More, Max, und Tom Morrow: «Introduction», in: *Extropy* No. 1, Herbst 1988
More, Max: «Dynamic Optimism: Epistemological Psychology for Extropians» (WWW)
More, Max: «FM-2030. Pioneering Futurist With A ‹Nostalgia› For The Future», in: *Extropy*, Issue 15 (Vol. 7/No. 2), 1995
More, Max: «The Extropian Principles 2.5» (WWW)
More, Max: «Transhumanism: Towards a Futurist Philosophy» (WWW)
Morgan, Jas: «Souls On Ice» (Interview mit Stephen W. Bridges), in: *Mondo 2000*, Nr. 14

Moskowitz, Robert: «The Evolution of Work», in: *MicroTimes Magazine*, 2. Februar 1995
Murphy, Anne und Phaedra Hise: «Do-it-yourself Job Creation», in: *Inc.*, Januar 1994
Murphy, Cullen: «Stay the Course», in: *The Atlantic*, Januar 1993
Musto, Michael: «Pop Life», in: *Spin*, November 1994
N. N.: «Sex mit Marilyn», in: *Der Spiegel*, 46/1993
N. N. (AP): «Cryonics Lab, Family Of Emmy-Winning Writer In Legal Battle Over His 2 Wills», in: *Los Angeles Times*, 17. Dezember 1988
N. N.: «‹What Are We Doing On-Line?› A Heated Debate About a Hot Medium. John Perry Barlow, Sven Birkerts, Kevin Kelly, Mark Slouka», in: *Harper's*, August 1995
N. N.: «Anker im Seelenmorast», in: *Der Spiegel*, 47/1993
N. N.: «Calm, Cool And Disconnected» (über Thomas Donaldson), in: *Time*, 14. Mai 1990
N. N.: «Does Your VCR's Clock Flash 12:00 All Day Long? Cheer Up. You're Not Alone», in: *San Jose Mercury News*, 24. August 1993
N. N.: «First Cyber», in: *Boston Globe*, 28. Dezember 1995
N. N.: «How Mama Lost Her Head», in: *Time*, 7. März 1988
N. N.: «Love Bytes. Sex By Remote Control», in: *Details*, Juni 1994
N. N.: «Mehr Eis», in: *Der Spiegel*, 14/1968
N. N.: «Net Prophet John Perry Barlow, Digital Cowboy And Grateful Dead Lyricist, Contemplates The Navel Of Cyberspace», in: *Details*, August 1994
N. N.: «Phenomenal Internet Growth Will Continue», in: *Business Wire*, 6. September 1995
N. N.: «Pioneering The Electronic Frontier: For Many People, The Information Revolution Is Already Here», in: *U.S. News & World Report*, 6. Dezember 1993
N. N.: «Probe Of Woman's Death Goes Forward», in: *Los Angeles Times*, 2. Dezember 1988
N. N.: «Pulling the Plug on Porn. Can German Laws Limit What We See Online?», in: *Time*, 8. Januar 1996
N. N.: R.-U.-Sirius-Interview, ohne Titel, in: *Ben Is Dead Magazine*, Sommer 1993
N. N.: «Reality Check» (Bio-Tech), in: *Wired* 2.06 (Juni 1994)
N. N.: «Robo-Doc to the Rescue», in: *Time*, 13. November 1995
N. N.: «Scientists Devise Computer Eye», in: *AP*, 12. Oktober 1995
N. N.: «Seeing The Invisible: Computers Are Simulating Black Holes And Brain Cells; Soon We'll Be Able To Step Inside», in: *U.S. News & World Report*, 28. Januar 1991
N. N.: «Special Report: Virtual Reality», in: *Computer Graphics World*, März 1992
N. N.: «The New Establishment 1995», in: *Vanity Fair*, Oktober 1995
N. N.: «The State Death Inquiry Will Continue», in: *Los Angeles Times*, 2. Dezember 1988

N. N.: «Web Surfers Can Catch A Virtual First Night», in: Boston Globe, 31. Dezember 1995
N. N.: «Wired Top Ten», in: *Wired* 3.09 (September 1995)
Nash, J. Madeleine: «The Frontier Within», in: *Time*, 15. Oktober 1992
Negroponte, Nicholas: «Wearable Computing», in: *Wired* 3.12 (Dez. 1995)
Nietzsche, Friedrich: *Also sprach Zarathustra* (Vorrede), in ders.: *Werke in zwei Bänden*, hrsg. von Ivo Frenzel nach der dreibändigen Ausgabe von Karl Schlechta, Berlin: Deutsche Buchgesellschaft, o. J., Bd. 1
O'Connor, Rory J.: «A Computer to Wear», in: *San Jose Mercury News*, 19. März 1992
O'Shaughnessy, Elise: «The New Establishment», in: *Vanity Fair*, Oktober 1994
Pavao, Aaron: «Technopaganism – The Unification Of Mysteries» (WWW)
Paz, Octavio: «A Civilization That Denies Death», in: *New Perspectives Quarterly*, Winter 1994
Perry, R. Michael: «An Alternative To Deism Based On The Anthropic Principle», in: *Venturist Monthly News*, Februar 1995
Perry, R. Michael: «Determinism, Many-Worlds, Resurrection And Cryonics», in: *Venturist Monthly News,* Oktober 1994
Pescowitz, David: «Reality Check – The Future of Telecommuting», in: *Wired* 3.10, Oktober 1995
Piglia, Paola, und A. J. S. Rayl: «Secrets of the Cyberculture», in: *Omni*, November 1992
Platt, Charles: «Nanotech: Engines of Hyperbole?», in: *Wired* 1.6, 1993
Platt, Charles: «Confessions of a Cryonicist», in: *Omni*, Februar 1992
Platt, Charles: «Superhumanism», in: *Wired* 3.10 (Oktober 1995)
Platt, Charles: «The Omni/Alcor Immortality Contest», in: *Omni*, Januar 1993
Plinius: Brief an Baebius Hispanus (I,9), zitiert nach der Übersetzung von Mauriz Schuster (Reclam 1187, S. 9)
Plotnikoff, David: «The Eclectic Cowboy John Perry Barlow – Grateful Dead Lyricist, Retired Cattle Rancher And Theoretical Architect For the Information Highway – Ponders Life In Cyberspace And On Capitol Hill», in: *San Jose Mercury News*, 23. Oktober 1994
Port, Otis: «Wonder Chips», in: *Business Week*, 4. Juli 1994
Poster, Mark: «The Net as a Public Sphere?», in: *Wired* 3.11 (November 1995)
Principia Cybernetica Web: «The Future of Evolution: Super- and/or Metabeing(s)» (WWW)
Quittner, Joshua: «Back to the Real World», in: *Time*, 17. April 1995
Quittner, Joshua: «Coding Up a Bit of Privacy» (WWW)
Quittner, Joshua: «Unmasked On The Net», in: *Time*, 6. März 1995
Regis, Ed: *Great Mambo Chicken & The Transhuman Condition. Science Slightly Over The Edge*, Reading, Mass.: Addison-Wesley, 1990
Regis, Ed: «Meet the Extropians», in: *Wired* 2.10 (Oktober 1994)
Regis, Ed: *Nano. The Emerging Science of Nanotechnology: Remaking the World – Molecule by Molecule*, Boston: Little, Brown and Company, 1995

Reich, Robert B.: *The Work of Nations*, New York: Knopf, 1991
Reinhard, Klaus: *Wie der Mensch den Tod besiegt. Technische Verfahren zur Unsterblichkeit*, Wien: Orac, 1987
Rheingold, Howard: *The Virtual Community*, Reading, Massachusetts: Addison-Wesley, 1993
Rheingold, Howard: *Virtual Reality*, New York: Simon & Schuster, 1991
Richards, Bill: «Nebraskans Use Statewide Links for Education, Medicine and More. Fiber Optics Shake Up Small-Town Way Of Life», in: *San Jose Mercury News*, 26. November 1994
Riche, Daniel: «The Cyberpunks Reinvent Science Fiction» (WWW)
Ridley, Kimberly: «Artificial Sensations», in: *Technology Review*, Oktober 1994
Riley, Michael: «Entrepreneurial ‹Lone Eagles› Flock to West. Footloose Technocrats Need Only a Computer and a Good Airport to Make a Lucrative Living», in: *Rocky Mountain News*, 8. November 1992
Rogers, Tony: «Physicist / Author Hawking Gives Students A Big Bang in the Classroom Astronomy», in: *Los Angeles Times*, 10. Februar 1991
Rossney, Robert: «The Next Best Thing To Being There», in: *Wired* 3.05 (Mai 1995)
Rucker, Rudy, R. U. Sirius und Queen Mu: *Mondo 2000. A User's Guide to the New Edge*, New York: HarperPerennial, 1992
Saffo, Paul: «Cyberpunk R.I.P. A tekkie counterculture is born», in: *Wired* 1.04, 1993
Sahagun, Louis: «Cryonics Lab Battles Family Over Client's Will», in: *Los Angeles Times*, 12. April 1989
Sahagun, Louis: «Cryonics Lab In Inquiry Freezes, Stores Another Body», in: *Los Angeles Times*, 20. Mai 1988
Sahagun, Louis: «Investigators Believe Woman Was Dead Before Decapitation», in: *Los Angeles Times*, 15. Januar 1988
Sahagun, Louis: «Judge Backs Cryonics Group, Bars Thawing Of 7 Heads And A Body», in: *Los Angeles Times*, 2. Februar 1988
Sahagun, Louis: «UCLA Police Ask Theft Charges On Riverside Cryonics Laboratory«, in: *Los Angeles Times*, 25. Februar 1988
Schatzmann, Morton: «Cold Comfort at Death's Door», in: *New Scientist*, 26. September 1992
Scheinin, Richard: «Sci-Fi Writer Rudy Rucker, Who Is Interested in the Line Between Reality And Fiction, Is an Originator of Cyberpunk, the Biggest Movement in Science Fiction in a Decade. Crossover Dreams», in: *San Jose Mercury News*, 24. August 1990
Scheinin, Richard: «Tune In, Log On, Drop Out. Slick Magazine Targets Its Readers: ‹Acidhead Hackers›», in: *San Jose Mercury News*, 30. Mai 1989
Schmitz, Tom: «High Tech, High Fashion. Future Computers Are Ready To Wear», in: *San Jose Mercury News*, 8. September 1991
Schrage, Michael: «Cyberpunk and the Future of Technology», in: *Los Angeles Times*, 19. April 1990

Schrage, Michael: «Revolutionary Evolutionist. For Richard Dawkins Genes Are Selfish, the Watchmaker Is Blind, and the Mystery of Life Is No Mystery – It's Digital», in: *Wired* 3.07, Juli 1995
Seabrook, Richard H. C.: «The Brain-Computer Interface: Techniques for Controlling Machines» (WWW)
Searle, John R.: «The Mystery of Consciousness», in: *The New York Review of Books*, Part One: 2. November 1995. Part Two: 16. November 1995
Seglin, Jeffrey L.: «E-Mail With... Nicholas Negroponte», in: *Inc.*, Magazine 15/1994
Shiver Jr., Jube: «Cellular Titan McCaw to Inject Up to $ 1.1 Billion Into Nextel Telecom», in: *Los Angeles Times*, 6. April 1995
Shulman, Seth: «High-Tech Help for the Nearsighted», in: *Technology Review*, April 1995
Sipchen, Bob: «Genius Unfettered. His Body Is Nearly Helpless, But Stephen Hawking's Mind Is A Wondrous Thing», in: *Los Angeles Times*, 25. März 1988
Sipchen, Bob: «Simply Human Science: Wheelchair-Bound Physicist Stephen Hawking Resists Efforts To Deify His Life Or His Disabilities», in: *Los Angeles Times*, 6. Juni 1990
Sipchen, Bob: «Stop the World. Neo-Luddites Fear Steamroller of Technology Threatens Humanity», in: *Los Angeles Times*, 25. Februar 1992
Sirius, R. U., und Stephen Ronan: «There's Such a Fine Line Between Clever and Stupid: Jeff Koons», in: *Mondo 2000*, Nr. 10
Sirius, R. U., mit St. Jude: «The Medium is the Message and the Message is Voyeurism», in: *Wired* 2.02, 1994
Smith, Ethan: «Cool Think Tank: Media Lab», in: *Spin*, Oktober 1995
Smith, Marguerite T.: «Chill Out! You Can Be a Multimillionaire in the Year 2090», in: *Money*, Juli 1990
Snider, Burr: «Jaron» (Porträt Jaron Lanier), in: *Wired* 1.2, 1993
St. Jude, R. U. Sirius und Bart Nagel: *Cyberpunk Handbook: The Real Cyberpunk Fakebook*, New York: Random House, 1995
Stahl, Jerry: «Invasion of the Brain People«, in: *Playboy*, Juli 1992
Star, Alexander: «The Future of the Mass Audience», in: *The New Republic*, 27. Juli 1992
Staten, James: «America Online Stinging from Its Growing Pains», in: *MacWeek*, 25. September 1995
Staten, James: «NetTraffic», in: *MacWeek*, 28. Dezember 1995
Stein, Jeannine: «Yes, People Who Work At Home Really Do Work», in: *Los Angeles Times*, 13. Juni 1995
Sterling, Bruce: «Keynote Address: Cryptography Conference», in: *Word*, Nr. 9, 1993
Sterling, Bruce: *The Hacker Crackdown. Law and Order on the Electronic Frontier*, New York: Bantam, 1992
Stewart, Doug: «Through The Looking Glass Into An Artificial World – Via Computer», in: *Smithsonian*, Januar 1991
Stix, Gary: «The Speed of Write», in: *Scientific American*, Dezember 1994

Stone, Roseanne Allucquere: «Mondo 2000-Interview» (WWW, letzte Bearbeitung 12. Juni 1993)
Swerdlow, Joel L.: «Quiet Miracles of the Brain», in: *National Geographic*, Juni 1995
Tabby, Darth (Kolumne ohne Titel), in: *San Francisco Chronicle*, 28. April 1995
Tennesen, Michael: «The Most Dangerous Game», in: *Los Angeles Times Magazine*, 19. Januar 1994
Thomas, Peter: «New Scientist Interview of Thad Starner» (auf der WWW-Home-Page von Thad Starner)
Thomas, Wes: «Captain Crunch, Whistle Blower. A Report From the Front Line», in: *Mondo 2000*, Nr. 10
Thomas, Wes: «The Cryo Game», in: *Mondo 2000*, Nr. 14
Thompson, Hunter S.: *Better Than Sex. Confessions of a Political Junkie*, New York: Random House, 1994
Turan, Kenneth: «A Genius at Work and Play», in: *Los Angeles Times*, 21. August 1992
Turkle, Sherry: *Life on the Screen: Identity in the Age of the Internet*, New York: Simon & Schuster, 1995
Tyson, Peter: «High-Tech Help for the Blind», in: *Technology Review*, April 1995
Umehara, Takeshi: «Descartes, Brain Death And Organ Transplants: A Japanese View», in: *New Perspectives Quarterly*, Winter 1994
van der Leun, Gerard: «‹This Is a Naked Lady›», in: *Wired*, Nr. 1, 1993
Verity, John W.: «He Has Seen The Future – Or Has He?», in: *Business Week*, 6. März 1995
Verity, John W.: «The Internet. How It Will Change The Way You Do Business», in: *Business Week*, 14. November 1994
Vinge, Vernor: «Superhumans», Vortrag beim «Vision-21 Symposium» des NASA Lewis Research Center und des Ohio Aerospace Institute, 30.–31. März 1993. Eine leicht geänderte Version erschien in der *Whole Earth Review* (Winter 1993)
Warren, Jennifer: «Investigation Closed in Case of Frozen Head», in: *Los Angeles Times*, 29. November 1990
Watts, Mordecai (Transkript Telefoninterview mit Hakim Bey), 25. Juni 1995 (WWW)
Weiner, Rex: «To Live and Die in L.A.», in: *The New Yorker* (Talk of the Town), 2. Oktober 1995
Whalen, John: «Supersearcher. Cybrarian Reva Basch Is The Ultimate Intelligent Agent», in: *Wired* 3.05 (Mai 1995)
Whalen, John: «Those Uncanny EX-MEN!» (WWW; der Artikel erschien zuerst in *Metro*, einer wöchentlichen Alternativzeitung in Silicon Valley)
Whitehead, Gregory: «General Custer's Pinky and Other Hot Items from the Bone Trade» (Interview mit Walter Skelly), in: *Mondo 2000*, Nr. 10
Winfield, Nicole: «Hi Tech Romance Goes On line», in: *AP Online*, 11. Februar 1994

Wright, Robert: «Future World ‹Virtual Reality›: The Revolutionary Technology of Computer-Generated Artificial Worlds And How it Promises and Threatens to Transform Business and Society» (Review), in: *Los Angeles Times*, 4. August 1991
Yang, Jeff: «Live Wires», in: *Spin*, Oktober 1995
Yeaman, Andrew R. J.: «Cyborgs Are Us», in: *The Arachnet Electronic Journal on Virtual Culture*, 28. Februar 1994
Yerkes, Andrew (R.-U.-Sirius-Interview), in: *Plazm*, Vol. 2, Issue 4, 1993
Yost, Barbara: «Life In The Balance. Stay Cool: Cryonics Hasn't Been Perfected Yet, But Movement Survives», in: *Phoenix Gazette*, 15. Februar 1988
Young, Jeffrey: «Going Country», in: *Forbes*, 7. Juni 1993
Zamichow, Nora: «The Next L. A. – Reinventing Our Future», in: *Los Angeles Times*, 13. Februar 1994
Zimmerman, Martin: «‹Hawking's Universe› An Engrossing PBS Hour», in: *Los Angeles Times*, 22. Mai 1990
Zitner, Aaron, und Jon Auerbach: «MIT Lab Aims At ‹Dumb› Things. Frying Pans, Sneakers To Be Smartened Up», in: *Boston Globe*, 11. Oktober 1995

[illegible]

Visual QuickSteps

Viele Lösungswege verlaufen im Sande, weil sie zu umständlich und zu abstrakt sind. **Visual QuickSteps** weisen den direkten Weg: anschaulich, intuitiv, ergebnisorientiert. Diese Computertaschenbücher zeigen Ihnen jeden einzelnen Arbeitsschritt als Bildschirmdarstellung. Damit Sie immer schon vorher wissen, was nachher passiert.

Access 2 für Windows *in 500 Bildschritten*
(rororo computer 9807)

CorelDraw 3 *in 600 Bildschritten*
(rororo computer 9275)

CorelDraw 4 *in 650 Bildschritten*
(rororo computer 9292)

CorelDraw 5 *in 650 Bildschritten*
(rororo computer 9812)

Excel 5 *in 700 Bildschritten*
(rororo computer 9293)

Excel für Windows 95 *in 700 Bildschritten*
(rororo computer 9840)

HTML für das Web *in 350 Bildschritten*
(rororo computer 9855)

MS-DOS 6.2 *in 500 Bildschritten*
(rororo computer 9274)

PageMaker 5 *in 550 Bildschritten*
(rororo computer 9291)

rororo computer

PowerPoint 4 *in 500 Bildschritten*
(rororo computer 9808)

Quicken 4 *in 500 Bildschritten*
(rororo computer 9817)

Windows 3.1 *in 360 Bildschritten*
(rororo computer 9273)

Windows 95 *in 500 Bildschritten*
(rororo computer 9813)

Word 6 für Windows *in 800 Bildschritten*
(rororo computer 9276)

Word für Windows 95 *in 450 Bildschritten*
(rororo computer 9839)

rororo computer wird herausgegeben von Ludwig Moos. Ein Gesamtverzeichnis aller lieferbaren Titel finden Sie in der *Rowohlt Revue*. Vierteljährlich neu. Kostenlos in Ihrer Buchhandlung.

Rowohlt im Internet:
http://www.rowohlt.de

3432/7